U0525040

中国社会科学院创新工程学术出版资助项目

日本近代思想研究丛书

崔世广 主编

日本大正民主主义思想研究

孙道凤 著

中国社会科学出版社

图书在版编目（CIP）数据

日本大正民主主义思想研究/孙道凤著. —北京：中国社会科学出版社，2020.7
（日本近代思想研究丛书）
ISBN 978-7-5203-7254-1

Ⅰ.①日… Ⅱ.①孙… Ⅲ.①民主主义—政治思想史—日本—现代 Ⅳ.①D093.13

中国版本图书馆 CIP 数据核字（2020）第 175753 号

出版人	赵剑英
责任编辑	张 潜 刘 洋
责任校对	杨 林
责任印制	王 超

出　版	中国社会科学出版社
社　址	北京鼓楼西大街甲 158 号
邮　编	100720
网　址	http://www.csspw.cn
发行部	010-84083685
门市部	010-84029450
经　销	新华书店及其他书店
印　刷	北京明恒达印务有限公司
装　订	廊坊市广阳区广增装订厂
版　次	2020 年 7 月第 1 版
印　次	2020 年 7 月第 1 次印刷
开　本	710×1000 1/16
印　张	18.5
插　页	2
字　数	256 千字
定　价	99.00 元

凡购买中国社会科学出版社图书，如有质量问题请与本社营销中心联系调换
电话：010-84083683
版权所有　侵权必究

总　序

近代日本像彗星一样登上历史舞台，又像彗星一样消失了，其发展过程颇有戏剧性。明治维新以后，日本提出"文明开化""殖产兴业"和"富国强兵"三大口号，走上了快速近代化的道路，一跃跻身于世界五大强国行列，其发展速度令人惊异。然而，近代日本的发展却一直伴随着对外侵略和扩张，特别是在20世纪30年代之后发动了全面侵略中国的战争和第二次世界大战，走上了与世界为敌的道路，最后终于导致了覆灭。近代日本的发展充满着"明"与"暗"、成功与挫折的深刻矛盾，直到今天仍然需要我们对其走过的道路进行深入思考和研究。

对近代日本及其所走过道路的研究，可以从政治史、经济史、对外关系史等视角来展开，但是，从思想史的视角进行考察无疑也是重要的和必要的。这是因为，历史归根结底是人民所创造的，人民在创造历史时首先要对历史环境作出反应和认识，然后才能付诸实践和行动，而人们对其所处环境作出反应和认识的结晶便是"思想"。

近代的日本变化剧烈、动荡连绵，产生于这一时代的思想自然也会深深地打上时代的烙印。面对接连不断出现的各种矛盾和课题，日本近代思想家们基于不同的立场和思想背景，吸收利用古今内外的思想资源，提出解决问题的方案，设计日本的社会蓝图，描绘日本的发展前景，于是出现了形形色色的"思想"。这些思想如实地反映了近代日本的各种矛盾和问题，并以不同的方式参与了近代日本的建设，对近代日本的历史进程产生了不同程度的影响。因此，系统深入地开展对日本近代思想的研究，从思想史的角度解答日本为什么迅速实现了近代化，又为什么走向了法西斯主义深渊等重大理论问题，对我们加深对日本近代历史的理解，深刻把握日本近代化的模式及其教训，都具有重要的理论意义和现实意义。

然而，思想虽然反映并作用于现实，却并不等同于现实。同样，日本近代思想一方面深深植根于日本近代历史之中，与其发展密切相关，但其始终又与日本近代历史保持着一定距离，具有自己的相对独立性。作为东方的后发型近代化国家，近代日本所面对的课题既有属于日本特有的课题，也有属于东亚国家共同的课题，还有属于世界资本主义发展中的一般性课题。日本近代思想家们对这些课题的回应和解答，不仅使日本近代思想呈现了丰富性和多样性，还使其具有了一些自己特有的发展线索、脉络和逻辑。

关于日本近代思想发展演变的主要线索、脉络和逻辑，我们尝试着将其归纳为三大课题、两个周期和一条主线。首先，日本近代思想自始至终是围绕着三大课题来展开的。这三大课题是：第一，如何处理传统文化与近代文化、日本思想与西方思想的关系；第二，如何处理个人与社会、个人与国家的关系；第三，如何处理日本与亚洲、日本与世界的关系。可以说，以上三大课题贯穿日本近代思想的始终，而对这些课题的不同理解、不同思考便形成了不同的思想或思想流派。其次，日本近代思想的发展经历了前后两个周期性的变化。第一个周期是从明治维新开始，到明治时代结束为止；第二个周期是从大正时代开始，到日本战败投降为止。这两个周期的共同特征，则是前期以欧化主义、近代主义、世界主义为基本倾向，后期以国粹主义、传统主义、日本主义为基本倾向。再者，日本近代思想发展中还存在着一条主线，那就是民族主义和国家主义。这条主线虽然时明时暗、时强时弱，但一直从根本上规定着日本近代思想发展的基调。

我们策划本套丛书的宗旨在于，通过对日本近代思想的系统性、整体性、学术性研究，一方面充分展现日本近代思想的丰富性和多样性，同时透过各种错综复杂的思想现象，发掘日本近代思想的内在逻辑和规律性，揭示日本近代思想与日本近代历史之间的内在关联，以有助于理解和把握日本近代历史的特性。

基于以上目的，本套丛书不以个体精英知识分子的思想、民众思想，或知识、思想和信仰等广义的思想为中心，而以日本近代不同时代背景下产生的思想潮流为中心来展开研究。我们认为，这种以社会思潮为中心的研究，有利于深刻认识日本近代思想的时代精神、日本近代思想与社会的紧张关系、日本近代思想的社会作用与力量，因而也有利于深刻认识日本近代思想的特质。与此相关联，在研究方法上，我们提倡将日本近代思想放到当时的历史背景中去把握，将思想家放到社会思潮当中去把握，先分析思想与时代背景及各种思想来源的联系，进而探讨思想的发展变化以及其内容结构特征，然后搞清思想对当时政治社会及思想文化的影响，以此达到对研究对象的整体把握。

本套丛书基本循着日本近代主要思想潮流演变的轨迹来筹划，包括近代启蒙思想研究、自由民权思想研究、明治中期平民主义思想研究、明治中期国粹主义思想研究、天皇制国家主义思想研究、明治社会主义思想研究、大正民主主义思想研究、大正及昭和前期马克思主义思想研究、法西斯主义思想研究，再加上近代日本的对外认识研究，共计划出版十卷。通过这样的研究，可以基本涵盖日本近代思想的主要潮流，大体展示日本近代思想的全貌。

本套丛书的作者，均为中国社会科学院日本研究所的研究人员和从日本研究所毕业的博士、博士后，都受过日本思想史研究的系统训练，熟悉本学科研究前沿，能熟练运用思想史的研究方法，相信各卷作者都会在自己的研究领域做出应有的学术贡献。作为国内首套体系性研究日本近代思想的创新性尝试，希望本套丛书的出版能对我国日本思想史研究学科的发展，对我国读者了解日本近代思想乃至日本近代历史有所助益。

本套丛书从筹划、申请资助到出版，一直得到中国社会科学院日本研究所李薇所长的大力支持、指导和帮助，在此表示衷心的感谢。另外，对中国社会科学院创新工程提供出版资助，对中国社会科学出版社的大力支持及责任编辑王茵博士的辛勤劳作表示诚挚谢意。

编　者

2015 年 9 月

目 录

绪 论 …………………………………………………………（1）
  一 问题的提出 …………………………………………（1）
  二 概念界定及先行研究综述 …………………………（4）
  三 本书的研究方法及内容结构 ………………………（18）

第一章 大正民主主义的形成和发展 ……………………（21）
  第一节 大正民主主义形成的历史背景和契机 …………（22）
    一 明治末年大正初年的社会思潮变动 ……………（22）
    二 大正民主主义兴起的契机 ………………………（34）
  第二节 大正民主主义的代表人物及其思想基础 ………（38）
    一 主要代表人物的概况及其学术背景 ……………（39）
    二 大正民主主义的思想基础 ………………………（47）
  第三节 大正民主主义的形成 ……………………………（53）
    一 《宪法讲话》的理论体系 …………………………（54）
    二 "天皇机关说"引发的争论 ………………………（57）
  第四节 大正民主主义的发展 ……………………………（58）
    一 "民本主义"的理论体系 …………………………（58）
    二 大正民主主义的新发展——"真正的民主主义" …（65）

本章小结 ………………………………………………………………（73）

第二章　大正民主主义的政治思想 ……………………………………（75）
　第一节　民主主义的国家观、宪政观 …………………………………（75）
　　一　Democracy 的译语及含义 ………………………………………（75）
　　二　美浓部达吉的天皇观和国家观 …………………………………（79）
　　三　吉野作造的天皇观和国家观 ……………………………………（87）
　　四　大山郁夫提倡的"帝国主义的民本主义" ………………………（96）
　　五　长谷川如是闲的国家观及国家主义批判 ………………………（101）
　第二节　立宪政治构想 …………………………………………………（108）
　　一　议会的性质及职能 ………………………………………………（108）
　　二　倡导普选制度 ……………………………………………………（112）
　　三　贵族院改革论 ……………………………………………………（116）
　　四　废除枢密院论 ……………………………………………………（122）
　　五　政党内阁制度论 …………………………………………………（124）
　　六　大正民主主义立宪政治构想批判 ………………………………（129）
　第三节　对统帅权独立和帷幄上奏权的批判 …………………………（131）
　　一　统帅权独立的形成和问题 ………………………………………（131）
　　二　民主主义者对统帅权独立和帷幄上奏权滥用的批判 …………（133）
　　本章小结 ………………………………………………………………（136）

第三章　大正民主主义的社会思想 ……………………………………（139）
　第一节　民主主义者的妇女问题观 ……………………………………（140）
　　一　妇女问题的背景 …………………………………………………（140）
　　二　大正民主主义者的妇女解放论 …………………………………（145）
　第二节　大正民主主义者的劳动问题观 ………………………………（152）

  一　大正时期的劳动问题状况 …………………………………（152）
  二　民主主义者的劳动问题观 …………………………………（153）
 第三节　民主主义者的教育观 ……………………………………（159）
  一　大正时期的教育状况及教育思想 …………………………（159）
  二　大正民主主义者的教育观 …………………………………（164）
 第四节　言论自由问题 ……………………………………………（172）
  一　"森户事件"的背景和经过 ………………………………（173）
  二　大正民主主义者的批判观点 ………………………………（175）
  三　大正民主主义者言论自由思想批判 ………………………（179）
 本章小结 ……………………………………………………………（181）

第四章　大正民主主义的国际政治观 ……………………………（183）
 第一节　民主主义者关于第一次世界大战后的国际政治认知 …（184）
  一　"国际民主主义"的提出 …………………………………（184）
  二　"国际协调主义"前景及日本的对策 ……………………（185）
  三　关于帝国主义的不同认知 …………………………………（188）
 第二节　吉野作造的满蒙论 ………………………………………（190）
  一　获取在华权益手段论 ………………………………………（190）
  二　吉野作造针对郑家屯事件上的日本对华外交的批判 ………（197）
  三　北伐革命时期吉野作造的满蒙论及对华政策论 …………（204）
 第三节　大山郁夫的对外政策观 …………………………………（210）
  一　"文化国家主义"理论下的对外政策观 …………………（211）
  二　大山郁夫在民族主义问题上的悖论 ………………………（214）
  三　马克思主义影响下的国际政治观 …………………………（216）
 第四节　长谷川如是闲的国际政治观和对华政策论 ……………（220）
  一　国家主义批判 ………………………………………………（221）

二　第一次世界大战之后的国际政治观 …………………………（222）
　　三　20世纪20年代的对华政策观 ……………………………（224）
　本章小结 ………………………………………………………………（228）

第五章　大正民主主义的衰退及流向 ……………………………（230）
　第一节　大正民主主义的衰退及原因 …………………………………（230）
　　一　大正民主主义的衰退 …………………………………………（230）
　　二　大正民主主义思想衰退的社会历史原因 ……………………（234）
　第二节　大正民主主义的流向 …………………………………………（255）
　　一　走向社会主义 …………………………………………………（256）
　　二　转向法西斯主义 ………………………………………………（258）
　　三　坚持民主主义 …………………………………………………（259）

终章　大正民主主义思想的特征 …………………………………（261）

参考文献 ……………………………………………………………（271）

后　记 ………………………………………………………………（283）

绪　论

一　问题的提出

自19世纪中期至20世纪中期，日本走过了一条不断强化国家价值的道路。明治中期的国粹主义、天皇制国家主义是上述主线的具体体现。与此同时，日本也在不断接受西方的各种政治理念，自由和民主等理念传入日本并形成了新的社会思潮。西方的民主思想被吸纳进日本近代化过程中形成了明治初期的启蒙思想、明治中期的自由民权思想和大正时期的民主主义思想。

众所周知，明治政府于1889年正式颁布的《大日本帝国宪法》（以下简称《明治宪法》）实质上确立了天皇大权强大、民权弱小的政治体制。《明治宪法》的最大特征是规定了强大的天皇大权。天皇总揽统治权，在议会的"协赞"之下进行立法，批准法律，组建和任免文武官僚，统帅陆、海军，行使宣战、讲和及缔结各种条约权等。相反，反映国民主张的众议院的权力受到了诸多制约。国务大臣不是向议会负责，而是向天皇负责。此外，众议院还常常遭到贵族院的掣肘。议会权限所受最大制约是军事权限，军政事项即军队的编制等由陆海军大臣辅弼，军队的作战指挥命令等则直属于天皇，议会和内阁都无权干涉，名为"统帅权的独立"。

进入20世纪以后，随着民主主义浪潮在世界范围内兴起，要求民权、主张民主的呼声在日本国内也日益高涨。"追求个人权利和人格自由，将目光从国家转向社会，从公转向私，从外在转向内在"① 的民主思潮逐渐成为新的社会思潮动向。在思想上，大正时期的民主主义思潮是对明治以来的国家主义和民族主义的反思，在制度上，大正民主主义思潮是对《明治宪法》下的国家体制的一种反抗和再解释。

无论从现代人的超脱角度入手，还是参考当时不同阶层民众的切身感受，大正民主主义思潮都是充满争议的，有众多值得思考的问题。本书首先要解决的问题是，民主主义者如何把西方古典民主理论的理念融入天皇中心主义体制中。民主主义的提倡者和响应者最初都相信借助民主这种政治理念可以解决日本国内的各种社会矛盾，因此，他们首先在政治上提倡民主，主张建立民主的政治体制。由于西方的民主理念与当时藩阀官僚专制的政治体制格格不入，因此，以美浓部达吉为代表的宪法学者首先从宪法的解释入手，把民主的政治理念融入天皇中心主义体制中。本书力图勾勒其对现行政治体制的具体改造构想。其次，本书要解决的另一个问题是，面对国家主义和民族主义的思想主流，大正民主主义如何寻找思想空间？第一次世界大战以后各种社会思潮兴起，"社会"被作为区别于国家的，并优先于国家的共同性领域受到思想界的关注。在国内外新的思想动向的影响下，民主主义思潮突破了狭义的民主主义，逐步扩展到社会生活的方方面面。妇女问题、教育问题、言论自由问题和劳动问题都受到民主主义者的关注。本书将具体分析其在社会、外交领域的主张，探讨民主主义者如何突破国家价值至上的观点，为解决具体的社会问题提供理论根据。最后，本书试图探讨大正民主主义在日本近代历史上产生的具体影响。自明治维新以来，日本以西方文明为范本吸收各种思想理论来实现向近代国家的转型。在实现民族国家的独立发展上，无疑这一学习在很多方面是成功的。20世纪10年

---

① 崔世广：《历史发展周期论与21世纪的日本》，《当代亚太》2000年第6期。

代，为了回应时代要求，知识分子把民主作为新的思想资源引入日本之后，短时间内兴起了一股民主思潮，这一思潮一直持续到20世纪20年代中期。这种思潮兴起后，是否解决了当时日本面临的内政外交困境？曾被福山称为"历史的终结"的民主为什么会遭遇失败？大正民主主义与军部法西斯的兴起有什么样的关系？上述是本书关心并试图去解决的问题。

大正民主主义作为西方民主思想与近代日本国家制度结合的具体思想产物，笼统地说它"不是真正的民主"，抑或牵强说它"是真正的民主"都是雾里看花的判断。本书试图搜集这一思想的各种相关史料，以求补正我们在理解这一段思想史上的某些疏漏，分析大正民主主义思想内部的多样性和复杂性，展示20世纪初期民主主义理论在日本本土化过程中的异化。

从学术研究的角度来看，大正民主主义思想是外来的民主主义思想与日本的传统思想相结合的产物，对其的研究是了解和把握日本近代史上各种社会思潮的一个不可或缺的关键环节，同时也是日本近代思想史乃至日本近代史研究的一个重要组成部分。目前，在中国的日本研究领域，对于大正民主主义思想的研究尽管有所触及，但还只处在个案研究的阶段，尚没有看到关于这一课题的系统性的专门研究成果。因此，本书的研究具有一定的学术意义。

从现实层面来看，"民主在大部分时间里都是失败的。对民主进程的这种审视使西方人相信，'民主遭遇失败是非常普遍的事情'。民主思想家熊彼特承认，'再也没有比罗列一份给人印象深刻的民主方法的失败事例的清单更容易的事了'"[①]。20世纪初的二三十年里，日本置身于第一次"民主化产波"[②]中，形成了大正民主主义思想。探讨大正民主主义的潮起潮落，

---

① ［美］罗伯特·A.达尔：《民主及其批评者》（上），曹海军、佟德志译，吉林人民出版社2011年版，第9页。

② 美国学者塞缪尔·亨廷顿把现代史上的世界性民主化运动描述为三次浪潮，1828—1926年为第一次"民主化产波"，"民主在约30个国家取得了胜利"。参见［美］塞缪尔·亨廷顿《第三波：20世纪后期民主化浪潮》，刘军宁译，上海三联书店1998年版，第11—26页。

对于思考民主主义理论在后进国家中的传播、变异和在历史上的影响有非常重要的现实意义。

二 概念界定及先行研究综述

(一) 本书涉及的主要概念

1. 民主

民主源自古希腊语 dēmokratía，语源意思是由人民统治。民主的英语是 Democracy，中文译为民主制、民主主义，旧译德谟克拉西、德先生。从其字面上来看，"民主"代表着主权在民，即"人民做主"。关于"民主"的统治形式，存在多种定义。"民主"通常被看作与寡头政治、独裁政治、君主政体和贵族政体相对立。

"民主"的形式分为直接民主和代议民主。"直接民主"又称为"纯粹民主"，是一种由选举人直接投票决定政府政策的制度，例如决定是否接受或废除某种法案。在历史上，这种形式的政府并不多见。代议民主则是较常被采用的制度，人们并非直接投票决定政府政策，而是选出民意代表来参与政府实体或议会。许多代议民主制也结合了一些直接民主的成分，例如公民投票。自由民主制是代议制的形式之一。民主制里被选出的民意代表在行使决策权力时必须受到宪法的限制。民主制强调保护个人和少数派的自由和权利。

本书主要考察20世纪30年代之前的日本民主思潮，作为其思想的来源和背景，需要介绍一下这一时期西方的民主理论。"西方民主理论可以分为古典民主理论和现代民主理论。古典民主理论发端于古希腊城邦时期，形成于17、18世纪西方资产阶级革命时期，并在19世纪的欧美得到了新的发展。古典民主理论包括了人民主权、天赋人权、平等、自由、法治、分权等重要的思想观点。人民主权是古典民主理论的核心理念，强调人民的统治、人民的权力,主张国家的一切权力来自人民、属于人民。"① "从古希腊的民主概念到 18 世纪卢梭的人民主权理论,甚至到 19 世纪的代议制民主理论,民主都被理解为人民的统治。"②

现代西方各国的资本主义民主制度的具体组织形式有所不同,主要有君主立宪制和共和制两种政体类型,但是它们作为资本主义民主制度都承认人民主权的原则。"主权在民"被写入宪法,成为各个民主国家的政治基础。资本主义民主制度主要包括了选举制度、议会制度、政党制度和分权制度。选举制度是现代资本主义民主的基本制度,即掌握国家权力的政治领导人按照一定的程序选举产生。议会制度是现代资本主义民主的代议制的核心,即通过选举产生的代表组成议会,具有立法权、财政权和监督权等重要的权力。政党制度是现代资本主义民主不可缺少的重要制度,通常采用两党制或多党制,不同政党通过竞争轮流执政,因此西方民主政治是政党政治。分权制度也是现代资本主义民主的重要制度,是由立法机关、行政机关和司法机关分别掌握国家的立法权、行政权和司法权,三种权力相互分工又相互制约。

20 世纪 30 年代之前,日本思想界对民主的阐释主要是源于西方近代民主理论。鉴于此,为了从历史的角度探讨大正民主主义,本书在使用"民主"概念时,主要是指代议制民主,具体包括人民主权、天赋人权、平等、自由、法治、分权等思想,具体的民主形式表现为多党制、公民具有选举权等。

2. "大正民主主义"一词的起源及历史

日本政治家信夫清三郎在 1954 年出版的《大正民主主义史》③ 中第一

---

① 陈炳辉:《西方民主理论:古典与现代》,中国社会科学出版社 2016 年版,第 1 页。
② 同上书,第 173 页。
③ 信夫清三郎:『大正デモクラシー史』,日本評論新社 1954 年。

次使用了"大正デモクラシー"这一词语。之后学术界关于大正民主主义的概念和内涵莫衷一是。一般来讲，大正民主主义有两种用法，一是作为一种时代区分，是日本20世纪初到20世纪20年代末发生的政治、社会、文化各方面的民主主义、自由主义的运动和思潮的总称。二是象征这一时代的政治现象，其意义等同于大正民主主义运动或政党内阁制的确立。这种用法把"大正民主主义"看作一个时代概念，并主要从政治角度进行定义，有一定合理性。"民主主义"作为大正时代的普遍思想倾向，最显著地体现在政治领域。① 但是由于其定义及其内容上的暧昧性等，江口圭一、井上清、伊藤隆等学者则认为"大正民主主义"这一词语并不恰当。中国学界一般把"大正デモクラシー"译为"大正民主主义""大正民主"或音译为"大正德谟克拉西"。

关于大正民主主义的时期界定主要有三种观点。第一，从与权力相对抗的运动中寻找时代意义，把日俄战争结束后的讲和反对运动（1905年）看作起点，以普选制和合法无产政党的成立（1925年）看作这时期的结束。第二，着眼于权力主体对时代进行定义，以政党内阁作为标识，把原敬内阁成立（1918年）至1932年"五·一五事件"②爆发看作大正民主主义时期。第三种观点是把日俄战争结束之后的"反对讲和运动"（1905年）到1932年"五·一五事件"看作大正民主主义时期。③

本书从思想史的角度，把"大正民主主义"看作20世纪10年代到20

---

① 朝尾直弘ほか编集：『岩波講座日本歷史第18卷』，岩波書店1995年，450頁。
② 1932年5月15日以海军少壮军人为主举行的军事政变。政变参与者袭击首相官邸、警视厅、内大臣牧野伸显邸宅、三菱银行、政友会总部以及东京周围变电所。首相犬养毅被杀。由于政变规模小，缺乏建立政权的具体计划，未达目的，政变者自首。在审判中，军部大肆煽动舆论为政变者开脱罪责，并借此加强统治发言权。结果，5月26日成立以海军大将斋藤实为首的所谓"举国一致"的内阁，政党内阁时代结束。
③ 三谷太一郎：『大正デモクラシー論—吉野作造の時代とその後』，東京大学出版会1995年。

世纪 20 年代末发生的波及政治、社会、文化各方面的民主主义思潮的总称。大正民主主义的具体体现是：在政治上，要求实施普通选举制度，强调言论、集会、结社的自由；在外交上，反对海外派兵；在社会生活上，主张男女平等、部落解放运动、要求获得罢工权；在文化方面，主张教育的自由、大学的自治等。本书把 1912 年至 1913 年年初发生的"拥护宪政"运动作为大正民主主义兴起的标志，把 1924 年大正民主主义的领导人物吉野作造遭受笔祸事件和 1925 年《治安维持法》的实施看作大正民主主义思潮衰退的标志。

3. 民本主义

大正时期关于德谟克拉西的古典定义是指林肯提出的"民有、民治、民享"。在明治后期到大正前期，德谟克拉西的翻译语有民主主义、民本主义、平民主义、众民主义、民政主义、主民主义、合众主义、民重主义、人本主义、民生主义等，其中在 1916—1921 年，日本社会使用较为频繁的是"民本主义"。"民本主义"一词最早由《万朝报》的社长黑岩泪香创造出来，《万朝报》记者茅原华山进而采用了这一表达方式。[①] 但是"民本主义"真正成为知识界广为使用的词是在 1916 年吉野作造发表了《论宪政的本义及实现其有终之美的途径》之后。在《论宪政的本义及实现其有终之美的途径》中，吉野作造明确区分了"民主主义"和"民本主义"。他指出，democracy（民主主义）的含义有两方面，一是国家主权在法律上属于人民（民主主义），二是国家主权活动的根本目的是为了人民（民本主义），民本主义不涉及主权所在这一问题。与之相对，吉野作造指出"民本主义"的内涵，一是政权运营的目的不是为了特权阶级而是为了一般民众的福利，二是政策的决定必须依据民意。查阅当时的报刊可以发现，1916—1921 年"民本主义"一词的使用率较高，1923 年以后多采用"民主主义"和"德

---

① 参见太田哲男『大正デモクラシーの思想水脈』，同时代社 1987 年，24 页。

谟克拉西"。吉野作造在 1920 年以后也主要采用"民主主义"一词。本书涉及"民本主义"时主要采用吉野作造的解释，即国家主权活动的根本目的是政治上为了人民，民本主义不涉及主权所在这一问题，国家政策的决定必须依据民意。

（二）先行研究概况

1. 国内学者的相关研究

在笔者所能搜集到的中文资料中，尚未发现有专门针对大正民主主义的专著出版。关于大正民主主义的研究主要散见于日本近现代思想史研究的相关论著、论文中。

关于日本近现代思想史的论著方面，陈秀武在《日本大正时期政治思潮与知识分子研究》（中国社会科学出版社 2004 年版）一书中，从人格独立的角度出发，指出吉野作造在指导民本主义的过程中保持了自己的人格独立，是理想知识分子类型的代表人物。刘岳兵在《日本近现代思想史》（世界知识出版社 2010 年版）中，以吉野作造为中心详细介绍了民本主义的思想内容，指出吉野作造作为基督教徒通过人格主义把民本主义与基督教联系起来，把民本主义这种理论的实现求助于一种信仰的力量。

在论文方面，有崔世广著《近代化过程中日本文化的周期性演变》（《近代化过程中东亚三国的相互认识》，天津人民出版社 2009 年版）和《历史发展周期论与 21 世纪的日本》（《当代亚太》2000 年第 6 期）等，作者从宏观角度评价了大正民主主义的意义和历史地位，指出日本在大正时期形成了一次欧化潮流，其特点是借用西方的新思想来推进日本的政治、社会的现代化，因此具有开放性、世界性和大众性。崔世广指出虽然大正民主主义是在明治时代形成的天皇立宪主义国家体制的框架内展开的，但是仍然从社会、政治和思想等方面对日本的传统形成一次较有力地冲击。他认为尽管日本在大正时期存在着选择一条与明治时代不同道路的可能性，但是因为日本的国家机器仍然是在富国强兵对外扩张路线的基调下运转的，所以民主主义运动不能从根本上改变《明治宪法》体制，并不能根除军部借天皇名义操纵政治的可能性。

另外还有赵德宇著《历史解读：日本大正时代的人文思潮》（《日本研究》2011第3期），文中强调大正民主主义在强固的君主制度之下，很难提出彻底的民主主义主张，因此吉野作造的民本主义的最终目标也只能设定在扩大选举权范围、尊重民意等不触动天皇制的要求上，不敢触动天皇制国体成为民本主义的致命伤。文春美在《第二次世界大战前日本政党内阁对中国政策变化的原因分析》（《史学集刊》2011年第2期）中指出，试图折中君主制和民主主义的吉野作造的民本主义是大正民主运动的理论根据，正是有了这一理论的指导，日本才能在1918年出现历史上第一届真正的政党内阁——原敬内阁。作者同时指出，大正民主有两面性，对内民主主义和对外帝国主义，对国内政治进行民主改革，对外却认同帝国主义的行为模式。大正民主运动在对外方面认同帝国主义倾向正是20世纪20年代至第二次世界大战前两大政党制定对外政策的思想基础。步平在《日本侵华时期国内的反战活动》（《社会科学战线》2010年第8期）中指出，20年代日本国内和平运动的活跃与当时日本社会上出现的民主改革运动的高涨，即"大正民主运动"有密切联系。作为这一运动理论支柱的吉野作造的"民本主义"和美浓部达吉的"天皇机关说"，一方面有建立政党政治和在政党领导下进行普选的要求，另一方面也有裁减军备和改革贵族院的要求。李玉在《吉野作造的民本主义和大正民主运动》（《外国问题研究》1986年第1期）和《试论日本的大正民主运动》[《北京大学学报》（哲学社会科学版）1986年第2期]中指出，民本主义内含了无法超越的局限性，同时具有一定进步性。李玉认为民本主义是一种特殊的日本的民主主义，是在承认《明治宪法》所决定的日本国体（实际上是承认天皇绝对专制）的前提下，力图实现民众的普选权，并对近代天皇制下的政权机构中的军阀官僚专制体制实行渐进改革的民主主义。民本主义虽然代表城市中间阶层的利益与要求，但因为它的主张与大正民主运动的斗争目标——争取普选权与实现政党政治基本一致，符合当时日本社会的发展潮流。

关于大正民主主义的对外思想，王超伟在《吉野作造民本主义思想的形成过程》（《解放军外国语学院学报》2007年第3期）中重点考察了吉野作造的国际政治思想。作者认为吉野作造的国际政治思想的核心是国际民主主义，是建立在民族对等的思想基础上，实质是承认"和平""自由"和"平等"等价值具有普遍适用性，不再强调日本的国家利益是最高的绝对价值，在这种意义上，吉野作造的思想突破了明治时期以来在对外政策中把国家利益视为最高价值的价值取向的狭隘性，为日本提供了积极融入国际社会的理论支撑。

钱昕怡在《战后日本历史学中的"大正民主"研究》（《日本研究》2015年第3期）中，将第二次世界大战后日本历史学（20世纪50年代至今）中的"大正民主"研究史分为消极评价、积极评价、相对评价三个时期。钱昕怡指出，这三个时期与战后日本史学的整体发展阶段基本对应，而20世纪90年代至今的"大正民主"研究是日本"现代历史学"的一个缩影，反映了当代日本的历史研究者的历史认识及其对自身所处时代的问题意识。

还有较多论文对大正民主主义进行了论述，代表性的研究成果有：赵晓靓《吉野作造的哲学：在东亚语境中的考察》（《历史教学》2016年第14期）、张东《大正民主运动新论》（《社会科学战线》2016年第2期）、郑飞《光明与黑暗：大正民主的兴衰——日本宪政史通信之十》（《新产经》2012年第10期）、戴宇《岩波新书系列日本近现代史丛书评介》（《世界历史》2012年第4期）、赵晓靓《吉野作造的日本在华权益观》[《南开学报》（哲学社会科学版）2012年第1期]、陈根发《日本人权意识的过去、现在和将来》（《北方法学》2009年第6期）、周颂伦《战前日本协调外交遭遇困境原因探析》[《北华大学学报》（社会科学版）2005 年第 5 期]、陈月娥《试论日本大正时代的对美协调外交——以原敬为中心》（《解放军外国语学院学报》2004 年第 5 期）、冯玮《当今日本史坛值得关注的理论动向——阐析重构日本现代史观的三种理论》（《史学理论研究》2004 年第 3 期）、王新生和矢板明夫《论 20 年代日本的"协调外交"》（《日本学刊》2000 年第 4 期）、和田守《中国国民革命运动与永井柳太郎的中国观》（《日本研究》1999 年第 4 期）、卞崇道《20 世纪日本文化述评》（《日本学刊》1999 年第 3 期）、郭冬梅《大正民主与新闻舆论》（《日本学论坛》1999 年第 2 期）、万峰《论日本近代天皇制的政党政治》（《日本研究论集》1996 年第 1 期）等。

从上述中国学者对大正民主主义的研究现状可以看出，关于这一问题的研究成果角度各异，数量众多，其中吉野作造的"民本主义"是最受关注的内容。不过，尚未有从整体上对于大正民主主义这一社会思潮的具体理论构成和发展过程进行全面研究的论著。有的研究仅仅以吉野作造的"民本主义"作为大正民主主义的主要代表，掩盖了大正民主主义思潮内部的多样性和复杂性，无法展现 20 世纪初民主主义理论在日本本土化过程中的异化。

2. 日本学者的相关研究

与国内学界相比，日本关于大正民主主义的研究成果较为丰富充实，与 20 世纪以后日本历史学的整体发展阶段基本对应。

1945 年以前，日本学界已经开始了关于大正时期民主主义思潮的研究。主要有京口元吉《大正政变前后》（白扬社 1940 年版）、京口元吉等著《第一次世界大战前后》（白扬社 1944 年版）。这一时期出版的比较重要的史料有德富猪一郎编《公爵桂太郎传》（故桂公爵纪念事业会 1917 年版）、井上馨侯传记编纂会编《世外井上公传》（全 5 卷）（内外书籍 1933—1934 年版）。

第二次世界大战战后初期，关于大正民主主义的研究重点是批判陆军的对外扩张和侵略意图。信夫清三郎在《大正政治史》第4卷（河出书房1952年版）中指出，吉野作造的民本主义容忍了君主制，没有能够构筑起与绝对主义相对抗的理论，甚至批判吉野具有愚民观。该书中首次采用的"大正民主主义"这一词，被后来的学者广泛沿用至今。这一时期的相关研究还有远山茂树等著《昭和史》（岩波书店1955年版）以及住谷悦治《大正民主主义和山川均——对大山郁夫、吉野作造的批判》（《基督教社会问题研究》1958年12月）。

20世纪60年代以后，日本历史学界盛行马克思主义唯物史观。"出于从战前探究战后民主主义萌芽的问题意识，出现了对'大正民主'的历史意义重新进行积极评价的倾向，涌现了一大批实证主义的研究成果，'大正民主'的研究进入鼎盛时期。"[①] 这一时期的论著有家永三郎《美浓部达吉的思想史研究》（岩波书店1964年版）、大久保利谦《日本全史》第10卷（东京大学出版会1964年版）、今井清一《大正民主主义》（中央公论社1966年版）、松尾尊兊《大正民主主义的研究》（青木书店1966年版）、松本三之介《近代日本的政治和人：思想史的考察》（创文社1966年版）、三谷太一郎《日本政党政治的形成——原敬的政治指导的展开》（东京大学出版会1967年版）、升味准之辅《日本政党史论》（第3、4卷，东京大学出版会1967—1968年版）、松尾尊兊《（国民的历史 第21）民本主义的潮流》（文英堂1970年版）、桥川文三和松本三之介编《近代日本政治思想史》（有斐阁1971年版）、井上清和渡部彻编《大正时期的激进自由主义——以〈东洋经济新报〉为中心》（东洋经济新报社1972年版）、宫地正人《日俄战后政治史的研究——帝国主义形成时期的城市和农村》（东京大学出版会1973年版）、鹿野政直《大正民主主义的底流——"土俗"精神

[①] 钱昕怡：《战后日本历史学中的"大正民主"研究》，《日本研究》2015年第3期。

的回归》（日本放送出版协会1973年版）、三谷太一郎《大正民主主义论：吉野作造及其以后的时代》（中央公论社1974年版）、松尾尊兊《大正民主主义》（岩波书店1974年版）、金原左门编《（日本民众的历史7）自由和反动的潮流》（三省堂1975年版）、江口圭一《都市小资产阶级运动史的研究》（未来社1976年版）、鹿野政直《日本的历史27 大正民主主义》（小学馆1976年版）、今井清一《日本近代史Ⅱ》（岩波书店1977年版）、H. 史密斯《新人会的研究：日本学生运动的源流》（松尾尊兊等译，东京大学出版会1978年版）、伊藤隆《大正时期"革新"派的成立》（塙书房1978年版）、由井正臣编《论集日本历史12》（有精堂出版1977年版）、中野光《大正民主主义和教育》（新评论1977年版）、井手文子等著《大正民主主义和女性》（合同出版1977年版）、奥平康弘《治安维持法小史》（筑摩书房1977年版）。

20世纪六七十年代比较有代表性的论文有，武田清子《大正民主主义的"人"——吉野作造的思想》（《教育研究》1961年12月）、太田雅夫《大正民主主义运动与大学评论社同仁》（《同志社法学》1967年8月）、土肥昭夫《大正民主主义时期基督教人士的政治论》（《基督教社会问题研究》1968年3月）、荣泽幸二《大正民主主义思想发展的各阶段》［《信州大学教养部纪要第1部》（人文科学）1970年1月］、尾城太郎丸《两种大正民主主义论：其今天的意义》（《三田学会杂志》1974年12月）、木坂顺一郎《治安维持法反对运动——1925年1—3月》（《日本史研究》1971年3月、5月）、武田清子《浮田和民的"帝国主义"论与国民教育——明治自由主义的系谱》（《国际基督教大学学报》1978年3月）。

另外较多的论文已经包含在前面所提及的著作中，在此不再赘述。因20世纪六七十年代的著作和论文数量庞大，笔者无法一一介绍其内容，下面对其中有代表性的观点加以归纳总结。

松本三之介在《近代日本的政治和人：思想史的考察》（创文社1966

年版）中，从理论内部着眼具体分析了民本主义，强调了民本主义对君主制国家主义所起到的批判作用。他认为吉野作造是实践的思想家，其理论在当时具有现实意义，是"祛除日本政治的弊害""实现民主化的可能性探索"。三谷太一郎在《日本的名著48 吉野作造》（中央公论社1972年版）的"解说"中，深入比较了吉野作造的民本主义与孙中山的三民主义，承认吉野作造的中国观具有一定局限性，但是高度评价了吉野作造对中国革命的同情和对日本军部侵华政策的批判。《大正民主主义的研究》（青木书店1966年版）是松尾尊兊研究大正民主主义的力作。松尾尊兊认为，通过吉野作造与中国革命运动志士和朝鲜人的交友关系可以看出，吉野作造的民本主义并不局限于日本国内，而是具有世界意义。松尾尊兊认为吉野作造同情中国革命，批判日本的朝鲜同化政策，认可朝鲜的民族自决权，吉野作造的上述态度虽然不能说是反帝，但是可以说是非帝国主义。松尾尊兊认为吉野作造的这种思想高于当时一般的社会舆论，值得肯定。武田清子在《大正民主主义的"人"——吉野作造的思想》（《教育研究》1961年12月）中指出，吉野作造的民本主义的基础是基督教信仰的人类观。家永三郎在《美浓部达吉的思想史研究》（岩波书店1964年）中突破了以吉野作造为中心的政治思想史的框架，认为美浓部达吉、津田左右吉和柳田国男三人的思想是民主主义的思想来源。这是最早对"大正民主主义＝民本主义＝吉野作造"这种模式的自觉批判，是一种新模式的积极构建。

鹿野政直在《大正民主主义的底流——"土俗"精神的回归》（日本放送出版协会1973年版）中，从民众思想史的角度出发，阐述了民主主义的近代理念，从现实生活中的最底层传达出的民众意识诸相中探索大正民主主义的意义。井上清和渡部彻编的《大正时期的激进自由主义——以〈东洋经济新报〉为中心》（东洋经济新报社1972年版）总结归纳了《东洋经济新报》所刊登的内政外交、经济问题的文章，考察了《东洋经济新报》在传播民主主义思想的过程中发挥的作用，指出，《东洋经济新报》尽管受到很多限制，仍然是当时最彻底的自由主义和民主主义的综合杂志，对战后的和平主义潮流产生了深远影响。野原四郎在《民本主义者孙文》（由井正臣编《论集日本历史12》，有精堂出版1977年版）一文中主张站在发展的立场评价吉野作造的思想。野原四郎认为从吉野作造初登论坛到1916年左右，其民本主义是"对内立宪主义、对外帝国主义"，但是以1916年为转折点，吉野作造的中国观、朝鲜论发生了变化，"从不彻底的民主主义者转变为真正的民主主义者"。中塚明在论文《朝鲜的民族解放运动和大正民主主义》（《历史学研究》1969年12月）中指出，三一运动以后，朝鲜的民族解放运动发生了本质变化，吉野作造对日本对外政策的批判不属于真正的近代帝国主义批判。中塚明认为日本近代史研究力图从大正民主主义中寻找日本民主主义的传统，进而从中寻找反帝思想，是对帝国主义的一种过于主观地把握。

同时，20世纪60—80年代，日本学界整理出版了众多与大正民主主义相关的资料集，其中主要包括太田雅夫《（资料）大正民主主义论争史》（上、下卷）（新泉社1971年版）、今井清一等编《（近代日本思想大系33）大正思想界》（筑摩书房1978年版）、井上光贞等编《日本历史大系4、5》（山川出版社1987年、1989年版）、《大山郁夫著作集——大正民主主义时期的政治·文化·社会》（全7卷）（岩波书店1988年版），还有松方正义、原敬等的相关史料，报纸杂志等的复刻版等，史料的充实为大正民主主义研究提供了极大方便。

20世纪八九十年代，日本关于大正民主主义的研究视角更加多元化，对大正民主主义思想的代表人物的研究扩展到大山郁夫、长谷川如是闲、浮田和民、新渡户稻造等。这一时期主要的著作列举如下：丸山真男等《大山郁夫评传·回想》（新评论1980年版）、小山仁示编《大正时期的权力和民众》（法律文化社1980年版）、荣泽幸二《大正民主主义时期的政治思想》（研文出版1981年版）、坂野润治《大正政变：1900年体制的崩溃》

(Minerva 书房 1982 年版)、天野卓郎《大正民主主义和民众运动：以广岛区域为中心》（雄山阁出版 1984 年版）、冈田洋司《农村青年＝稻垣稔：大正民主主义和"土"的思想》（不二出版 1985 年版）、太田哲男《大正民主主义的思想水脉》（同时代社 1987 年版）、伊藤之雄《大正民主主义和政党政治》（山川出版社 1987 年版）、井出武三郎《吉野作造和其时代：大正民主主义的政治思想断章》（日本评论社 1988 年版）、藤原保信《大山郁夫和大正民主主义》（铃木书房 1989 年版）、松尾尊兊《普通选举制度成立史的研究》（岩波书店 1989 年版）、南亮进等编《民主主义的崩溃和再生：跨学科的探讨》（日本经济评论社 1998 年版）、田中浩《长谷川如是闲研究序说："社会派记者"的诞生》（未来社 1989 年版）、坂本忠次《日本地方财政的发展：大正民主主义时期地方财政史的研究》（御茶水书房 1989 年版）、荣泽幸二《大正民主主义时期教员的思想》（研文出版 1990 年版）、太田雅夫《大正民主主义研究：知识人的思想和运动》（增补版）（新泉社 1990 年版）、中野光《大正民主主义和教育：1920 年代的教育》（改订增补版）（新评论 1990 年版）、小松和生《日本法西斯和"国家改造"论》（世界书院 1991 年版）、酒井哲哉《大正民主主义体制的崩溃：内政和外交》（东京大学出版会 1992 年版）、安田浩《大正民主主义史论：向大众民主主义体制的转型和缺陷》（校仓书房 1994 年版）、浅野和生《大正民主主义和陆军》（庆应通信 1994 年版）、Richard Sorge《两种危机和政治：1930 年代的日本和 1920 年代的德国》（胜部元等译，御茶水书房 1994 年版）、饭田泰三《批判精神的轨迹》（筑摩书房 1997 年版）、大门正克《近代日本和农村社会》（日本经济评论社 1994 年版）和冈田洋司《大正民主主义下的"地方振兴"：爱知县碧海郡非政治·社会运动改革构想的展开》（不二出版 1999 年版）。

代表性论文有桥本哲哉《大正民主主义期的地方社会运动：以各地社会运动史研究为素材》（《金泽大学经济学部论集》1989 年 3 月）、辻本弘明《"大正民主主义"崩溃的研究序说》（《奈良大学纪要》1991 年 3 月）、芳井研一《大正民主主义期的环日本海论》（《环日本海地域比较史研究》1992年3月）、正田健一郎《大正民主主义期的民众意识》（《早稻田政治经济学杂志》1994年7月）、正田健一郎《关于大正民主主义的一种解释》（《早稻田政治经济学杂志》1994年10月）、坂本多加雄《吉野作造的"民本主义"：其过去与现在》（《比较近代日本思想》山川出版社1996年版）。

进入21世纪以后，关于大正民主主义的研究角度更加具体化、分散化。民众史、社会史、都市史、地方史、农村史、财政史、人物史都成为介入大正民主主义研究的有效路径。代表性论文有大森美纪彦《权藤成卿与大川周明：从大正民主主义向昭和法西斯的转变》（《神奈川大学国际经营论集》2001年3月）、土桥庄司《大正民主主义时代活跃的自由主义者：赤羽王郎的生涯》（《自由》2001年4月）、川井良浩《大正民主主义期安冈正笃的民本主义》（《专修法研论集》2002年3月）、姜克实《大正民主主义的先驱者——日俄战后的浮田和民》（冈山大学文学部纪要2002年12月）、金原左门《"大正民主主义"和地方政治的变革》（《月刊自治研究》2005年1月）、黑田康弘《从大正民主主义到昭和法西斯：民主主义在民众之间的渗透》（《史苑》2005年3月）、有马学《"大正民主主义"论的现在：民主化·社会化·国民化》（《日本历史》2006年9月）、川合大辅《大正民主主义期的理论问题的考察：以1916年前半为例》（《哲学和教育》2009年3月）、成田龙一《围绕"大正民主主义"的诸问题》（《历史地理教育》2009年10月）、望月和彦《大正民主主义期的政界再编》（《桃山法学》2010年3月）、中西辉政《大正民主主义的诅咒：直视我民族之弊病"走出改革的泥沼"》（《Voice》2010年5月）

代表著作有黑川绿《共同性的复权：大山郁夫研究》（信山社2000年版）、田中浩《日本自由主义的系谱——福泽渝吉、长谷川如是闲、丸山真男》（朝日新闻社2000年版）、伊藤孝夫《大正民主主义期的法和社会》（京都大学学术出版会2000年版）、重松正史《大正民主主义的研究（和歌山地方史）》（清文堂出版 2002 年版）、西尾林太郎《大正民主主义的时代和贵族院》（成文堂 2005 年版）、望月和彦《大正民主主义的政治经济学》（芦书房 2007 年版）、米原谦《日本政治思想》（Minerva 书房 2007 年版）、松本三之介《近代日本的思想家 11 吉野作造》（东京大学出版会 2008 年版）、猪木武德编著《战争期日本的社会集团和网络：民主主义和中间团体》（NTT 出版 2008 年版）、同志社大学人文科学研究所编《大正民主主义和现代：第 64 回公开研究会》（同志社大学人文科学研究所 2009 年版）、竹山护夫《近代日本的文化和法西斯》（竹山护夫著作集第 5 卷）（名著刊行会 2009 年版）、堀真清《大山郁夫和日本民主主义的系谱：从国家学到社会政治学》（岩波书店 2011 年版）、成田龙一《近现代日本史与历史学》（中公新书 2012 年版）。

三 本书的研究方法及内容结构

（一）研究方法

丸山真男在《思想史的研究方法》[①] 中曾经说到，思想史有三种路径，一是教义史，二是观念史，三是时代思潮史。本书从时代思潮这一路径入手，考察大正民主主义。本书以辩证唯物主义和历史唯物主义为指导，主要应用如下几种研究方法。

第一，历史形成论和历史形态论的研究方法。考察一种思想的形成、发展，既需要从历史语境来审视思想的形成、发展，也需要重视从文本本身对思想家的研究。本书重点应用历史形成论和历史形态论的方法，系统考察大正民主主义思想的发端、发展、分化以及退潮的过程，并将这一过程与日本历史的发展、社会的变迁、国际情势的改变等因素结合起来，对

[①] 丸山眞男：「思想史の考え方について」，武田清子编『思想史の方法と対象』，創文社 1961 年，3—33 頁。

大正民主主义思想的演变和特征做系统地考察和阐述。

第二，实证主义的研究方法。研究历史离不开大量的史料支撑。本书的研究也只有立足于对史料、史实的考证，才能得出可以凭信的结论。因此，本书将应用实证主义的研究方法，在分析民主主义者的言论及著述的基础上，结合其文化活动、社会活动等相关史料、史实，从中揭示大正民主主义的性格本质。

（二）内容结构

本书由绪论、正文及终章三部分构成。绪论主要介绍大正民主主义思想研究的选题意义、中日学者的研究现状、研究方法与章节构成等内容，并对书中所使用的一些核心概念进行了界定。正文分五章论述，分别论述大正民主主义的形成和发展的过程，大正民主主义的政治思想，大正民主主义的社会思想，大正民主主义的国际政治观及大正民主主义的衰退及其流向，终章探讨大正民主主义思想的特征。

第一章是大正民主主义的形成和发展。本章主要考察和论述大正民主主义兴起的社会历史背景和原因、思想基础及其发展过程等。明治维新以后，资本主义的持续发展、民众受教育程度的提高、新闻媒体的蓬勃发展为民主主义思想的兴起提供了社会基础。社会进化论、国家有机体论、人道主义都构成了大正民主主义的思想基础。民主主义思想兴起于大正初年的宪政拥护运动，在第一次世界大战后形成高潮，20世纪20年代进入第二阶段。第二章是大正民主主义的政治思想。本章把美浓部达吉、吉野作造、大山郁夫、长谷川如是闲作为民主主义者的代表人物，重点考察了其天皇观、国家观和宪政观，详细论述了民主主义者的立宪政治构想、贵族院改革论、废除枢密院论以及关于统帅权独立的立场。第三章是大正民主主义的社会思想。本章论述了民主主义者关于妇女问题、劳动问题、教育问题及言论自由问题的观点。如对妇女选举权的不同立场，围绕"森户事件"

展开的斗争，反对军事教育和官僚思想对教育的干涉等。第四章是大正民主主义的国际政治观。本章针对第一次世界大战以后民主主义者的国际政治观以及对华政策主张进行了分析。具体包括吉野作造的满蒙论、大山郁夫的文化国家主义、长谷川如是闲对法西斯和军国主义的批判等。第五章分析大正民主主义衰退的社会历史原因及其流向。大正民主主义思想衰退的原因主要有民众对政党政治的失望及厌恶情绪，关东大地震后政府的思想言论压制，《治安维持法》的打击，报纸杂志的言论转向，激进社会思潮的兴起。终章从思想内涵、理论体系、所发挥的社会作用、大正民主思想在各个阶层的影响力等角度出发，探讨大正民主主义的特质。作为指导20世纪20年代日本的政治制度民主转型的思想，大正民主主义把西方的政治理念加以改变嫁接在日本的传统社会上，在社会底层没有发生本质性变化的时候，最后形成的民主是一种并不成熟的政治形态，是形式上的近代民主制和本质上的军国主义思想意识的矛盾体，形式上是普选制和责任内阁制，本质上却是封建性的。

第一章

大正民主主义的形成和发展

大正伊始，以宪政拥护运动为契机，民主主义已经成为具有广泛影响力的社会思潮。通过井上哲次郎的分析、德富苏峰的感言以及内务省警保局的秘密调查资料可以洞悉大正初期的社会思想状况。

1913年年初，时任东京帝国大学文科大学校长的井上哲次郎总结指出："我国自明治维新以来引进欧美思想，国家取得了长足进步，但是日俄战争之后形势急转直下，不断引进欧美文明的结果是新旧思想的彼此倾轧、东西文明的相互抵触，产生了不能融合和协调的复杂现象和矛盾。……面对这种矛盾无论是学生还是大多数国民都很迷茫。……我国的强大源自国民的团结一致，然而欧美文化的特质却是崇尚个人主义。个人主义逐渐传入我国，与我国的国家主义产生了矛盾。因此，是采取国家主义还是采取个人主义呢？这两种思想在什么情况下能够协调呢？如果不能够协调应该采取哪种主义？这是我们当前亟待解决的课题。"[①] 1914年，德富苏峰指出："今日之日本正在逐渐失去其中心点。政府毫无威信、军队毫无威严、政治家也毫无威望。……听不到预言者的声音，也不见站在街头指导国民的先知的踪影。不相信别人，也怀疑自己。"[②]

井上哲次郎承认明治政府倡导的国家主义与个人主义之间的矛盾日益

---

① 井上哲次郎：「国民思想の矛盾」，『東亜之光』1913年2月。
② 德富蘇峰：「国民試練の時」，『蘇峰文選』，民友社1915年，1376頁。

激化，德富苏峰痛惜国家主义的日渐衰退。两者的忧虑在内务省警保局关于民主主义思潮的秘密调查资料中得到了印证，即国家主义衰退的背后是民主主义思潮的逐渐兴起。"进入大正时代以来，社会上要求政党政治的呼声日益高涨。在拥护宪政打破阀族的宪政拥护运动的影响之下民主主义逐渐形成一大社会思潮。"① 本章将考察大正民主主义形成的历史背景和思想基础，考察其形成和发展的轨迹。

◇ 第一节　大正民主主义形成的历史背景和契机

"社会思潮的形成直接受到社会的制约和影响。一定的社会思潮总是与特定历史条件下的生产方式和社会关系相联系的，其形成蕴涵着深刻的政治经济动因。任何一种社会思潮，说到底都是历史前进的躁动在观念领域里的折射和回响。"② 明治时期以后日本资本主义的发展引发了社会结构的变化，形成了新的社会矛盾。大正民主主义同样是各种社会矛盾达到激烈程度之后，逐渐形成的一种社会思潮。

一　明治末年大正初年的社会思潮变动

（一）日本资本主义的发展及社会各阶层的诉求

明治维新以后，随着日本资本主义的迅猛发展以及工业革命的完成，日本的总人口数量快速增长，工人数量增多，城市化进程加速。19 世纪 70

---

① 内务省警保局：『我国に於けるデモクラシーの思潮』，内务省警保局 1918 年，第 1 页。
② 邓卓明主编：《社会思潮专题研究》，中国社会科学出版社 2012 年版，第 17 页。

年代以后，随着伐木、清理土地和开发北海道，日本的耕地面积扩大，粮食产量增加，人口开始快速增长。到1915年时，日本的人口已经达到5200万人左右，比起江户后期的人口数量增加2000万人。截至1907年，日本基本上完成了工业革命，进入了工业化。农业在国民生产总值的比重日益下降，从1885年的45%下降到1914年的约32%。① 随着日本资本主义的发展和城市化的推进，工人人数激增，1897年工人的数量是40万人，1907年达到60万人，1914年增加到69.8万人。② 在城市和城镇生活与工作的人口飞快增长，东京在1903年已有近200万人，大阪约有100万人，都是半世纪前的3倍。居住在1万人以上的城镇中的人口在1893年只占人口总量的16%，到1913年时增长为28%。③

资本主义的发展促进了农业的繁荣和城市化，同时也带来了工业化的典型后果之一，即巨大的社会和经济不平等问题。"1914年之前的数十年的工业化是与社会紧张联系在一起的。"④ 这种社会紧张表现为，各个阶层都对现实存在不满，都提出了新的诉求。

工人针对低廉的工资、恶劣的工作和居住条件，向残酷剥削的雇主进行抗议，罢工活动此起彼伏。1906年前后，石川岛造船所、东京炮兵工厂、大阪炮兵工厂、横须贺造船所等官营、民营大企业发生了大规模的劳动争议以及罢工运动。仅仅1907年的罢工运动就多达165次。⑤ 从一位记者描述的1897年足尾铜矿工人们的生活条件中可以看出工人们罢工运动的巨大动

---

① ［美］康拉德·托特曼著：《日本史》（第二版），王毅译，上海人民出版社2008年版，第330—332页。

② 江阪辉弥ほか：『日本の歴史』（改订版），桐原书店2004年，156、171页。

③ ［美］康拉德·托特曼著：《日本史》（第二版），王毅译，上海人民出版社2008年版，第330—332页。

④ 同上。

⑤ 青木虹二：『日本劳働运动史年表』第1卷（明治大正编），新生社1968年，94页。

力。"这些棚子用粗木板搭起来,就肮脏恶浊而言,甚至比不上东京最糟糕的贫民窟……他们既没有天花板也没有地板,泥地中间是敞开的火炉,围绕他们铺着粗糙的草席。只是睡觉的地方铺了一些隔开潮气的木板。在这些木板上面铺了一些木质排水板,在他们上面覆盖薄薄的草席,从来没有过榻榻米。没有天花板,没有榻榻米,没有家具。垃圾堆积起来,肮脏的饭碗、铺盖由于煤烟和灰尘已是油黑发亮。"① 这种肮脏污浊的生活条件不仅限于矿产行业,纺织工厂、缫丝工厂的工作条件同样艰苦。女工们每天工作十七八个小时,除了15分钟的吃饭时间,要一直工作。恶劣的工作条件,加上不卫生的饮食,有很多女工得了肺结核等重病。

19世纪90年代开始,对工厂劳动环境的不满,加上越来越了解当时正在欧洲展开的劳工党和社会主义的观点与运动,工人中间出现了主张劳工立法的运动,以及组织工会和政党的尝试。为了指导工人运动,1897年,高野房太郎组建了"职工义友会",后来片山潜也加入该组织,并改名为"工会期成会"。以此为开端,各种工会组织相继成立。1901年,幸德秋水、片山潜、安部矶雄等组建了"社会民主党",并宣称自己的目标是"用真正的社会主义和民主的手段,消除贫富之间的鸿沟,确保和平及其世界性胜利"。1912年,劳动工会"友爱会"成立。友爱会代表工人阶层的利益,提出了三条纲领,致力于提高工人们的知识、道德和技术水平,改善社会地位。

在城市,市民阶层的各种抗议运动也此起彼伏。1905年,在东京日比谷公园爆发了反对政府与俄国讲和的抗议骚乱,1906年,为了反对电车费用上涨,各地市民举行了集会。另外,城市的商业会所联合会开展了一系列反对增税、抵制恶税的运动。

---

① 喀左仁村:《1907年的足尾暴动:日本采矿的社会史》(*The Ashio Riot of* 1907, *A Social History of Mining in Japan*, Durham: Duk University Press, 1997),第38页,转引自[美]康拉德·托特曼著《日本史》(第二版),王毅译,上海人民出版社2008年版,第338页。

在农村，由于资本主义商品经济的发展，各个大米产地之间的竞争加剧，加上肥料费用上涨、地租逐渐提高等因素，地主和佃农的矛盾也愈加激化。这种前所未有的社会状态激发了农民阶层对于国家统治机构的反抗思潮。社会主义者铃木楯夫在视察了东京近郊的农村之后指出："近来地主与佃农的纠纷在各地频发。这是一种封建旧思想与要求平等的新思想的冲突。封建旧思想把佃农看作奴隶，而佃农由于生活困难逐渐觉醒，形成了要求平等的新思想。"① 柳田国男也在《时代与农政》中指出，"近年来佃农在碰到问题时往往立即结党"②，以地主为中心的金字塔形的农村秩序开始动摇。从日俄战争之后到明治末年约7年的时间，在关西、关东和中部地区地主佃农的争议和纠纷件数达到了618起，远远超过1898—1905年的343起，争议内容涉及地租减免、村政和水利等多方面。③

同时，日俄战后成长起来的青年知识分子阶层，逐渐成长为农村中的"地方社会中坚人物"。1902—1917年，每年的中学毕业生从1万人增长到2.2万人，其中大部分人来到城市成为政府和社会的工薪阶层，或者接受了更高层次的教育成为教师、律师、记者等，构成了城市的小市民阶层，还有一部分人留在农村成为地方社会的中坚力量。这些拥有了一定教育水平的农村青年主张"没有青年之上的青年，也没有青年之下的青年，无论都市青年还是乡下青年原本都是平等毫无上下之别的"④。新成长起来的农村青年既要求改变农村内部的不平等状况，也要求缩小农村和城市之间的差距，拥有强烈的社会平等意识。

除了上述具体的运动之外，争取各种市民权利的呼声也日益高涨。女性受教育人数的增多、受教育程度的提高为女性解放思潮的兴起提供了群

---

① 铃木楯夫：「農村の大問題」,『社会新聞』52号，1909年。
② 柳田國男：『時代ト農政』，聚精堂1910年，7頁。
③ 青木虹二：『明治農民騒擾の年次的研究』，新世社1967年，61頁。
④ 山本瀧之助：『田舎青年』,（広島県）千年村1896年，9頁。

众基础。1902—1915 年，高等女学校的毕业生从每年 3000 人增加到 1.7 万人。这些拥有一定知识文化素养的女性大部分进入了教师行业。1918 年小学教员的 30% 都是女性，达到了 5.4 万人。1911 年，平塚雷鸟等人成立了女性文学团体"青鞜社"，主张女性不受家族制度束缚，提倡妇女人权。"女性原本是太阳""新女性"成为明治末年妇女要求平等和解放的象征词。自然主义文学的代表作家田山花袋在作品《布团》中描绘的女主人公正是这些新女性的代表。女主人公与家的纠葛，反映出新时代女性个人意识的觉醒，①"对于日本人而言，家制度和两千年来的国家历史权威相结合，妨碍着个人的独立和发展"②。

当工人、农民努力争取在大正经济发展中分得一杯羹时，作为社会边缘群体的部落民也在为追求个人权利而奋斗。明治维新以后，虽然号称"四民平等"，但是部落民却仍然处于备受歧视的处境。部落民占日本人口的 2%，被认为"污秽"，他们努力寻找工作并力争融入日本主流社会，却处处碰壁。大正初期，冈山、广岛、福冈等地要求改变部落民的社会处境的团体纷纷成立，如冈山的冈山县青年团、广岛的跃进青年团等。

（二）传播媒介的发展

日俄战争以后，报纸、大众期刊等新闻媒体的迅速发展和普及也为大正民主主义思潮的形成、发展和传播提供了媒介。1910 年儿童的入学率超过了 99%，随着义务教育的普及，大众媒体的受众数量日益增多。

根据小野秀雅的《日本报纸发展史》，③ 以日俄战争为契机，论述政治

---

① 岛村抱月：「自然主義の価値如何」，『早稲田文学』第 30 号，1908 年。
② 魚住折蘆：「自己主張の思想としての自然主義」，『（現代日本書学大系 40 巻）魚住折蘆、安倍能成、阿部次郎、和辻哲郎、生田長江、倉田百三、長谷川如是閑』，筑摩書房 1973 年。
③ 小野秀雄：『日本新聞發達史』，大阪毎日新聞社及東京日日新聞社 1922 年，316—317 頁。

的报刊数量从 744 种增加到了 1979 种。这一时期，报纸的取材、编辑、印刷和销售系统趋于完善，报界趋向于全国化和集中化，发行量也成倍增加。仅仅针对东京市区的报刊日发行量的统计显示，中日甲午战争时期是 7 万份，日俄战争前增长到 20 万份，第一次世界大战时期是 35 万份左右。具体到各家报纸的发行量方面，1901 年报界的东西两雄是《大阪朝日新闻》和《万朝报》，发行量都是 12 万份。1911 年，东京地区发行量最高的是《报知新闻》约 20 万份，《国民新闻》《大和新闻》《万朝报》均是 15 万—17 万份。1911 年大阪地区发行量最高的是《大阪朝日新闻》（35 万份），其次是《大阪每日新闻》（32 万份）、《万朝报》（15 万份）。1920 年前后，《东京日日新闻》的日发行量增加到 35 万份，其次是《报知新闻》《东京朝日新闻》《国民新闻》《时事新报》。1920 年前后，大阪地区《大阪每日新闻》的发行量约为 80 万份，《大阪朝日新闻》约为 64 万份。中产阶级女性反复翻阅的杂志《妇女之友》，在 20 世纪 20 年代每期的发行量达到 300 万份。1925 年，日本大城市的广播站开始播音。第二年政府将 3 家独立的电台合并，组建了日本的国家广播电台 NHK。日本全国有近 150 万部收音机，中产阶级家庭借此聚在一起，收听西方音乐、喜剧小说和其他广播故事。

这一时期，报社记者不仅仅是职业，更多是身份的象征，是精英阶层。报社记者分为政治部记者和社会部记者，在政治部记者身上这种力图引领舆论的使命感尤其明显。以《大阪朝日新闻》为例，大正前半期鸟居素川、长谷川如是闲、大山郁夫、丸山侃堂等优秀的报社记者为了争取言论自由和打破藩阀统治开展了声势浩大的舆论批判。例如，该报尖锐地批判桂太郎内阁推行的官僚主义、非立宪主义，主张国民思想的进步和政党政治是世界的大趋势。1912 年，该报以《大正的新政治》为题发表评论说，"明治有明治的政治，大正则不能没有大正的政治。企图用明治的政治衡量大正显然是没有脱离明治的束缚"。①

大正初期爆发的反对桂太郎内阁的宪政拥护运动，一直持续到桂太郎内阁瓦解之后的山本权兵卫内阁时期。1914年1月，海军内部的受贿渎职事件（西门子事件②）被曝光之后，《大阪朝日新闻》发表了题为《人类的共同感情》的社论，其中指出："十年前的爱国心是指忍受重税，人民是政府的帝国主义政策的垫脚石，但是今日的爱国心是指抵制租税或者是把政府作为人民的自主政治的地基。这是基于人类的共同感情，完全符合当前的世界形势。脱离这一现实制定政策的政治家，不仅是日本的敌人，更是全人类的敌人。"③ 该报认为民众的政治自觉是以"人类的共同情感"为基础的，不受国境和法律的限制，批判山本权兵卫内阁的倒行逆施违背了世界发展的大趋势。

通过上述分析可见，大正民主主义在形成和发展中，报纸起到了举足轻重的作用。甚至连内务省警保局的内部材料都认为"民主主义思想不是通过吉野作造、大山郁夫、北泽新次郎等为首的学者，而是通过长谷川如是闲、鸟居素川等记者团体在社会上传播的"。④ 正因为有了报刊的引领作用，大正民主主义才得以广泛传播。相反，在报刊对于民主主义的关注趋向低落时，这种民主主义思潮的影响力就开始迅速减弱了。关于这一点将在第五章加以论述。

（三）自由主义、民主主义的思想源流

明治初期，近代日本为了构建国民国家，致力于引进和吸收西方的自

---

① 「日本の新政治」，『大阪朝日新聞』1912年9月27日。
② 海军高级将领收受德国西门子公司佣金，而以购买德国军火当作回报。
③ 「人類共通の感情」，『大阪朝日新聞』1914年2月20日。
④ 内务省警保局：『我国に於けるデモクラシーの思潮』，内务省警保局1918年，1頁。

由、平等思想。明治政府推行文明开化,"求知识于世界"。1872年中村正直翻译的穆勒的《论自由》出版,1884年报告社出版了由松岛刚翻译的斯宾塞的《社会平权论》①,英国的功利主义、法国的天赋人权、社会契约论等自由民主思想也传入日本。启蒙思想家福泽谕吉把强调个人自立和自由的英国思想介绍到日本,提出的"人生而平等"成了人尽皆知的名言。加藤弘之在《真政大意》《国体新论》②中宣传了天赋人权论,提倡自由和平等思想。尽管加藤弘之后来开始利用社会进化论为明治政府服务,转而批判天赋人权说,但是天赋人权说仍得到自由民权思想家们的继承。

19世纪七八十年代,启蒙运动衰落,自由民权运动兴起。自由民权思想家在启蒙思想家批判封建制度对人性的束缚与践踏的基础上,进一步主张"主权在民",视人为最高至尊的存在。激进的民权派以"人人平等"为思想武器,向天皇制思想体系挑战,认为天皇是人,我也是人,"自由就是反对天皇"③乃至否定天皇制。植木枝盛扩大并深化了自由民权理论,提出了彻底的自由主义思想,指出"人生而自由,是自由的动物","如不依靠人民的自主自由和宪法,国家难以巩固……如不发扬民权就不能发扬国权、保持独立,专制政治最后不得不亡国卖国"。"国事即民事,国家是民众的集合物",认为人民参与国事乃天经地义。④中江兆民把卢梭的社会契约论和人民主权论作为其思想的两大理论支柱,阐释了民众自觉参与政治的必要性,认为改革和建设都离不开民众的意志和实践。⑤自由民权运动不仅继

---

① 袍巴土·斯辺瑣(ハーバート·スペンサー)著:『社会平権論』,松島剛訳,報告社1884年。

② 加藤弘之:『真政大意:2巻』,山城屋佐兵衛1870年;加藤弘之:『国体新論』,稲田佐兵衛1875年。

③ 高橋哲夫:『福島自由民権運動史——その調査と研究』,理論社1954年。

④ 植木枝盛:「民権自由論」,『明治文化全集·自由民権篇』,日本評論社1968年,184頁。

⑤ 具体参见唐永亮《中江兆民的国际政治思想》,社会科学文献出版社2010年版。

承了启蒙运动的积极成果，而且向民众传播了基于天赋人权论的自由民权思想，尤其是把人民主权论和社会契约论与民众的政治斗争相结合，从理论和实践两方面提高了民众的自我意识。

1889年《明治宪法》颁布以后，《明治宪法》体制严重阻碍了政党政治、议会政治甚至言论、思想的自由发展，开始出现与之相对抗的思想。在明治20年代以后三宅雪岭和陆羯南主张的国粹主义，北村透谷和岛崎藤村提倡的浪漫主义，德富苏峰等提出的平民主义，都涉及了个人和国家的关系问题。明治30年代以后，与谢野晶子、景山英子等明确主张尊重个人，提倡男女平等，在女性中间传播了自由、平等的理念。

（四）对国家至上主义的否定

尽管明治后期日本在国家层面上取得了种种胜利，但是社会显然已经陷入各种忧患和冲突之中。思想界力图从欧美思想中寻求解决方法，各种思想理论传入日本。① "个人主义、唯物主义、社会主义、共产主义、无政府主义、虚无主义、工团主义、人道主义、国家社会主义，其中民主主义是最显著的社会思潮。"②

国家与个人的关系问题，人与人之间的平等问题在明治维新以后一直隐含于日本，在20世纪初变得更为突出。在明治早期，家庭社会地位高的年轻人，也就是武士、地主和商人们的儿子，如果工作勤奋，受过良好教育的话，可以期待得到很好的工作。然而，19世纪90年代随着新的政治结构趋于稳定，新的社会上层形成，由于申请人数越来越多，年轻人进入最好大学的可能性越来越小，职业前景变得黯淡。面对这种黯淡的前景，学生们在学校学习就没有成就感或没有目标。对于这些年轻人来说，追求个

---

① 崔世广：《历史发展周期论与21世纪的日本》，《当代亚太》2000年第6期。
② 内務省警保局：『我国に於けるデモクラシーの思潮』，内務省警保局1918年，10頁。

人雄心和国家宏伟目标的药方都没有什么吸引力,如同镰田出版公司的创始人镰田茂雄后来回忆的那样:"那是一个反省和绝望的时代,人们关注这样一些问题,比如'人的本质是什么?''我从什么地方来?''我在往什么地方去?'"①

从明治40年代前后就已经出现的反抗国家至上主义的萌芽在大正时期逐渐枝繁叶茂,民众以"一种彻底自由、无比勇敢的态度接受外来思想,尤其是对于个人主义和自我主义等外来思潮达到了完全倾倒的地步"。② 这一时期文学作品中也往往充满了对官僚、藩阀的轻蔑和嘲讽。"以往的时代,陛下的威光无所不能;如今,即使是天皇的威光有时也会失灵;将来,会变成正因为是陛下的威光才没有任何作用。"③ 批判天皇制和藩阀专制、主张人格独立和人权的观念借助书籍、报刊在社会上逐渐传播开来。

除了民主主义之外,主要的外来思想中还有"教养"思想、德国新理想主义哲学即新康德主义哲学、人道主义思想、社会主义思想特别是马克思主义思想。夏目漱石的学生阿部次郎是教养主义的代表人物,他创作的《三太郎日记》成为教养主义的先驱性成果。教养主义的形成与克贝尔博士的影响有密切关系。1893年,克贝尔应东京大学邀请来到日本,从那时起到1914年近20年间,他讲授了西洋哲学以及希腊语、拉丁语等课程,通过潜心研究把西方哲学思想引入日本。他主张日本哲学界应该摈弃"轻佻肤浅"之学风,掌握正规的研究方法,用古典语言去理解西洋哲学特别是古典思想。克贝尔的观点对明治后期大正初期的思想界产生了巨大影响。波多野精一、深田康算分别在希腊哲学、美学方面的成就就是得益于克贝尔

---

① 肯莫斯:《明治日本思想中的自我塑造者:从武士到薪水人》,第211页,转引自[美]康拉德·托特曼著《日本史》第2版,王毅译,上海人民出版社2008年版,第347页。

② 生田長江:「明治文学概説」,『生田長江全集』第1卷,大東出版社1936年,63頁。

③ [日]夏目漱石:《我是猫(新版)》,于雷译,译林出版社2017年版,第21页。

的学风的影响。阿部次郎与和辻哲郎也都深受克贝尔的学术影响。

哲学方面，大正初期桑木严翼和左右田喜一郎等把新康德哲学引入日本并逐渐形成了学院派哲学的主流。明治时期，东京大学招聘的外国教师芬诺洛萨（E. F. Fenlooosa，美国）、库珀（Cooper，英国）、布瑟（L. Busse，德国）、拉法埃·冯·克贝尔（Raphael von Kober，德国）和从欧洲留学回来的井上哲次郎把从康德到黑格尔的德国理想主义哲学引入日本。到了大正初期，桑木严翼和左右田喜一郎把新康德哲学引入社会科学。京都大学哲学科的学者们关于德国新理想主义即新康德哲学的研究在思想界产生了广泛影响力。"桑木严翼的康德研究、西田几多郎的新理想主义哲学，还有田边元的认识论研究都是进一步创造出大正年代新风气的根源。"① 夏目漱石、桑木严翼、吉野作造这些大正时期的代表性知识人士都受到了新康德哲学的影响。另外，倭铿（R. Eucken）、亨利·柏格森（Henri Bergson）、尼采（F. Bietzsche）、叔本华（A. Schopenhauer）等人的生命哲学理论经过和辻哲郎、安倍能成的研究日益流行起来。"法国学者柏格森在《创造进化论》中提出生命力只有通过自由、随机地发现才能实现文化的创造性发展，这种模式代表了力图克服近代思想框架的20世纪初期的哲学和思想倾向。"② 柏格森的观点传入日本，促进了日本生命哲学的发展。

与教养主义、新康德哲学思潮并驾齐驱的还有文坛上的白桦派。明治末年大正初年受到同时代西欧思想的影响，主张人道主义和尊重个性的白桦派作家引领了大正前期的文坛。1910年，华族子弟武者小路实笃、有岛武郎、柳宗悦等人创办《白桦》杂志。《白桦》杂志具有美术杂志的一面，主要宣传印象派和后期印象派的西方美术，同时广泛介绍欧洲文化。白桦派同仁并不以父辈的荣光为自豪，相反以一种自我创业精神来发泄对父辈

---

① 金子筑水：「明治時代の哲学及び倫理」，『解放』明治文化の研究号，1921年10月。

② 铃木贞美：『大正生命主義と現代』，河出書房新社1995年，65頁。

们的反抗和轻视，信奉凭个人才能实现自我理想的个人主义奋斗精神。白桦派强调人本主义，提倡"发挥自我"、肯定自我的强烈个性，"自我"作为个体应该超越国家的束缚。白桦派作家武者小路实笃的观点和实践非常具有代表性。他承认，"不管表面如何掩饰，现在的社会存在贫富差距。……今天的世界建立在傲慢、不道德、不把人当人的劣根性和对他人幸福的嫉妒和憎恶之上"①。作为托尔斯泰的信徒，武者小路实笃出于对社会矛盾的愤怒和正义感，于1918年在九州日向地区购置土地，想要在那里建设一个所有人都能够作为"兄弟姊妹"过上幸福生活的理想社会，称为"新农村"运动。尽管这一尝试最后以失败告终，但是促进了大正时期人道主义的传播。

与此同时，自由民权运动衰退之后，政友会、宪政本党放弃了自由民权所指向的民主主义课题，之后继承这一思想的是深受无政府主义和马克思主义影响的社会主义者。1906年堺利彦等创办了《社会主义研究》，开始更加广泛、全面地介绍马克思主义思想。《共产党宣言》、恩格斯的《社会主义从空想到科学的发展》等均被翻译成日文，马克思主义思想得到了全面介绍。此外还翻译引进了布里斯（W. D. P. Bliss）的《无政府主义与社会主义》、克鲁泡特金的《无政府主义哲学》，刊登了久津见蕨村的《无政府主义之两派》等无政府主义的作品。1906年代表劳动者阶层的合法政党——日本社会党成立，领导"反对东京市电车票上涨市民大会"取得了胜利。他们组织了普通选举期成同盟会和工会期成会，进行民主主义（废除贵族院、废除治安警察法、制定普选法等）的启蒙宣传。参与者不仅有社会主义者，还包括许多自由主义的知识人士。正如吉野作造在晚年回顾大正民主主义时所指出的那样，"近些年自由思想的开拓者首先应该指社会主义者"②。1905年，社会主义者的代

---

① 武者小路実：『新しき村の労働』付録3，新潮社1920年。
② 吉野作造：「民本主義鼓吹時代の回顧」，『社会科学』第4卷第1号，1928年2月。

表人物幸德秋水抵达美国之后，了解了"世界产业工人工会联合会"的运动，其思想逐渐转向革命工团主义。1906年回国后，幸德秋水主张直接行动论，但是1910年发生了"大逆事件"，幸德秋水以及24名与天皇暗杀计划毫无关系的无政府主义者和社会主义者被判死刑或无期徒刑。"大逆事件"使思想界意识到不同天皇制绝对主义进行斗争就没有自由和解放，但是如果蛮干，既达不成目的还容易遭到毁灭性打击。

综上可见，明治末期，随着资本主义的飞速发展，民主主义思潮所必需的知识阶层和民众基础已经形成。传播民主主义的舆论手段、接受民主主义的心理基础和思想环境也已经准备就绪。"霎时间舆论勃然而起，高唱拥护宪政这个新名词的呼声宛如海潮一般在舆论界涌现出来"，① 民主主义迎来了其兴起的历史契机。

二 大正民主主义兴起的契机

大正民主主义兴起的直接契机是反抗以天皇权威为依据的藩阀专制和反抗天皇中心主义体制。反对藩阀专制和天皇中心主义体制的政治运动爆发并取得了胜利，从而把大正民主主义推上了历史舞台。

明治时代，内阁总理大臣的人选均是先经过元老们参与讨论，由元老向天皇推荐，再由天皇向总理大臣"大命降下"授命组阁，形成所谓的藩阀政治。藩阀政治一直是19世纪80年代以来自由民权运动所批判的对象。日俄战争之后，元老们的权威日益衰退，相反以民主意愿为背景的政友会的力量逐渐壮大。

1910年日本吞并了朝鲜，陆军依靠元老军阀巨头山县有朋的支持，主张"国防为本，财政为末"，继续推行对外侵略政策。1912年12月，陆相

---

① 弘田直衛：『内閣更迭五十年史』，春陽堂1930年，699頁。

上原勇作提出在朝鲜增设两个师团，而当时的第二次西园寺公望内阁力图在银行资本的强力支持下坚决实行"财政整顿"，缓和经济危机。后来由于井上馨说服了财政界巨头涩泽荣一，西园寺被迫谋求妥协，答应1914年增设两个师团，但是陆相上原勇作拒不接受。1912年12月2日，上原勇作不经过首相直接向天皇辞职，次日山县有朋和陆军拒绝了西园寺公望提出的推荐后任陆相的要求，导致第二次西园寺内阁被迫全体辞职。之后内大臣桂太郎组成了第三次桂内阁。军阀的这种违反宪政和议会主义的行为引发了曾经在反对讲和运动、反对恶税运动中活跃的非特权资本家阶层及城市民众的激愤。"打破阀族，拥护宪政"的呼声响遍全国，形成了空前的政治风潮。在各地，领导运动的中心是政党的支部、商业会议所，参加者有产业资产阶级、中间阶层特别是工人、手工业者、小商人、店员等。

1913年年初在报纸杂志的大力宣传下，宪政拥护运动进一步高涨。有的地方甚至一天平均要开四五个拥护宪政的大会。在这种形势下，桂太郎企图组织自己的政党以维护政权，收买了一部分国民党成员，桂太郎认为"发布了组建新党的檄文后，天下人士欣然前往，聚集于此，现有政党则会土崩瓦解"，然而其过度自信和幻想终究化为泡影。"桂太郎企图自由自在地操纵议会，以新政党的旗帜为幌子，遭到了现有政党的反对，是一种作茧自缚。"① 桂太郎依靠三菱财阀的援助收买部分国民党成员，分裂了国民党。不过政友会没有分裂，最终桂太郎没有凑足预定的人数，未能实现自己的要求。1913年2月5日，尾崎行雄在众议院议会上发表了桂内阁不信任演说。"关于国务的诏敕存在错误的话，谁来承担责任？……无论是诏敕还是什么只要是人的行为都会有错。……以御座为胸壁以诏敕为弹丸来打击政敌，是一种倒行逆施。"② 政友会、国民党两党234位议员联名提出了不信任内阁案。当天，反对桂内阁的5000名民众包围了国会议事堂，与警

---

① 松本剛吉：『松本剛吉政治日記』，岩波書店1959年，5頁。
② 『帝国議会衆議院議事速記録27 第29、30回議会』，15頁。

察对峙，情绪非常高昂。① 桂太郎命令休会5天，要求西园寺公望收回不信任案，但遭到西园寺公望拒绝，于是桂太郎企图依靠天皇的诏敕压制政敌。桂太郎在2月9日前往青山离宫面见天皇得到了天皇的谅解。于是，西园寺公望在2月9日下午被天皇召见，被命令撤销不信任案。2月10日国会召开时，数万名群众包围了国会。在群众的支持下，众议院议长大冈育造劝告桂内阁辞职。于是国会第三次休会。愤怒的群众与警察、宪兵发生冲突，并袭击了《都新闻》《国民新闻》等御用报社，破坏警察的派出所，形成大规模的政治暴动。2月11日第三次桂内阁在这种民主主义运动的压力下全体辞职。

第三次桂太郎内阁倒台后，萨摩藩出身的海军大将山本权兵卫和政友会携手组织内阁，但是舆论和群众并没有停止攻击藩阀。"宪政拥护会"认为山本内阁成立是萨摩藩阀的复活，继续坚持宪政拥护运动，其斗争的焦点是三税的废止，"期望废除营业税、纺织税、通行税"。② 1914年1月各种行业工会、实业工会联合会以及同志会都加入进来，但是众议院否决了废税法案。1914年，海军要员接受德国西门子公司贿赂一事被曝光，在追究这一事件时又暴露了海军军人接受英国维克斯商会贿赂的事件。这些贿赂事件的揭发使民众反对军部、反对藩阀的情绪沸腾起来。2月10日同志会、中正会、国民党在国会上对山本内阁提出不信任案被否决，在日比谷公园的数万名群众发生暴动。3月24日山本内阁全体辞职。

纵观第一次护宪运动，可以总结出以下三个特点。首先，护宪运动是对依靠天皇权威的官僚势力的反抗，也是对天皇诏敕的反抗。护宪运动的胜利使立宪君主制的原则得以贯彻，向社会表明即使依靠天皇权威，也不能够战胜以民众为基础的议会的多数势力。

其次，护宪运动期间，报刊等媒体的宣传提高了民众关于立宪意识的

---

① 警视厅：「大正2年骚扰事件记录」，『特高警察関係资料集成』第19卷，不二出版1993年，26頁。

② 「憲政擁護会総会の廃税宣言・決議」，『東京朝日新聞』1914年1月6日。

政治觉悟和自觉性。舆论批判桂内阁的重点就是"利用天皇"的非立宪行为。"桂公借助圣敕之威而握施政之枢纽。……召开本不应召开之元老会议,让局外人参与政治,以圣敕收拾局面。……为了进入政界,让其他元老推荐其辅国之任,并奏请圣敕。桂公非但不杜绝元老政治之弊端反而求助于元老之力,不但未祛除蹂躏宪政之障碍反而与之为伍。……其行为乃非立宪之举。"① "诏敕之外还是诏敕,桂太郎以频繁下发诏敕求自保乃非立宪行为。诏敕不属于立宪政治的行为。我等担心诏敕滥用会影响其他。"② "当前的问题不仅仅是两个师团的增设问题,而是日本帝国处于走向民主国抑或君主国的历史转折点。"③ 这些评论表明天皇的权威已经淡化,知识阶层逐渐从立宪主义的角度出发思考政治行为的合理性。

再次,民众对日本的政治走向产生越来越大的影响力。在推翻第三次桂太郎内阁和山本权兵卫内阁过程中,民众运动都发挥了巨大作用。《大阪朝日新闻》的记者丸山干治指出,"护宪运动兴起过程中民众的倾向、国民的反抗才是新时代的气息和新文明的展示"④。"这一次是实现立宪政治的好机会,是打倒藩阀的好时机,要把民众从长年的压制中解放出来,使民众能够自由地谈论政治。"⑤ 尽管民众运动容易失去其理性演变成暴动,但是第一次护宪运动使民主主义者们意识到民众蕴藏的巨大能量,民众的政治觉醒已经是大势所趋。

在反对藩阀专制、反对《明治宪法》下的天皇中心主义体制中,民主主义思潮逐渐形成并登上了历史舞台。美浓部达吉从宪法的角度对第一次护宪运动进行了理论分析。"思我国宪政实施二十余年,宪政知识尚未普及。众多

---

① 「天皇を利用する桂首相への批判」,『東京日日新聞』1912 年 12 月 22 日。
② 松本剛吉:『松本剛吉政治日記』1913 年 2 月 21 日条,岩波書店 1959 年,5 頁。
③ 「二個師団増設問題覚書書」,『寺内正毅関係文書』,国立国会図書館憲政資料室蔵,441 頁。
④ 「民衆の傾向と政党」,『日本及日本人』597 号,1913 年。
⑤ 『大阪朝日新聞』社説,1913 年 1 月 10 日。

宪法学者也借口国体鼓吹专制思想，压制国民权利，要求国民绝对服从，主张以立宪政治之虚名推行专制政治之实。……明确宪法之根本精神，排除伪装的专制政治的主张，乃当今世界之大势，亦是国民自觉性之要求。……制定宪法时，许多人曾经幻想宪法一经颁布，我等便可瞬时转入黄金世界，只要议会召开我等便可一跃而享受十二分幸福……然而这些人的幻想完全落空，产生了各种失望和不满。其一是绝望的悲观说，其二是相对的悲观说，前者完全否认宪法制度的效用……后者主张因为宪法制度有缺点，运用方法又有不妥当之处，所以没有获得预期成效。"① 美浓部达吉相信对现有制度加以若干改善，适当指导其政治运营，所谓"保障自由、增进幸福等最初理想亦能实现"②，民众的自由和幸福成为他的政治思想的目的之一。可以说，大正民主主义的出发点是重新定义绝对主义天皇制，重新解释《明治宪法》，促使政治运营符合立宪政治原则，并保障民众的自由和权利。这是自《明治宪法》成立之后，个人主义反对国家主义思想在理论上的飞跃。

◇第二节　大正民主主义的代表人物及其思想基础

查阅 1905 年至 20 世纪 30 年代初的报刊可以发现，涉及民主主义的文章从 1912 年开始增多，第一次世界大战结束后出现高潮，1919 年达到顶峰，之后逐年减少，1925 年专门论述民主主义的文章已经很少见。这一时期，还出版了大量涉及民主主义的书籍。这些文章和著作的执笔者来自各行各业，有政治学者、教育人士、新闻记者、宗教人士、学生甚至军人。执笔者的立场各异，有国家主义者，也有自由主义者、无政府主义者、社

---

① 美濃部達吉：『憲法講話』，有斐閣 1912 年，1 頁。
② 同上。

会主义者等。论述的出发点也不尽相同，涉及经济、政治、社会、文化、外交、道德、教育、家庭、军队、女性解放、受歧视部落民等。文章的题材各异，既有从理论角度进行深入研究探讨的学术性论文，也有各种短小的随笔和感想。刊登这类文章的报刊也是五花八门，既有学术性刊物，也有针对农民、小市民、家庭妇女等的休闲读物。

从这些执笔者中，如何选取民主主义者的代表人物呢？本书以对政治、社会、思想文化方面产生了较大影响，并且在大正民主主义的理论创立方面起到了决定性作用为标准，选取美浓部达吉、吉野作造、大山郁夫、长谷川如是闲为代表人物，通过分析其思想，力图勾勒出大正民主主义的全貌。需要说明的是，关于长谷川如是闲的思想界定，目前的研究较多认为长谷川如是闲的思想属于战前的旧自由主义。确实，以现行的思想划分标准来看，长谷川如是闲的观点更接近自由主义，但是，20世纪20年代长谷川如是闲在文章中大力提倡民主主义，他自称民主主义者，也被当时的舆论界看作具有引领作用的民主主义者，因此把他列为代表人物加以考察符合历史事实。

一　主要代表人物的概况及其学术背景

为了对大正民主主义的全貌有一个比较清晰地了解，下面对美浓部达吉、吉野作造、大山郁夫、长谷川如是闲的生平和学术背景做一些简略介绍。

（一）美浓部达吉

美浓部达吉（1873—1948），生于兵库县高砂町。父亲美浓部秀芳是汉方医生，虽然家境并不富裕，但是美浓部达吉和其长兄美浓部俊吉从小都被称为当地的神童，并双双考入旧制第一高等学校（学制为3年，帝国大学的预科，毕业生较多升入东京帝国大学）、东京帝国大学。美浓部俊吉毕业后进入官界，后又转入实业界，成为朝鲜银行的行长。美浓部达吉的成长期正是《明治宪法》发布前后自由民权运动的余波尚未散去的时代。1894年美浓部进入东京帝国大学法学科学习公法学。在东京帝国大学期间,美浓部达吉听了当时宪法学的权威穗积八束①的讲义,表示难以佩服穗积的"不符合逻辑的独断"。相反,在他看来年轻教授一木喜德郎②的"广博地引用和精致的逻辑"具有很大魅力,美浓部达吉受到一木喜德郎的宪法学说的深刻影响。③

《明治宪法》的制定者的意图是把国家的统治权建立在"紧密地附着在君主身体上"④,这是一种专制君主制的原理。但是,既然是宪法就必须包含限制君权和保护人民权利这两层含义,这正是自由民权运动的成果。限制君权的款项成为后来反对天皇中心主义的依据。相反,主张天皇中心主义统治体制的官僚则坚持君权处于优势的正统解释,因此根据宪法学者的立场不同,其宪法解释的政治色彩就完全不同。

穗积八束的宪法解释强调君权处于优势。他指出统治权是天皇的所有物,君主就是国家,国民只不过是统治的对象,这就是日本的国体,必须在此基础上解释宪法。他强调"立宪政体"没有对君权进行任何限制,只是通过行政、立法、司法三个机关去行使君权。议会是天皇统治机关的一种,其职权仅仅限于宪法中明文规定的参与立法权等。宪法上的大权事项(第五条至第十六条的各项,天皇的统帅、命令、外交等大权)完全在议会

---

① 穗积八束(1860—1912),日本法学家、教育家、思想家、宪法和行政法学者、法制官僚、日本近代法学者的代表人物。东京帝国大学法科大学长、贵族院议员、官中顾问官、法典调查会查定委员。代表作有《民法出,忠孝亡》、《宪法大意》(1896年出版)、《宪法提要》(1910年出版)。
② 一木喜德朗(1867—1944),东京帝国大学法科大学教授、贵族院议员、法制局长官(第10代)、文部大臣(第26代)、内务大臣(第33代)、帝国学士院会员、宫内大臣(第9代)、枢密院议长(第16代),代表作《国法学》《行政法学》《帝国宪法要略》。
③ 美濃部達吉:「退官雑筆」,『改造』1934年4月。
④ 伊藤博文:「主権及上院の組織」,『帝国憲法制定会議』,岩波书店1940年,116頁。

的权限之外。内阁大臣只对天皇负责，不能违背天皇的命令。天皇完全没有责任并且不受宪法约束。① 穗积八束的上述主张完全是为了迎合天皇中心主义统治体制的要求。

与之相反，一木喜德郎认为，统治权必须属于团体，属于具有法人人格的"国家"，即国家法人说。一木喜德郎的主要观点是，"机关"掌握国家行为，其中"最高机关"即"统治权的总揽者"统一行使统治权。政体取决于"最高机关"的人数，即君主制和民主制。君主制中的君主不受其他机关（如议会）限制的是"专制君主制"，如俄国；反之，受其他机关限制的则是"立宪君主制"，如德国。如果君主和议会共同作为统治权的总揽者，则是"君民共治制"，如英国。明治政府宣称日本是立宪君主制国家，那么应该从立宪君主制的立场解释政体。天皇的超越性应该被否定，天皇与议会是性质相同的国家机关，应该受议会的约束。② 一木喜德郎的宪法解释具有合理、进步的一方面，但是他认为君主作为最高机关具有绝对性权限，最高机关能够"在必要的情况下随时都能够剥夺其他机关的权限"，③ 实际上与专制君主制没有差别，只是形式上的立宪制。按照一木喜德郎的解释，议会也不是"国民代表"，这一点同穗积八束的观点相同。不过一木喜德郎的宪法解释把议会的权限扩大到协赞立法和行政监督两方面，这比穗积八束的宪法观点具有进步性。但是一木喜德郎认为，在立法行为上，天皇的裁断权优先于议会的协赞权。如果天皇独断地裁断、公布法律，那么大臣承担责任，所制定公布的法律本身还是有效的。内阁大臣必须参与天皇的一切行为，但是不能违背君主的命令。议会也不能够追究大臣的责任，大臣不能够由于议会不信任而被迫辞职。

如上所述，从比较宪法学的立场来看，一木喜德郎的观点具有合理性，

---

① 穗積八束：『憲法提要』修正増補版，有斐閣2002年。
② 一木喜德郎：『国法学』第1编～第4编，最高裁判所図書室所蔵，58頁。
③ 同上。

但是，因为《明治宪法》本身具有专制性质，越是对其进行合理解释反而越有利于专制主义。一木喜德郎的"国家法人说"非常适于中日甲午战争之后的日本政治现实。主张天皇专制主义的官僚意识到如果与地主、资产阶级相对立会导致国家政治的运营难以维持，采取了妥协方法。伊藤博文的政友会组织、山县有朋的政党操纵政策都取得了一定成功。虽然一木喜德郎的宪法学说认可议会对于君主权限的限制，但是仍然坚持了专制主义的优先位置，这迎合了当时的政治需要。因此一木喜德郎在1899年担任山县有朋内阁的敕任参事官，1902年成为了桂内阁的法制局长官，以后作为山县、桂系官僚的法律顾问受到重用。尽管如此，一木喜德郎的学说仍然具有较大的合理性和进步意义，吸引了很多追求自由主义的学生。吉野作造在1902年进入东大之后也首先去拜访了一木喜德郎。美浓部达吉继承了一木宪法学中对君权加以限制的因素，发展树立了真正的立宪君主制的"天皇机关学说"。

　　1897年，美浓部达吉从法学科毕业后，进入内务省就职。因为他的家庭并不富裕，大学的学费都是由兄长俊吉的资助和借贷凑齐的，所以毕业之后的首要事情就是生存。不过，一年后他在一木喜德郎的斡旋之下，进入研究生院任比较法制史的教师。第二年美浓部前往德、法、英三国留学。1902年归国之后作为教授登上了东京帝国大学的讲台。后来他与文相菊池大麓的女儿结婚，从而与鸠山秀夫①、末弘严太郎②成为连襟，成为被称作

---

　　① 鸠山秀夫（1884—1946），大正昭和时代的民法学者、律师、东京帝国大学教授、众议院议员。鸠山一郎的弟弟。鸠山秀夫的夫人千代子是文部大臣菊池大麓的三女儿。千代子的大姐的丈夫是铃木喜三郎（检察总长、内务及司法大臣、政友会总裁），二姐嫁与美浓部达吉。

　　② 末弘严太郎（1888—1951），民法学者，日本劳动法学、法社会学的开拓者。1912年东京帝国大学法科大学毕业，前往欧美留学后，任东京帝国大学教授，主要著作有《物权法》《劳动法研究》《法学入门》等。

日本最高学阀的箕作家族①的成员。这也为他在学界的稳定地位提供了保障。留学期间，他受到德国学者格奥尔格·耶利内克（Georg Jellinek，1851—1911）的深刻影响，奠定了研究方法论的基础。他确信法律和制度是历史的产物，是朝向实现民主主义发展的，应该沿着时势的思潮去改变或者解释法律，以此为出发点，他逐渐形成了自由主义的宪法解释理论。②1912年他的一列研究成果的集大成之作《宪法讲话》出版，标志大正民主主义形成并具有了理论基础。

（二）吉野作造

吉野作造（1878—1933），日本宫城县古川市人，出生于一个中小工商业者的家庭。吉野作造在1897年进入第二高等学校法科，在美国传教士的圣经课堂上接触到基督教，接受洗礼。1900年吉野作造进入东京帝国大学法科政治学科，之后接触到海老名弹正的自由主义神学，受到人格主义基督教的影响。他在大学中受到小野塚喜平次③的政治学的吸引，志向于政治学。1904年毕业后，出于生计需要，吉野作造于1906年前往中国担任袁世凯之子袁克定的家庭教师，并在天津北洋法政专门学堂担任法学政治学的教师。1909年他担任东京帝国大学的副教授。吉野作造在大学期间深受美浓部达吉的影响，在天津北洋法政学堂担任讲师事期间所用讲义就参考了美浓部达吉的著作。1909年12月，他在《国家学会杂志》上发表了赞同美

---

① 箕作家族，日本著名的家族之一，家族成员多为著名学者。家族成员中最早的学者是兰学者箕作阮甫，他把自己的女儿嫁给优秀的门生，或收著名的学者作为养子，菊池大麓、坪井正五郎、菊池正士、长冈半太郎、石川千代松、美浓部达吉都是其家族成员。

② 美濃部達吉：『美濃部達吉論文集第四卷公法と私法』，日本評論社1935年，24—64頁。

③ 小野塚喜平次（1871—1944），政治学者。生于新潟。东京大学校长。日本的现代政治学奠基人。著有《政治学原理》《现代政治诸研究》《现代欧洲之宪政》等。

浓部达吉的宪法观点的论文。1910年前往德、英、美留学3年，1914年升任东京帝国大学教授。吉野作造于1916年发表了倡导民本主义的《论宪政的本意及实现其有终之美的途径》，在学界引起了巨大反响。1918年12月23日，他与左右田喜一郎、木村久一、大岛正德、龙田哲太郎、中目尚义、福田德三、今井嘉幸、森户辰男、新渡户稻造、穗积重远、大庭景秋、大山郁夫、高桥诚一郎、卜部百太郎、内藤民治、五来欣造、朝永三十郎、阿部秀助、三宅雄二郎、麻生久等学者、律师、思想家、评论家等共同组建了思想团体"黎明会"，致力于推广和普及民主主义。吉野作造的学生麻生久、宫崎龙介、赤松克麿等组建了学生团体"新人会"，得到吉野作造的大力支持。新人会后来培养了工会运动和无产政党的指导者。另外，吉野作造担任东京帝国大学学生基督教青年会（东大YMCA）理事长，开展了多项慈善事业，如设立面向贫穷民众的诊所、保育所等。1928年《普通选举法》实施后，他开始批判政党的渎职和金钱选举。20世纪30年代，由于军部抬头和恐怖造成的议会和政党政治的危机，他主张拥护议会和政党，批判军部。

（三）大山郁夫

大山郁夫（1880—1955），兵库县赤穗郡人，毕业于早稻田大学政治学科。大山郁夫在早稻田大学求学期间，深受小野梓和浮田和民的影响。[①] 小野梓在早稻田大学讲授宪法论和日本财政论等课程，他批判专制政府，主张实现学问的独立地位。1910年大山郁夫赴德国慕尼黑大学、美国芝加哥大学留学。1914年，大山郁夫归国，成为早稻田大学教授，开始以《早稻田演讲》《新日本》《新小说》《中央公论》等为舞台，积极开展了民主主义的言论活动。大山郁夫接连发表了《都市意识》（《早稻田演讲》1915年

---

① 北沢新次郎、末川博、平野義太郎監修：『大山郁夫伝』，中央公論社1956年，40頁。

4月)、《都市生活的家庭情绪》(《新小说》1915年5月)、《都市自治和合作关系》(《新小说》1915年6月)等一系列涉及欧美国家城市生活相关的文章,充分肯定了民主制度之下国家权力和市民自由之间的协调关系。1916年,吉野作造在《中央公论》上发表了《论宪政的本意及实现其有终之美的途径》。一个月之后,大山郁夫在《中央公论》和《新小说》上分别发表了《支配政治的精神力量》和《政治的机会均等主义》。之后二人作为政论界的旗手领导了大正民主主义。1917年大山郁夫任《大阪朝日新闻》社论委员,宣传民主主义思想,主张打倒寺内正毅内阁、反对日本出兵西伯利亚。1918年大山郁夫因"长虹贯日"笔祸事件退社,同年与吉野作造创立"黎明会",并与长谷川如是闲等创办《我等》杂志,领导民主主义运动。1920年大山郁夫再任早稻田大学教授。1923年他领导早大学生反对学校军事化训练,1924年与安部矶雄等创立政治研究会。1926年他创立劳动农民党,任中央执行委员长,1928年劳动农民党因"三·一五"事件被迫解散,1929年他与河上肇等创立新劳农党。1930年他当选为众议院议员。1932年为躲避迫害大山郁夫流亡美国,1947年回国后第三次在早稻田大学执教。1948年他任日本拥护和平委员会委员长,世界和平理事会理事,开展保卫世界和平运动。1949年大山郁夫曾被美军短期监禁,1950年被选为参议员。1953年他应法国大学邀请访问法国,并参加布达佩斯和平会议,归途访问莫斯科、北京和平壤。他是新中国成立后周恩来总理会见的第一位日本客人。

(四) 长谷川如是闲

长谷川如是闲(1875—1969),本名山本万次郎,生于东京深川。1889年长谷川如是闲进入明治法律学校(现明治大学)予科。同一时期,长谷川如是闲也在政教社同人之一杉浦重刚创办的东京英语学校,跟随志贺重昂、水野炼太郎学习。这一时期他开始定期购买提倡"国粹主义"的杂志

《日本人》和1890年陆羯南主办的报纸《日本》，尽管中学生的长谷川如是闲尚不能完全理解其中的思想①，但是这为他后来成为《日本》的记者提供了机缘。②

1893年，长谷川如是闲考入东京法学院（中央大学前身）英语法学科。期间由于家庭和身体原因休学，1898年毕业。1903—1906年在《日本》从事记者工作，后来他在鸟居素川的介绍下于1908年进入大阪朝日新闻社，1912年起负责"天声人语"专栏，开始了其作为思想家的真正历程。之后，长谷川如是闲历任大阪朝日的社论委员、社会部长。1918年，为了抗议寺内正毅内阁的言论压制，关西地区的报社、通讯社举行了"关西记者大会"。同年8月26日《大阪朝日新闻》的记者大西利夫在报道大会午餐休息的情形时，这样写道："以金瓯无缺而自豪的我大日本帝国，岂不面临最后受审判的日子了吗？古人常说的'白虹贯日'的不祥之兆，正雷电般闪过默默地使用刀叉吃饭的人们的头顶。"③出自《史记》的"白虹贯日"一词，"白虹"代表兵，"日"代表天子，表示国家即将发生兵祸。此说法在报社内也引起了争论，等到要删去的时候为时已晚。果然，当局以"紊乱朝宪"为名，要求《大阪朝日新闻》停止发行。《大阪朝日新闻》最终逃过被禁刊的处分，但是长谷川如是闲同总编辑鸟居素川等人一起被迫离开报社。1919年长谷川如是闲和大山郁夫等人创刊《我等》（后改名为《批判》）杂志，抨击社会时弊。

---

① 長谷川如是閑：「世界の歴史と自分の歴史」，『空想』第1卷第6号，1947年9月。
② 長谷川如是閑：「日本新聞と陸さんの印象」，『日本及日本人』第869号，1923年9月。
③ 「寺内内閣の暴政を責め猛然として弾劾を決議した関西記者大会の痛切なる攻撃演説」，『大阪朝日新聞』1918年8月26日。

二 大正民主主义的思想基础

大正民主主义的代表性思想家都是在明治之后出生并成长起来，与启蒙时期的思想家相比，他们受到西方思想的影响更为深刻。源于欧洲的社会进化论思想和国家有机体论是大正民主主义的两大思想来源。

(一) 社会进化论

进化论思想特别是斯宾塞的社会进化论是大正民主主义的主要思想基础之一。19 世纪初期以来，资本主义生产方式中存在的各种矛盾凸显并且逐渐激化，寻求社会运动的法则以及发展规律的呼声日益强烈。为了解决当时英国面临的政治、经济、社会思想难题，社会学者、政治学者赫伯特·斯宾塞提出了社会进化论。社会进化论基于"社会的进化法则也是生存竞争、自然淘汰、适者生存"这一理论，力图去解释社会的一切发展现象。之后社会进化论传入其他资本主义国家，但是在传播过程中偏离了原来的内涵，被传入国家的不同阶级根据需要改造成能够表达各自政治诉求的理论。①

经由启蒙运动的思想家的译介，社会进化论传入日本并在思想界广泛传播。1882 年，加藤弘之出版了《人权新说》，站在国家主义的立场上鼓吹社会进化论，批判自由民权学者的天赋人权理论。之后，社会进化论经过有贺长雄、浮田和民、外山正一、远藤隆吉、穗积陈重的介绍和宣传，在日本的思想界产生了深远影响。明治大正时期活跃的主要思想家如德富苏峰、长谷川如是闲、大山郁夫、吉野作造等的著作中都有社会进化论的影子。②

1913 年 9 月吉野作造开始在东京帝国大学法科任教，他的第一次授课

---

① 西田浩：『近代日本と自由主義』，岩波書店 1993 年，50—54 頁。
② 小山東助：『社會進化論』，博文館 1909 年，80 頁。

讲义就是从政治的社会进化观点出发，概括了社会主义在各国的历史以及当前的形势。① 在《黑格尔的法律哲学基础》中，吉野作造引用斯宾塞的观点，"提倡个人主义最激进的人要数斯宾塞。斯宾塞指出政府由人民选出，人民的权利不可能来自通过自己选出的政府"。②

长谷川如是闲思考国家和社会的理论依据是社会有机体论和社会进化论。他指出国家和社会没有普遍性，是不断进化而接近理想状态的。③ 在森户辰男笔祸事件④发生后，长谷川如是闲批判指出，这不仅是对"学问自由"的压制，而且是对社会进步的压制。"为了维护国家安全，与其采取政策让国民盲目地服从国家本身的偏见，倒不如培养能够自由独立地批判国家的人民。用不合理的理想束缚国民只能导致国家组织的僵化，合理地批判更能够促进国家组织的进化和国家的稳定安全，这才是真正的爱国。"⑤ 国家组织的进化源于合理地批判，需要能够独立批判国家的人民。

民主主义者通常把唯物论意义上的优胜劣汰原理作为解释历史和现实极其有力的依据，同时认为这一原理对将来也具有指导性意义。大山郁夫认为："未来国家制度的方针是把社会上的胜者以及败者从相互斗争关系中拯救出来，促进二者的融合协调，使之协调折中，充实国力、提高文化，

---

① 井口孝親：「大学講壇における吉野博士」,『中央公論』1916 年 6 月。
② 吉野作造：『ヘーゲルの法律哲学の基礎』,『吉野作造選集 1（政治と国家）』岩波書店 1995 年，4 頁。
③ 古川江里子：『大衆社会化と知識人——長谷川如是閑とその時代——』，芙蓉書房 2004 年。
④ 1919 年 12 月，东京大学经济学院《经济学》杂志第一期发表了经济学副教授森户辰男发表的关于《克鲁波特金社会思想研究》的文章。由于右翼团体兴国同志会的上杉慎吉教授等人的恶意诬陷，1920 年 1 月，森户辰男和大内兵卫助理教授受到指控，罪名是"违反报纸法，紊乱朝宪"。东京帝国大学教授会做出了命令森户辰男停职的处分。法庭审判结果是森户辰男被判 3 个月，罚款 70 日元，大内兵卫被判入狱 1 个月（缓刑 2 年），罚款 20 日元。这一事件引发了舆论界对政府思想压制的批判。
⑤ 長谷川如是閑：「国家の進化と愛国的精神」,『長谷川如是閑評論集』岩波書店 1989 年，99—125 頁。

从而实现真正的国家统一。统一意味着整体力量的强大,分裂则暗示着力量的削弱,这是显而易见的道理。从这一意义上而言,社会政策逐渐成为欧美各国的立法基础,这是过激生存竞争中,适者生存的自然要求,也意味着政治的道德化倾向。"[1] 民主主义作为新的政论是日本宪政历史进化的结果,也是在国际政治的背景之下国民的必然要求。总之,民主主义者往往以社会进化论为依据论证民主主义的合理性和进步性,强调民主主义既是日本宪政历史进化的结果也是日本在激烈的国际竞争中生存下去的必然要求。

(二) 国家有机体论

国家有机体论也构成了大正民主主义的思想基础。19 世纪西方政治思想的国家观主要有两种,社会契约论和国家有机体论。国家有机体论亦称"社会有机体论",是把国家比作生物有机体的学说。国家有机体论认为国家不是单纯的工具、装置或机械,而是像生物一样的有机组织,各组成部分相互依存,各部分的职能和价值取决于在整体中的地位以及与整体之间的关系。这一思想最早可以追溯到古希腊的亚里士多德,但作为一种学说体系形成于 19 世纪下半叶,主要代表人物有德国哲学家黑格尔、英国保守思想家埃德蒙·伯克(Edmund Burke)、德国法学家基尔克(Otto von Gierke)、伯伦知理(Johann Kaspar Bluntschli)和黑格尔左派的代表学者洛伦兹·冯·施泰因(Lorenz von Stein)等。

为了制定宪法,1882 年伊藤博文等前往欧洲各国考察,接受了洛伦兹·冯·施泰因的宪法学说。虽然洛伦兹·冯·施泰因的宪法学说是《明治宪法》的思想基础之一,不过《明治宪法》偏离了这一出发点。[2] 黑格

---

[1] 大山郁夫:「現代日本における政治の進化とその社会的背景」,『中央公論』1918 年 1 月。

[2] 嘉戸一将:「身体としての国家—明治憲法体制と国家有機体説」,『相愛大学人文科学研究所研究年報』(4),2010 年 3 月。

尔、洛伦兹·冯·施泰因等均把国家看作单一精神的有机体，但是单一精神不是君主意志而是国民精神，国民精神具体由议会来体现。① 相反，《明治宪法》不是要把"民心"反映到议会中，而是如何"让民心服从"。《明治宪法》把元首看作头脑，陆海军看作两臂，国民只是手足，政府才是身体，没有议会的容身之处。② 《明治宪法》体制下，天皇作为元首是有机体的头脑，是支持有机体的统一性的单一精神。

在《明治宪法》体制之下，要想提倡民主主义，首先需要确立新的国家观，因此大正民主主义思想家以国家有机体理论为依据重新解释《明治宪法》。美浓部达吉在《宪法讲话》中对"国家"进行了重新定义，指出："国家是一个有机体。国家是有机体与国家是团体是同一含义。即，国家正如人或者其他有机体一样拥有活力不断成长发展，既有精力茂盛之时，也有衰老之时。国家有各种机关，依靠各种机关维持活动。"③ 美浓部认为国家是团体，同时修正了国家有机体论中把国家看作身体的比喻。"我绝不认为人民就是国家，上杉慎吉博士主张的'君主一身即国家'也是我所排斥的。我所指的'国家是团体'，打个比方，国家如同一个人，君主是其头脑，百官恰如其手足耳目，人民则是构成身体组织的细胞，人民是国家的分子但不是国家本身，就如同细胞不是人本身一样。"④《明治宪法》中，国民只是手足，而美浓部达吉的宪法解释中把民众看作构成国家的分子、细胞，提高了国民的地位。

同样，在1920年之前，吉野作造的思想中国家有机体论的色彩非常

---

① ローレンツ・フォン・シュタイン：『社会の概念と運動法則』，森田勉訳，ミネルヴァ書房1991年，26頁。

② 嘉戸一将：「身体としての国家——明治憲法体制と国家有機体説」，『相愛大学人文科学研究所研究年報』(4)，2010年3月。

③ 美濃部達吉：『憲法講話』，有斐閣1912年，12頁。

④ 美濃部達吉：「上杉博士の〈国体に関する異説〉を読む」，『最近憲法論：上杉慎吉对美濃部達吉』，実業之日本社1914年，40頁。

浓厚。① 吉野作造在东京帝国大学修完穗积八束的法理学研习课后，提交的读书报告是《黑格尔的法理哲学基础》。其中指出："黑格尔认为'个人生活不能够脱离国家社会而存在。人类难以想象个人的独立自由与社会交流完全脱离的情况。'……黑格尔极力排斥个人主义的机械观，倡导有机体的国家观，这是关于国家学说的伟大进步。"② 吉野作造认为黑格尔的伟大之处在于提出了有机体的国家观，在这一点上黑格尔超越了卢梭、康德和斯宾塞。在1919年发表的《排斥劳动运动中的政治否认论》中，吉野作造也明确肯定了国家有机体论。"我们全人类的国际理想是资产阶级和工人阶级都拥有自由发言权，我认可这是作为有机体本身的最高功能。"③

由此可见，美浓部和吉野作造的出发点是以国家有机体论为原理基础重新阐释《明治宪法》，淡化其中的专制主义因素。与之相反，大山郁夫是从批判国家有机体的立场出发来形成其国家观，力图构建"科学的政治学"。大山郁夫认为"应该按照社会的原始面貌去观察社会，把社会看作有机体并不科学，就思想而言也比较幼稚，这是自然科学产生的不良影响"④。大山郁夫力图批判国家有机体论代表的国家观，从而构建科学的政治立场上的国家观。第二章将对此进行详细阐述。

与之相似，长谷川如是闲用实证主义的理论逻辑批判明治以来日本流行的施泰因和黑格尔流派的国家论，主张多元论的国家观。他在《现代国家批判》中指出，国家原本是人们生活的组织，应该随着人类生活进化而逐渐变化，然而，日本的国家论者出于某种目的忽视国家进化的事实，把

---

① 飯田泰三：『批判精神の航跡——近代日本精神史の一稜線』，筑摩書房1997年，205—221頁。
② 吉野作造：「ヘーゲルの法律哲学の基礎」，『吉野作造選集1（政治と国家）』，岩波書店1995年，4頁。
③ 吉野作造：「勞働運動に於ける政治否認論を排す」，『中央公論』1919年8月号。
④ 大山郁夫：『政治の社会的基礎』，同人社書店1923年，6—10頁。

国家观固定化，认为国家是"固定构造"。长谷川如是闲认为日本的某些国家论者没有意识到"现实国家进化的事实"是"国家的形而上学"。他主张"我们追求的不是国家的神话学，而是国家的博物馆"，不是"国家的形而上学"而是"国家的自然科学"。"关于制度，无论是大学还是国家、俱乐部，都只不过是个人社会生活的组织。因此，如果制度压迫个人的话，则个人心中对于某种制度的意识反而会变弱。当今日本，官僚军阀之流，高倡压迫个人意识的国家意识，其结果只能导致国家意识的弱化。"[①] 长谷川介绍了英国自由主义学者霍布豪斯（Leonard Trelawny Hobhouse）的《国家形而上学》，批判垄断、专制的国家主义。[②]

（三）人道主义

除了进化论和国家有机体论之外，基督教思想中的人道主义也为大正民主主义提供了养分。吉野作造和大山郁夫都是基督教徒，二人的民主主义思想都有人道主义的因素。1898 年 7 月，吉野作造在北一番町的仙台浸礼教会接受洗礼。进入东京帝国大学以后，吉野作造参加了以海老名弹正为中心的本乡教会。大山郁夫在早稻田大学求学时期，在鞠町一番町的教会接受了洗礼。海老名弹正倡导自由主义的神学观念，主张"基督教是人格的宗教"。此外，他把天皇制意识形态和自由主义相结合，主张国家是至高无上的。他说，"呜呼，我深爱的日本帝国"，"我爱你胜过爱我的父母，爱你胜过爱我的妻儿，为了你我可以献出我的体肤、我的生命，亦毫无遗憾"。[③] 海老名弹正既倡导国家至上主义又尊重民众的政治自由，他的思想对当时的年轻人产生了极大吸引力。吉野作造回顾说，"对我思想影响最大

---

① 長谷川如是閑：『現代国家批判』，弘文堂書房 1921 年，83 頁。
② 長谷川如是閑：「ヘーゲル派の自由意思説と国家」，『我等』第 2 卷第 2、第 3 号。
③ 海老名弾正：「国民的洗礼」，『新人』1906 年 4 月。

的是大学时代倾听的海老名弹正的讲解"①。

不过,大正民主主义者没有明确提出"为了基督教"之类的口号,这与日本大正时期的基督教特征有密切关系。根据武田清子的研究,"与明治时代相比,大正时期的基督教不是从预言者的角度出发指出教徒的罪恶让其悔改,而是扎根于文化,从内侧来形成文化和社会的因子。大正时期的基督教如同'盐'一样融化在文化和社会中,成为思想的养分"②。吉野作造自己也说:"我在讨论政治问题时,虽然也依据政治学的研究原理,但主要还是基督教的影响的结果。我会很自然地利用基督教培养的人生观、社会观批判当前政界以及政治评论中的不足之处。"③ 基督教的人道主义思想渗透在大正民主主义思想深处,是后者的内在构成因素之一。

◇ 第三节　大正民主主义的形成

"天皇机关说"是大正民主主义形成的代表思想,冲击了《明治宪法》体制下的天皇中心主义。《明治宪法》的基本框架是天皇统揽立法、司法、行政、统帅权在内的所有大权,是国家权力的正统性的唯一根据。美浓部达吉重新解释《明治宪法》,其目的是限制天皇的大权,最大限度地扩大内阁的权限。

美浓部达吉在 1908 年出版了《宪法及宪法史研究》④,尝试对宪法进行

---

① 吉野作造:「予の一生を支配する程の大なる影響を与えし人、事件及び思想」,『中央公論』1924 年 12 月。

② 武田清子:「吉野作造における政治と人間」,『土着と背教』,新社出版社 1967 年,197 頁。

③ 吉野作造:「予の一生を支配する程の大なる影響を与えし人、事件及び思想」,『中央公論』1924 年 12 月。

④ 美濃部達吉:『憲法及憲法史研究』,有斐閣書房 1908 年。

重新解读。1912年他又出版了《宪法讲话》①，系统整理了以往的观点，构建了完整的宪法学说，标志着大正民主主义思想的形成。本节中将具体分析《宪法讲话》的内容及其意义。

一 《宪法讲话》的理论体系

美浓部达吉的宪法学说的出发点是从法律意义上重新诠释议会的地位，明确议会的性质，重申议会是代表国民意志的机关。

尽管议会的职能原本就是反映国民的意志，但是以穗积八束为代表的天皇中心主义宪法学者却认为议会等同于枢密院，② 是国家机关之一，这实质上否定了国民的参政权。美浓部达吉在《议会是国民的代表机关》一文中指出，在立宪君主制国家中，议会是与君主并列的机关。议会由全体国民选举产生，既然议会是与君主并列的机关，那么全体国民也可以看作一个机关。如果摄政是代表天皇意志的机关，那么这一关系也适应于议会和国民之间，即议会是国民意志的代表机关。③ 在日本宪法学史上，美浓部达吉第一次从法律层面上界定了国民和议会的关系，明确指出国民具有参政权。

美浓部达吉的宪法学说的第二层内容是扩大和强化议会的权限。《明治宪法》第五条是"天皇依帝国议会之协赞，行使立法权"。关于议会的主要权限特别是立法权，天皇中心主义宪法学者认为，议会仅仅是对法律内容进行"协赞"，法律的约束力源于君主的裁断。针对这种观点，美浓部达吉在《关于法律的裁决》中指出："在形成法律的约束力时，议会的协赞是不

---

① 美濃部達吉：『憲法講話』，有斐閣1912年。
② 《大日本帝国宪法》第56条规定：枢密顾问根据枢密院官制规定，答复天皇之咨询，审议重要之国务。
③ 美濃部達吉：「議会国民の代表機関なり」，『明治学報』第88号，1905年。

可欠缺的要素，仅有君主的裁断不构成法律。"① 这一点表明，在立法权上，天皇和议会具有同等权限，从而拆解了天皇统揽统治大权这一原则，动摇了《明治宪法》的基础。"立宪君主制国家中，国权并不是君主一个人独揽，除了君主之外，还有独立的机关参与国家权力。"② 可见，美浓部没有拘泥于《明治宪法》的条文，而是把日本看作与英国同样的立宪君主制国家，强调了议会的立法权限。

关于《明治宪法》的第四条"天皇乃国家元首，总揽统治权"，美浓部达吉在《宪法讲话》中指出，用法学去解释法律条文的做法阻碍了日本法学的进步，没有必要拘泥于条文的规定。理论依据有两点，第一是宪法的规定而不是法规，是"学理上的观念的规定"。统治权是否专属于君主应该通过宪法整体来决定。法律必须经过议会的协赞，这是"无可争论之处"，明确否定了君主总揽统治大权。第二，法的解释是必须按照国民意志而改变。"法律效力在于法规"，法律之所以具有效力，其最终根据是国民的意志。美浓部达吉从欧洲留学回国之后曾指出世界大势是尊重民众意志，当下民众意志的表现是要求拥有参政权。

宪法第五十五条规定"各国务大臣辅弼天皇以任其责"。在解释这一条文时，美浓部达吉力图通过强化大臣的权限来限制天皇的独裁。他指出，大臣"认为对国家不利的行为有义务拒绝同意，所以天皇不经过大臣的同意就无法实现任何什么权力"，③ 这符合立宪国家的既定原则，即"君主也必须按照宪法以及法律来行使统治权"。④ 美浓部达吉的阐释强化了大臣的权限。他指出，议会的职责之一是行政监督，可以追究大臣的责任，大臣

---

① 美濃部達吉：「法律の裁可に就いて」，『法学協会雑誌』第 23 卷 7、8、10 号，1904 年 3 月。

② 同上。

③ 美濃部達吉：『憲法講話』，有斐閣 1912 年，21 頁。

④ 同上。

必须对议会负责。这一观点就直接否定了穗积八束提出的"大臣只对天皇负责"的观点,更进一步否定了一木喜德郎提出的"议会不能够追究大臣的责任"的观点。

美浓部达吉认为"全体国民是统治权的主体",所以日本是"民主国"。如果统治主体是日本国民整体,那么天皇存在的依据是什么呢? 他指出国家是团体,"天皇则是团体的最高机关"。"机关"是指"为团体而工作的人",那么天皇就是"团体的工作机关的人员"。美浓部达吉把国家看作具有法人人格的团体,这个团体"拥有一定的土地,拥有最高权力,是为了实现统一目的的多数人组成的结合体"①。统治权是为了国家这一团体的共同目的而存在的权力。统治权的主体必须归属于国家,君主、国会等都只是国家的机关。君主、议会、选民分别是属于直接机关中的统治机关、参与机关、选定机关。经过美浓部达吉的再解释之后,帝国议会代表国民参与国家统治,并不是作为天皇的机关从天皇那里得到权限。因此原则上议会拥有完全独立的地位,不需要服从天皇的命令。

综上所述,美浓部达吉利用"国家法人说"重新阐释了《明治宪法》,从法律意义上论证了议会内阁制和政党政治的合理性,把《明治宪法》体制转变为国民(普选)—议会—政党政治—内阁。国民不单单是被统治者,同时也是统治者的一员。君主名义上是最高的权力者,但这仅仅是法律上的名分,实际权力未必与法律上的名分相一致。美浓部的宪法学说明确议会必须拥有完全独立的地位,不需要服从天皇的命令,从根本上改变了天皇中心主义者的宪法解释。除了军部大臣之外,美浓部达吉的宪法学说基本否定了国务大臣的单独责任,强调了内阁的连带责任。内阁的连带责任是以内阁成员的全体一致作为前提,因此,政党内阁的必然性油然而生。美浓部认为尽管《明治宪法》中并没有明文规定日本是政党内阁,但并不

---

① 美濃部達吉:『憲法講話』,有斐閣1912年,2頁。

意味着否定，相反，在立宪政治之下，政党内阁体现了"国民的意志"，是不可避免的自然趋势，必须尊重国民的意志实现普通选举。

二 "天皇机关说"引发的争论

美浓部达吉的《宪法讲话》从法理上重新阐释了《明治宪法》，构建了立宪政治的宪法解释模式。《宪法讲话》中主张的"天皇机关说"受到以上杉慎吉为代表的天皇中心主义宪法学者的批判，在学界引起了关于"天皇机关说"的争论。

早在1905年美浓部达吉的学说已经受到天皇主权论学者的批判，不过当时美浓部达吉的文章主要发表在专业性的学术杂志上，因此这种批判并没有发展为政治问题。然而，1912年出版的《宪法讲话》是在文部省组织的中等教员研修会上的讲义，是面向一般国民的读物，这种公然向"伪装的专制统治"叫板的行为立刻遭到了天皇主权论者的围攻。

美浓部达吉的同事上杉慎吉主张绝对主义天皇观，他于1912年6月在《国家学杂志》上发表了《关于国体的异说》，并且被发行量最大的综合杂志《太阳》转载。在文中上杉慎吉批判说："我国国体如同日月在天。……大日本帝国由万世一系的天皇统治，天皇是统治者，被统治者是臣民，主权只属于天皇，臣民只能服从。不能混乱主客的定义。"① 上杉慎吉以"万世一系之天皇统治国家"为依据，攻击美浓部达吉的天皇机关说否定日本的君主制，把天皇看作人民的佣人，违反了日本的国体。论战激化以后，佐佐木惣一、穗积八束、市村光惠、织田万②等都参加进来，两派以杂志为阵地展

---

① 上杉慎吉：「国体ニ関スル異説」，『国体憲法及憲政』，有斐閣書房1917，18頁。

② 织田万（1868—1945），日本行政法的开拓者，东京帝国大学法科毕业，历任京都帝国大学教授，日本学士院会员，贵族院议员，1920—1930年任国际法庭法官，著作有《日本行政法论》等。

开了激烈争论。论战结果正如上杉慎吉所说的"慨叹人心之趋向,凄然战栗世道之衰微。……有影响力的政治家和学者(对我的)学说出乎意料地冷淡"①。相反,美浓部达吉的学说广泛传播,《宪法讲话》甚至被作为一些大学宪法课程的指定教材,"天皇机关说"得到政府官僚和知识阶层的支持。

由于君主主权说是天皇专制统治的法律依据,所以这场论战的意义不单纯是学术争论,而是"立宪思想和非立宪思想的论争",是两种政治思想的较量。论战进一步启发了民众对立宪政治的思考。最终美浓部达吉的学说逐渐占据了优势,体现出"天皇机关说"背后的政治势力占据了上风,也代表着民主主义思想的发展和传播势不可挡。

◇第四节 大正民主主义的发展

一 "民本主义"的理论体系

(一)"民本主义"的提出

1914年7月,第一次世界大战爆发,给人类带来空前的浩劫,给参战各国带来巨大的灾难。第一次世界大战历时4年,30多个国家、15亿人口卷入战争,伤亡人员3000万人,对人类造成了巨大的物质和精神损失。以英、法、俄为首的协约国集团把第一次世界大战宣传成意识形态之间的对抗,号称协约国代表了国际主义、民主主义、和平主义,德国、奥地利组成的同盟国代表国家主义、专制主义。在战争后半期,协约国方面的胜利已经指日可待,民主主义的思想在世界范围内迅速传播。作为协约国一员的日本也不例外,美国式民主的思潮席卷了日本的思想界。如三浦周行指出的那样,"民主主义

---

① 上杉慎吉:「予の国体論と世論」,『最近憲法論—上杉慎吉対美濃部達吉』,太陽堂1927年,145页。

已经是时代的流行语"①，连佛祖释迦都变成了民主主义的提倡者。② 甚至有评论说"无论官界还是民间，日本朝野上下，男女老少都醉心于美国的民主。上午说民主主义的原理，下午又谈社会改造的理念，否则就没有生活在现代的意义"③。民主主义对社会各阶层产生了强大的吸引力。

如何在《明治宪法》体制之下具体实现"美国式的民主"呢？这成为大正思想界亟待解决的课题。把这种国际上的民主思潮嫁接到《明治宪法》体制上，把"美国式的民主主义"转变为日本式的民主主义，实现了民主主义本土化的成果就是吉野作造提倡的民本主义。

1909年年初，吉野作造从天津回到日本，看到日俄战争之后"日本国内正在兴起民主主义思想，感到非常震惊"④。之后，他开始了3年的欧美留学生活。在充分体验了西方国家的民主生活之后，1912年，他回到日本，此时大正初期的宪政拥护运动正在如火如荼地进行。吉野作造认识到民众是民主运动的主体，今后政治运营的两大主题是"民众自身的开发"和"圆滑的运用宪政"，⑤ 必须促使具有独立能力的民众积极参与国家政治。1916年，在总结了以往的思考成果的基础上，吉野作造构建了具有一定理论体系的民本主义论，名为《论宪政的本意及实现其有终之美的途径》，刊登在了《中央公论》上。

（二）《论宪政的本意及实现其有终之美的途径》的内容及意义

《论宪政的本意及实现其有终之美的途径》刊登在《中央公论》上，篇

---

① 三浦周行：「デモクラシーと日本國民性」，『現代史観』，古今書院1922年，363页。
② 醍醐惠端：『日本国民と観世音菩薩及観音経』，明誠館1918年，32页。
③ 白夜秀柳：『明治大正国民史—大正概編』，千倉書房1938年，408页。
④ 吉野作造：「民本主義鼓吹時代の回顧」，『社会科学』第4卷第1号，1928年2月。
⑤ 吉野作造：「民衆の示威運動を論ずる」，『中央公論』1914年3月。

幅长达一百多页，其内容可归纳为三个方面，一是阐述宪政的根本精神，二是对民本主义加以定义和解释，三是探讨实现民本主义的路径。下面具体分析其内容。

第一，阐述宪政的根本精神。吉野作造指出，所谓宪政是指"依据宪法运行的政治"，如果要实现彻底的宪政，不能仅仅制定宪法法典，只依据法典组织政治机关也是不充分的，必须"依据制定宪法时所依据的根本思想即宪法底层潜藏的根本精神"[①]。这种"根本精神"是近代各国立宪政治共通的，即民本主义。吉野作造没有从法律条文的字面意思去分析政治的运营，而是直接深入宪法精髓去论证宪政的合理状态。

第二，区分民主主义和民本主义。吉野作造借用了《第三帝国》杂志主编茅原华山所使用的"民本主义"一词，并赋予新的内涵。"西方的民主主义在当今政治法律学中包含两种意义。第一种含义指在法理上国家主权属于人民，第二种含义是指政治上，国家活动的基本目的是为了人民。以往所用'民主主义'一词主要表达第一种意义，我们把第二种意义的'民主主义'译为'民本主义'。"[②]

吉野作造认为民主主义分为绝对民主主义和相对民主主义，绝对民主主义是国家主权必须属于人民，相对民主主义是按照国家宪法的解释是主权属于人民。"在日本，两者都是危险思想，都不同于我们强调的'民本主义'。'民本主义'不涉及主权所在这一问题，只关心主权的行使问题。'民本主义'是'行使主权的方针'，行使主权时必须基于一般民众的利益幸福及其意向。主权在君主和行使主权时尊重民众的意向这两者能够同时成立。"[③] 他指出民本主义有两方面内容，一是关于政治目的，"要求政权运营

---

① 吉野作造：「憲政の本義を說いて其有終の美を濟すの途を論ず」,『中央公論』1916 年新年号。
② 同上。
③ 同上。

的最终目的是为了一般民众"①，二是关于政策决定，把"行使主权的最终决定建立在普通民众的意向上"②，民众的普遍幸福和利益是什么取决于民众自身的决定和判断。吉野作造明确指出第二种含义的价值在于防止少数人利用其地位行使暴政。吉野作造进一步分析认为，第一层意义上的民本主义是"善政主义"，社会舆论对这一点没有什么异议。第二层意义上的民本主义目前受到三种批判。第一种批判是民本主义违反君主大权，这一主张又分为两种意见：（1）政权运营的最终决定权在人民手上的话，等同于从君主手中夺取政权归还给人民；（2）君主在行使其权力时，如果必须遵照民众的意向，君主大权就受到限定，会妨碍君主大权的自由行使。吉野作造分析认为，第一种意见混淆了民本主义和民主主义，民本主义原本就是政治上的主义，而不是法律上的说明，第二种意见忘记了从立宪国家存在伊始君主大权就受到各种限制的历史事实。第二种批判是，普通民众是愚笨的，只有少数贤者了解普通民众的利益幸福，所以少数原则优于多数原则。针对第二种批判，吉野作造指出民本主义并非要求民众有较高的知识水平，与多数原则相比，少数人造成恶政的危险系数更高。第三种批判认为根本不存在所谓的"民意"，因为"愚昧大众"容易盲动，所以把"民意标准化"是空谈，民本主义也就是空谈。针对第三种批判，吉野作造指出当今学界的多数观点还是认为存在民意。

通过上述分析可以看出，吉野作造承认民本主义和"democracy"是同一母体，但是因为在日本，"从法理上强调国家主权在民"的"绝对的或哲学意义上的民主主义"③是不被容忍的"危险思想"，所以他赋予民本主义新的内涵，从概念上区分了"民主主义"和"民本主义"的内涵和外延。

---

① 吉野作造：「憲政の本義を説いて其有終の美を濟すの途を論ず」，『中央公論』1916年新年号。
② 同上。
③ 同上。

简而言之，吉野作造认为"民本主义"是近代各国立宪政治所共通的精神，"民本主义"不涉及主权所在这一层面，只涉及主权行使问题，行使主权时必须基于普通民众的利益幸福和民意。

第三，民本主义的实现路径。关于民本主义在现实政治的具体形式和实现途径，吉野作造认为基于民意决定政治政策的手段中，代议制是比较合理的方法。但是，并不是仅仅依靠代议制就能够立即实现宪政，还必须使民众和议员、议会和政府之间处于合理关系，所谓合理关系就是指民众总是处于主位而议员处于客位（从属位置），议会监督政府。议员是被选出的客体，民众是拥有选举权的主体占据主位，这种关系需要利用制度固定下来。吉野作造认为制度化的手段在当前有三种情况。一是提倡选举道德。民众需要认识到自己的一票关系到国家命运，具有重要价值。投票是为了国家而不是为了地方利益，也不能因为受到候选者的委托。投票是选出合适的候选者推荐给国家。立宪政治的优点是在国民的良知的基础之上，允许各种思想、意见自由竞争。要通过优胜劣汰来选拔出卓越的思想、意见，必须让民众有机会公平地听取各种意见，国民必须在法律上拥有思想言论等自由。二是必须严格遵守选举的相关法律，形成"人民控制议员的体制"[①]，防止议员通过贿赂笼络人心。三是尽可能扩大拥有选举权的选民范围。拓宽选民的范围，有助于防止候选者利用金钱等利益竞争，也能增加国民接受政治教育的机会。同时，"选举的目的原本就是要求能够代表普通国民的全体利益"[②]，只有尽可能扩大选民范围才能实现这一目的。议会相对于政府处于优势的前提有两点。首先，议员作为政府的"监督者"必须具有优秀品质。为了保证议员具有优秀品质，需要议员和人民处于合理的关系。其次，确立"政府必须对议会负责"的制度即责任内阁制度。责任

---

① 吉野作造：「憲政の本義を說いて其有終の美を濟すの途を論ず」，『中央公論』1916年新年号。

② 同上。

内阁制度具体可以通过基于两大政党制度的政党内阁来实现。以上是《论宪政的本意及实现其有终之美的途径》的主要内容和观点。

在大正民主主义思想的发展史上,《论宪政的本意及实现其有终之美的途径》主要有以下三方面的意义。

首先,吉野作造继承并发展了美浓部达吉的观点。二人都是从宪法解释的角度出发构建区别于西方古典民主理论的民主主义。美浓部达吉区分了明文法和实际"法的解释",主张法的解释必须随着国民意志而变化。吉野作造区分了法理论和政治论,指出不能仅仅制定宪法法典,只依据法典组织政治机关也是不充分的,必须依据宪法底层潜藏的根本精神。美浓部达吉认为法律之所以具有效力,根源于民意。吉野作造也指出行使主权时必须基于普通民众的利益幸福和意向。美浓部达吉认为世界发展的趋势是重视"民众的自觉",民众应该具有参政权。吉野作造进一步发展了美浓部达吉的主张,他不但主张民众应该具有参政权,并肯定民众是政治活动的主体。

其次,在吉野作造的民本主义论中,美浓部达吉的宪法学说力图解决的课题已经变成了自明的道理。吉野作造在《论宪政的本意及实现其有终之美的途径》中论述民本主义的理论时已经把美浓部达吉在《宪法讲话》中阐述的思想当成了民本主义的基本前提。例如,美浓部达吉明确了天皇作为国家的最高行政机关行使权力,议会具有立法权,议会是代表国民意志的机关。吉野作造明确承认"选举代议士的目的原本就是要求能够代表一般国民的全体利益",所以他的民本主义论的重点是如何选举出最合适的议员,如何保证议会代表国民的利益。他认为要实现宪政,必须使国民和议员、议会和政府之间保持合理关系,使民众总是处于主位而议员处于客位(从属位置)。

再次,吉野作造系统论述了责任内阁、民众政治的实现方式,使大正民主主义的思想体系更加完善和具体化。正如吉野作造自己回顾所说的,

《论宪政的本意及实现其有终之美的途径》一文"几乎涉及到了当时政界关注的所有问题，并且详细地加以阐述，根据欧洲先进国家的经验，提出了通俗易懂的解决方法"①。

总之，吉野作造基于第一次护宪运动以来民众的政治性意识提高的实际状况，肯定民众参与政治，并力图使之制度化、理论化。他采取折中的办法把西方古典民主理论与日本的国体相结合，构建了能够在当时的政治环境中得以实现的民本主义理论，实现了大正民主主义思想的进一步发展，为立宪政治的具体展开扫清了思想上的障碍。

1916 年，《论宪政的本意及实现其有终之美的途径》发表 2 个月之后，大山郁夫在《新小说》（1916 年 3 月）和《中央公论》（1916 年 4 月）上分别发表了《政治的机会均等主义》和《支配政治的精神力量》。大山郁夫提出，"区分法理上的主权归属和政治上的主权行使以及政治目的……不理会是君主主权还是人民主权这种主权归属问题"②。《政治的机会均等主义》和《支配政治的精神力量》的主旨是提倡民本主义，要求"政治上的机会均等主义""参政权上的机会均等主义"，应该以普通选举制为中心，主张众议院相对于贵族院应该处于优势地位，倡导实现责任内阁。可以看出，大山郁夫与吉野作造所提的民本主义的主要观点是一致的。

值得注意的是，大山郁夫的民主主义思想也有其自身特点，这些特点为他日后在大正民主主义思想的发展中选择与吉野作造不同的道路埋下了伏笔。大山郁夫所提倡的民本主义具有浓厚的帝国主义色彩。他在《宪政下的政党和国民》③中提出："应该追求'对外帝国主义'和'对内民本主

---

① 吉野作造：「民本主義鼓吹時代の回顧」，『社会科学』第 4 卷第 1 号，1928 年 2 月。
② 大山郁夫：「政治的機會均等主義」，『大山郁夫著作集』第 1 卷收録，130 頁。
③ 大山郁夫：「憲政治下の政党と国民」，『新日本』1915 年 10 月。

义'的统一，财政预算的依据是发扬国威和休养民力，同时还要考虑提高行政效率和促进文化发展，明确界定主权和自由的界限。"大山郁夫在《街头的群众——论民众运动的政治势力》《政治的机会均等主义》《支配政治的精神力量》① 等文章中反复强调"对外帝国主义、对内民本主义"的观点。

"对外帝国主义、对内立宪主义"这一思潮是日俄战争之前到第一次宪政拥护运动时期除了日本的社会主义者之外，政党的激进分子、学者、知识人中间的共同主张。② 大山郁夫的这种帝国主义论当然来自他的老师浮田和民的影响。③ 不过更重要的根源是与他在这一时期的国家观有关。这一点将在第三章中具体加以论述。

二 大正民主主义的新发展——"真正的民主主义"

（一）思想界的新动向——"社会的发现"

在1920年前后日本的思想界出现了新的动向，思想界称之为"社会的发现"，各种社会思潮兴起，"社会"的价值开始受到关注，"国家"不再是唯一的聚焦点，"国权"也不再是唯一的价值标准。④ 杉森孝次郎在论文《社会的发现》中描绘了这一思想动向，"大战并非完全徒劳，它让世界发

---

① 大山郁夫：「街頭の群集—政治的の勢力としての民衆運動を論ず」，『新小说』1916 年 2 月；大山郁夫：「政治的機會均等主義」，『大山郁夫著作集』第 1 卷収録，130 頁；大山郁夫：「政治を支配する精神力」，『中央公論』1916 年 4 月。
② 浮田和民：『倫理的帝国主義』，龍文館 1909 年，884—885 頁。
③ 参考大山郁夫：「先生の追憶」，『浮田和民先生追懷録』，故浮田和民先生追懷録委員會 1948 年，86 頁。
④ 参考飯田泰三『批判精神の航跡—近代日本精神史の一稜線』，筑摩書房 1997 年，205—221 頁；松沢弘陽「自由主義論」，『岩波講座日本通史』第 18 卷，岩波書店 1994 年，252—255 頁；有馬学『「国際化」の中の帝国日本：1905—1924』（日本の近代 4），中央公論新社 1999 年，272—320 頁。

现了'社会'。尽管在大战之前'社会'早已存在，但是人类并没有意识到它"①。以第一次世界大战为契机，日本的政治学者明确认识到"社会"的作用和价值。

"社会"也逐渐被吸纳入大正民主主义的思想中。1919年2月，长谷川如是闲在《我等》的创刊号上发表了两篇文章——《从〈大阪朝日〉到〈我等〉》和《国家意识的社会化》。他在后章中明确指出："国家的价值标准不是实现抽象的国家理想而应是改善国民的具体生活……国民的具体生活不应取决于社会中特定某个人的意志，而应在集体生活中尊重社会本身的协同性即协同精神……社会协同精神是国家的立足点。……国家理想的着眼点是国民的社会生活，名曰国家意识的社会化。"② 可以看出，长谷川明确区分了"国家"和"社会"，强调了社会层面上的民主化。国家作为统治机构必须兼顾"政治上尊重民意"（政治的民主化）和"社会生活上改善国民的个人生活"（社会的民主化）。③《从〈大阪朝日〉到〈我等〉》和《国家意识的社会化》是长谷川如是闲"之后所有论著的指南，具有里程碑式的意义"④。从这一时期开始，长谷川如是闲的民主主义思想内涵发生了改变，他开始重视民众日常生活的空间即"社会"，批判国家是权力机构，并力图批判掩藏在"国家"背后的意识形态。

除了长谷川如是闲之外，吉野作造、大山郁夫、福田德三等民主主义倡导者也开始强调"社会"的价值和意义，代表性文章有吉野作造的《政治学的革新》、大山郁夫的《政治的社会基础》、福田德三的《"社会"的

---

① 杉森孝次郎：「社会の発見」，『国家の明日と新政治原則』，早稲田大学出版社1923年，91頁。
② 長谷川如是閑：「国家意識の社会化」，『我等』1919年4月。
③ 長谷川如是閑：「〈大阪朝日〉から〈我等〉へ」，『我等』1919年2月。
④ 掛川トミ子：「ジャーナリズムにおける批判精神——白虹事件とその後の如是閑—」，『長谷川如是閑集』第6巻，岩波書店1990年，411頁。

发现》。① 福田德三是"黎明会"的创建者之一，他认为"在没有意识到'社会'的存在的时代，不属于'国家'的事项就只能归属于个人。但是，必然存在某些无法归属于个人的事情。……现在发现了'社会'并且明确了其存在和活动的法则后，既不能归属于国家也不能分割到个人方面的现象，就可以归结为'社会现象'"②。

在发现"社会"之后，大正民主主义思想中逐渐出现了国家、社会二元论，关于"国家"的认识也变得相对化，对"国家"的批判也更有针对性。例如，吉野作造在《政治学的革新》中进行了具体分析："在日常用语中'社会'和'国家'是被混淆使用的，但是必须要区分二者，'社会'是一般的日常生活即团体生活，'国家'则是以武力为背景的。我们的日常生活中，个体和人际关系的相关领域构成团体生活即社会生活。社会生活的运行依靠某些秩序，形成和维持这些秩序的手段之一是'国家'这一强制组织。从这一意义来看，我们的社会生活离不开'国家'，'国家'的强制权具有优势而且是有效的。但是，这种立场不同于以往的政治学＝国家学，因为以往的政治学＝国家学认为作为强制组织的国家本身具有绝对价值。实际上'国家'终究是手段而不是目的。虽然我们认可国家的强制力，但是它只是实现目的的手段而已。我们的目的是尊重社会生活，因为社会生活是团体生活中的最高文化……作为强制组织，'国家'的存在意义在于实现最高文化，不能把强制本身作为绝对目标。"③ 可以看出，吉野对于国家的认识发生了质的变化。国家不再是具有绝对价值的对象，不再是目的，

---

① 吉野作造：「政治学の革新」，『中央公論』1920 年 1 月；大山郁夫：『政治の社会的基礎：国家権力を中心とする社会闘争の政治学的考察』，同人社書店 1923 年；福田徳三：「〈社会〉の発見」，『社会政策と階級闘争（訂正増補 10 版）』，大倉書店 1922 年，1—40 頁。

② 福田徳三：「〈社会〉の発見」，『社会政策と階級闘争（訂正増補 10 版）』，大倉書店 1922 年，17 頁。

③ 吉野作造：「政治学の革新」，『中央公論』1920 年 1 月。

而只是手段,是实现最高文化的手段。吉野作造分析了日常用语中把"社会"看作"国家"的同义词的现象,并批判指出,以往的政治学的实质是"国家学",把"强制本身"作为绝对目标。他强调"国家"是以武力为背景的强制组织,是维持社会生活运行的手段之一,社会生活才是最重要的团体生活。国家作为强制组织,本身不具有绝对价值,尊重民众的社会生活才是最终目的。可以看出,第一次世界大战结束前后日本思想界出现的"社会的发现"的新动向,促使"国家"成为一个相对性概念,不再具有绝对价值。在这一思想界动向的影响之下,大正民主主义的内涵从单纯的政治层面上的民主主义拓宽为具有多元要求的民主主义。

(二)"真正的民主主义"的内涵

民主主义的内涵和要求逐渐从政治领域拓展到社会领域,除了与思想界的"社会的发现"动向有关,也与第一次世界大战后日本的工人运动有密切关系。第一次世界大战对欧洲造成史无前例的创伤,但是却给予日本新兴工业经济一个可乘之机。在1914—1918年,日本工业产品的出口额由14亿日元增长至68亿日元,纺织品出口大幅增加。棉布的海外销售量上升了185%。工厂开工率随之而上升,薪金因而急速上扬。但是大多数工人及消费者并未受益,因为物价上涨得更快。1914—1920年,大米的零售价格上升了174%,而批发价格整体上升了150%。[①] 由于获得巨大利益的暴发户们对股票、商品进行投机性购买,物价暴涨,大米、铁、煤、棉布、纸类、药品等生活必需品的价格也飞速上涨。寺内正义内阁发布了"暴力取缔令"对投机购买、囤积居奇者采取警告、处罚等手段,然而收效甚微。1918年7月23日,富山县鱼津町46名渔妇聚集到大町海岸上,向正在装载大米的"伊吹"号货轮船员陈情诉苦,要求降低米价。

---

① [美]安德鲁·戈登:《现代日本史——从德川时代到21世纪》,李朝津译,中信出版集团2017年版,第225页。

这一陈情活动被报纸渲染为"骚动",邻近区域相继发生了类似的请愿行动,在报纸的连续报道下,最后发展为全国性的持续两个多月的"米骚动"。① 以"米骚动"为契机,之后一两年内劳资纠纷、减租保耕斗争频发。1919年爆发了东京炮兵工厂、石川岛造船所、足尾铜山等的工人大罢工,各地的劳动争议激增,工会组织相继成立。"'米骚动'可看作近代日本史上最大的转折点。迄今为止把努力成为世界级大国当作最大目标的日本,自此以后增加'国民生活'在政治上的比重,国家结构也发生大的变化。"②

在这一社会背景之下,民主主义的提倡者分别采用不同的表达方式把民主主义与社会问题相结合,大正民主主义从第一阶段的民本主义发展为"真正的民主主义",具体要求从政治领域拓展到社会各个方面。大山郁夫在《社会改造的根本精神》中指出,时代精神正在从"民本主义"转向"真正的民主主义"。"真正的民主主义"不仅包括形式上的政治机会均等主义,也包含政治、社会、经济、文化各领域的民主主义。"'真正的民主主义'要求物质生活上的公平分配,缩短劳动时间。……'真正的民主主义'不仅仅满足于物质上的公平分配、缩短劳动时间,还应重视社会成员的精神的自由发展,保护其创造冲动。"③ 吉野作造在《我等关于民主主义的见解》④中指出当今的民主主义存在两个要求,社会性要求和纯政治要求,社会性要求着眼于使我们的生活安定充实,并且不仅限于经济方面。

大正时期,内务省警保局的调查材料认为民主主义思想已经在教育界

---

① 参照井上清・渡部辙编『米騷動の研究全五卷』,有斐閣1956—1962年。
② [日]鸟海靖:《近代日本的机运》,欧文东、李群译,社会科学文献出版社2014年版,第202页。
③ 大山郁夫:「社会改造の根本精神」,『我等』1919年8月。
④ 吉野作造:「デモクラシーに関する吾人の見解」,『黎明講演集』第2集,1919年4月。

产生了深刻影响。① 这种观察的确反映了教育界的思想现状。大正时期的教育家佐佐木吉三郎在 1919 年出版的著作《现代三大思潮批判》中指出："要求民主的核心阶级已经从第三阶级即工商资产阶级转变为第四阶级即劳动者阶级。第三阶级要求政治上的民主，第四阶级要求经济上的民主。因为第四阶级无法忍受'金权'强暴之弊病，反对资产阶级不劳而获，无法忍受资产阶级利用资本压迫工人，把劳动者一辈子关进铁网之中。他们主张把资本家所获利益更多地分配给劳动者，认为经济上受剥削堪比政治上受压制，甚至比政治上受压制更加残酷。因此主张打破专制政权的民主主义转变为主张打破独占'金权'的民主主义。"② 高岛平三郎在《现代教育和思想问题》一文中，强调了民主的理念是自由和平等。他指出："今日世界的大思潮是民主主义。……民主主义并非是局部的，一切社会活动都应该在此主义之下运行。我认为广义的民主主义可以翻译为公正主义，民主主义或者民本主义并不能够完全囊括它。当今以及将来的世界不仅在国际关系上是公正的，而且国内的政治、法律、经济和教育等一切活动都必须是公正的。民主主义的核心是自由和平等，人类不应受他人的约束和压制，这是每个人都享有的权利，所有人都应尊重自己和他人的自由。"③ 著名教育学者谷本富也持有相同观点："民主主义绝不仅指政治上的事情，还包括经济上和产业上的民主主义，并且后两者更重要。民主主义也应存在于家庭、社会以及文化方面，如教育、学术、文艺、宗教等。"④ 从上述材料中可以看出，在 1919 年前后，教育界对于民主的认识已经非常深刻，民主不再是局限于个别领域的个别阶层的理念。民主的核心是自由和平等，政治、

---

① 内務省警保局：『我国に於けるデモクラシーの思潮』，内務省警保局 1918 年，147—149 頁。

② 佐佐木吉三郎：『現代三大思潮批判』，大日本図書株式会社 1919 年，98—104 頁。

③ 高島平三郎：「現代の教育及び思想問題」，『中外新論』1918 年 7 月。

④ 谷本富：『現代思潮と教育の改造』，同文館 1920 年，465 頁。

经济、教育、社会生活上都应该贯彻这一理念。

与谢野晶子主张现实生活中的方方面面都应该贯彻民主主义的理念，"社会、家庭、学校、工厂、公司、军队、政府、商店、恋爱、教育、道德和劳动都将实现民主，这是今后的发展趋势。……民主主义的目标是给予大多数人平等的机会、平等的教育和平等的经济保障，使大多数人平等地形成最高的人格"[①]。她还提倡家庭关系的平等化和民主化，主张女性应该拥有职业选择的自由和参政权，实现男女同校等。

农业问题学者那须皓强调农业上实现民主，农民应该具有自主权。"近代民主国家承认政治上社会各成员的自由平等，不解决经济上的不平等就无法实现政治上的自由平等，因此，我们要提倡经济和产业上的民主主义。今后在农村社会，为了解决农业问题，不能够仅仅依靠扩大经营规模、振兴工业以及海外殖民，更重要的是扩大农民在产业上的自治权。"[②]

综合上述各行业不同学者的观点可以看出，第一次世界大战结束后大正民主主义进入了发展的第二阶段，这一阶段民主主义的具体要求突破了国内政治的民主化，而且进一步表现为劳动者、农民、教师、妇女、受歧视部落民、城市知识人、学生、工商业者等各个阶层涉及政治、经济、社会、文化各个领域的平等、自由要求。在外交政策上，也出现了主张和平主义、国际主义、国际民主主义的呼声。但是这些主张的基础是人格的平等观念。"所谓广义的民主主义包括产业上的民主主义，社会上的民主主义，教育的民主主义。这种民主主义论终究是一种精神性的倾向。"[③] 不过这些领域的民主诉求尚缺乏理论上的构建，只是各个领域中的片断性要求。

---

① 与謝野晶子：「デモクラシーについての私の考察」,『激動の中を行く』,新泉社1970年,11頁。
② 那須皓：『農村問題と社会思想』,岩波書店1924年,98—141頁。
③ 内務省警保局：『我国に於けるデモクラシーの思潮』,内務省警保局1918年,150頁。

这种带有精神性倾向的民主诉求并没有付诸实践,也没有提出具体的实现途径,更没有体现在政治决策上。这一点从《纪伊每日报纸》刊登的一封部落民的来信中可略知一二。信中写道:

> 我是秽多、特殊民。我们在这次抢米暴动中充当了急先锋,因此,政治家、社会改良家等那些了不起的人们,现在才开始说什么特殊部落教化问题之类,似乎很为我们担心。我们对此表示感激。但是,说实话,这些人为我们做的事情完全是毫无意义的。他们总是向我们提议说,"哎呀,你们要治疗沙眼","哎呀,存钱很重要","哎呀,要清理下水道","哎呀,要听佛祖的话"等,貌似很热心地为我们考虑。但是你觉得这些提议会有助于改变我们的身份吗?我们从几百年前就是秽多了,一直饱受社会的摈弃和迫害。我们的怨恨透彻骨髓,即使治好了沙眼,即使存钱,即使听佛祖的话,我们的愤恨也不是能够轻易消失的。……我们向社会要求平等的人格权,平等的生存权。我们必须拿回迄今为止我们被剥夺的东西。如果暴动方式不被允许的话,那么请告诉我其他方法,并且请满足我基于正当方法的要求。①

从这封读者信我们能够看出,与以往的国粹主义、平民主义、社会主义相比,大正民主主义这一社会思潮的影响面更为广泛。各行各业的人都赞同民主主义,各个阶层的各种要求都以要求"民主"的呼声表达出来。人们期望借助民主来解决各种社会问题,民主的功效被无限放大,民主成为能够解决任何社会矛盾的"万能良药",民主异化为一个无所不能的概念。然而实际上,美浓部达吉提出的以内阁为中心的宪法解释没有得到军部、枢密院的认可,议会的地位也没有因他的宪法解释得到充分的提高。

---

① 『紀伊每日新聞』投書,1918 年 9 月 14 日。

无论是备受期待的原敬内阁还是加藤高明的联立内阁,都让人们倍感失望。民众发现,责任内阁并没有有效解决各类社会问题,内政、外交上的危机不断。民主的光环开始褪去,对于民主的失望情绪逐渐传播开来,这也导致了民主思潮的快速衰退。

◇ 本章小结

  大正民主主义的形成既是明治以来日本社会发展的要求,也是日俄战争后外来思想影响的结果,同时还是大正民主主义的代表人物把外来思想以及国内民众的要求加以糅合的产物。明治末期,日本资本主义出现了飞跃性发展,大企业劳动者的数量激增。得益于明治维新以来学校教育的发展,记者、公职人员、自由主义者、知识分子、学生、小市民等构成的中间层逐渐形成。农村中具有一定教育背景的青年们也逐渐成为地方的中坚力量。各个阶层中逐渐兴起要求参政权的愿望。日俄战争结束后,个人主义、自由主义等外来思想为各阶层的民主主义要求提供了思想养分。美浓部达吉、吉野作造、大山郁夫和长谷川如是闲等在欧美国家留学,体验了西方先进资本主义国家的民主生活,意识到民主主义是世界大势,政治生活必须重视民意。他们分别从不同视角出发采用折中的方法把西方传统民主主义的理念引入对《明治宪法》体制的解释中,力图在不触动《明治宪法》的范围之内建立适合日本社会现实的民主主义理论。因此可以说大正民主主义是对《明治宪法》进行再解释的一种尝试。

  最早从理论上为大正民主主义奠定基础的是美浓部达吉的宪法学说。美浓部达吉继承了他的老师一木喜德郎宪法学的重要理论,主张限制君权。他明确指出日本是立宪君主制,统治权是为了国家这一团体的共同目的而存在的权力。统治权的主体必须归属于国家,君主、国会都只是国家的机关。议会拥有完全独立的地位，不需要服从天皇的命令。美浓部的解释限制了天皇大权，从法理上论证了议会内阁制和政党政治的合理性。

1916 年吉野作造发表《论宪政的本意及实现其有终之美的途径》后，"民本主义"在 1916—1920 年成为大正民主主义的代表词。大正民主主义的讨论重点逐渐从法理学延伸到政治学领域。"民本主义"侧重于民主制度的具体构建，认为民主主义是近代国家不可欠缺的绝对原则。"民本主义是重视政权运营方法的民主主义"，日本应该按照民本主义的要求实施宪政，议会监督政府，民众监督议会，扩大民众的参政权，建立责任内阁制度。

大山郁夫在 20 世纪 20 年代之前也是"民本主义"的倡导者，他所提出的民本主义内涵与吉野作造的上述主张基本一致。不过，大山郁夫重视民众的精神因素，强调国家主义和个人主义、帝国主义和民主主义、民族主义和国际协调主义的互相协调。大山郁夫认为民族和国家都是文化的结合体，他提出了"文化国家主义""民族国家主义"和"民族精神"，分别来协调国家主义和个人主义、帝国主义和民主主义、民族主义和国际协调主义之间的矛盾。长谷川如是闲与美浓部达吉、吉野作造和大山郁夫不同，他重视"社会""生活"，他最早把"社会"从"国家"中分离出来，更为清楚地看到了日本国家主义、军国主义的本质，为他以后批判国家主义、法西斯主义奠定了基础。总而言之，大正民主主义既是历史的产物也是大正时期的政治学者们创造性地发挥的产物。

第二章

大正民主主义的政治思想

正如哈罗德·约瑟夫·拉斯基（Harold Joseph Laski，1893—1950）所提出的疑问，我们在近代为什么要建立国家？又为什么要向国家尽忠呢？近代国家出现以后，"国家和个人""权利和自由"这一根本问题就一直延续下来。在日本，随着明治落下帷幕，如何构建新的国家组织成为知识界、思想界乃至政界的新课题。大正民主主义者同样也在思考国家结构、政治制度的问题，美浓部达吉、吉野作造等提出进行政治改革，抑制藩阀政治和军部势力。本章试从国家观、立宪政治构想、统帅权独立三个角度分析大正民主主义的政治主张。

◇ 第一节 民主主义的国家观、宪政观

一 Democracy 的译语及含义

大正时期，由于学者和评论者的阐释各有侧重，democracy 的译语众多，内涵各异。例如，民本主义、民主主义、平民主义、众民主义、民众主义、民政主义、合众主义、民治主义、民重主义、民生主义、人本主义、士民生活等。需要注意的是，这些译语及其内涵都是在《明治宪法》体制规定的君主国体之下出现的，因此都受到了历史、客观现实的限制。在君主国

体、天皇主权的限制之下，翻译 democracy 确实存在很多困难。总体来看，大多数译词去除了民主主义概念中原有的"民有、民治、民享"中的"民有"，主要内涵是"民治、民享"。

本书参照日本学者太田雅夫的分类方法，① 把 democracy 的众多译语按照内涵归类为以下四种。

第一，认为 democracy 的内涵等同于"日本治国的固有精神善政主义"，译词有茅原华山、井上哲次郎、上杉慎吉的"民本主义"，小仓徂峰的"民重主义"。②

第二，把 democracy 的内涵解释为政治上、政体上的民主主义，译词有小野塚喜平次的"众民主义"、林毅陆③的"民众主义"、织田万和美浓部达吉提出的"民政主义"、木村久一的"民治主义"、吉野作造和大山郁夫提倡的"民本主义"。Democracy 包含主权所属层面上、统治权行使和统治目的层面上的民主主义，因为日本是天皇主权，所以只涉及统治权行使和统治目的层面上的民主主义。上述译词的内涵都是不涉及法理上、国体意义上的民主主义，只涉及政治上的民主主义。尽管具体主张的内容有所差别，但是这种意义上的民主主义是大正时期比较普遍的观点。

第三，把 democracy 看作人格主义在社会生活各个方面的体现。如德富苏峰代表的民友社同仁提倡的"平民主义"、姊崎正治④提出的"人本主

---

① 太田雅夫：「デモクラシー訳語考」，増版『大正デモクラシーと知識人』，新泉社 1990 年，52—79 頁。
② 小倉徂峰：「吉野博士の憲政論を読む」，『洪水以後』1916 年 1 月 11 日，21 日号。
③ 林毅陆（1872—1950），明治至昭和时代前期的外交史家。留学法国，研究欧洲外交史和比较宪法学，归国后任庆应大学教授，明治末年当选众议院议员，共任 4 届。后任庆应大学校长，日本的外交史学的奠基人。著作有《欧洲近期外交史》。
④ 姊崎正治（1873—1949），日本宗教学者。东京大学哲学科毕业后，先后编辑哲学杂志、帝国文学。留学欧美，归国后于东京大学开宗教学讲座，主张采用客观的、历史的方法进行宗教研究。著作有《宗教学概论》《根本佛教》等。

义"、北昑吉①提出的"民生主义"。这种观点主张政治、教育、精神等方面的民主主义，认为民主主义是自由、平等、博爱、尊重人格的人格主义。

第四，直接用音译德谟克拉西，内涵是完全彻底的人民主权，主张推翻天皇制，代表人物有山川均。

需要指出的是，大正时期，尽管 democracy 的译语有十几个，但是自 1916 年吉野作造发表了《论宪政的本意及实现其有终之美的途径》之后，"民本主义"一词风靡日本的思想界，成为使用频率最高的译语。1920 年以后，"民本主义"逐渐被"德谟克拉西""民主主义"代替。

美浓部达吉在《近代政治的民主化倾向》②中阐释了"民主主义"的具体内涵：

> "民主"包括各种含义，最激进的内涵完全不符合我国的国体，但是我们必须承认比较稳健的民主主义是近代国家的必然要求。我国实施立宪政治和地方自治制度，在某种程度上也是民主主义的体现。民主主义区分为形式上的法律意义和实质上的政治意义。法律意义是指法律上全体国民是国家最高的统治者，通常表现为"主权在民"的观点。这种思想源于"社会契约论"，"社会契约论"认为国家的形成基于人民的契约，国家权力来自人民。人类的原始状态是不受任何拘束的完全自由的状态，为了防止相互斗争而达成契约建立国家，约定共同服从国家权力。……众所周知，"社会契约论"及"主权在民"是缺乏根据的谬论，因为国家不是起源于人民的契约，而是人类社会的天性。人类的原始状态并非是完全自由的，国家生活是人类的必然要求，

---

① 北昑吉（1885—1961），大正—昭和时代的哲学家、政治家，北一辉的弟弟。倡导国家主义，于 1928 年创立《祖国》杂志。参与创建多摩美术学校，自 1936 年起，当选 8 次众议院议员。与尾崎行雄一起，反对大政翼赞会，战后参与创立日本自由党。

② 美濃部達吉：「近代政治の民主的傾向」，『太陽』1918 年 6 月 15 日。

人类的生活难以离开国家。君主权力既非神授也不是人民的契约，而是历史事实。"社会契约论"无疑是错误的。"主权在民"的观点承认国民拥有权力，国民在任何时候都可以推翻其认为不合适的政府，建设符合其利益的政府。这实际上是认可革命，会威胁到国家存在的基础。因此，"社会契约论"和"主权在民"是极其危险的思想。①

在上述引文中，美浓部达吉把民主主义分为法律意义上的民主主义和政治意义上的民主主义。他强调日本自建国以来一直是君主政体（"主权在君"主义），万古不变，"主权在君"主义是日本的立国之本。他指出其所倡导的民主主义不是法律意义上的民主主义而是政治意义上的民主主义。政治意义上的民主主义不同于法律意义上的民主主义，与"主权在民"思想也没有任何联系。政治上的民主主义能够与君主政体并存，不要求国民是最高统治者，其目的是尽量减少对国民自由的限制，使国民积极参与国家政治，按照国民意志实现政治运营。其理论根据不是"社会契约论"，而是"国家是国民的共同体"。"国家是国民的共同体"认为实现国家的富强只能依靠国民的齐心协力，国民的自觉、齐心协力不是来自外部压迫，而是源于国民的觉醒和国民自身的意志。美浓部指出随着教育的普及、交通的发达和报纸的大量发行等，普通国民的民智已经得到了充分开发，所以国民不再甘于一味地盲目服从，要求参与政治。伴随着社会经济的变革，劳动者数量的显著增加也促进了国民思想的发展。为了与法律意义上的民主主义相区分，可以把政治意义上的民主主义称为"民政主义"。"聪明的政治家都应该顺应世界大势，因势利导。"② 他反复指出民主主义是近代世界各国的共同趋势，特别是第一次世界大战爆发以来，民主主义的倾向日益显著。如果硬去阻挡这种趋势，反而会引发革命。

---

① 美濃部達吉：「近代政治の民主的傾向」，『太陽』1918 年 6 月 15 日。
② 同上。

可以看出，美浓部达吉继承了明治以来日本思想界的传统，否定社会契约论也否定君权神授，把君主权力看作一种历史事实，不去追究其来源。为了顺应国际国内的发展趋势，美浓部达吉把民主主义的概念进行了解构，分为法律意义和政治意义，按照日本的君主政体（主权在君）选择了政治意义上的民主主义。他认为这种政治意义上的民主主义不仅能够防止革命，而且能够激发国民的自觉，促进国家发展。民主主义能够由内而发加强国家的凝聚力，其效果是国家主义这种强制性的思想所不能达到的。美浓部达吉的出发点与吉野作造、大山郁夫等民主主义者相一致，因为"主权在民"的观念与日本的君主国体是不相容的，美浓部达吉只关注主权的行使问题，回避了主权所属这一问题，只讨论如何顺应民主兴起的大趋势。

二 美浓部达吉的天皇观和国家观

天皇观、国家观是宪政思想的基石，这一部分首先分析美浓达吉的天皇观和国家观。美浓部达吉宪法学的切入点是重新定义天皇大权，其天皇观充分体现在《宪法讲话》（1912年）、《宪法撮要》（1923年）、《逐条宪法精义》（1927年）、《日本宪法的基本意义》（1929年）等著作中。美浓部达吉在《逐条宪法精义》中较为系统地阐述了他的天皇观。1935年，"天皇机关说事件"发生后，4月9日，政府下令禁止发售美浓部达吉的《宪法撮要》《逐条宪法精义》《日本宪法的基本意义》。这一禁令发出之后，人们纷纷涌到书店，把美浓部达吉的书抢购一空。首先我们来看美浓部达吉对天皇的认识。

（一）美浓部达吉的天皇观

美浓部达吉对天皇的定位可以归纳为如下三方面。

1. 日本是世袭的君主政体，但君主不是专制地拥有统治权，君主作为国家机关发挥统治作用

天皇是万世一系的，是历史事实。美浓部达吉指出："'大日本帝国由万世一系的天皇统治'是基于日本历史事实得出的关于日本政体的根本原则，与以往的国家法律是一致的，并非是新的原则。这一条体现出两点，第一，日本是世袭的君主政体；第二，万世一系的天皇即是君主。"① 美浓部达吉承认，天皇统治日本是日本政体的根本原则，符合历史事实，"万古不变"。

美浓部达吉详细论述了君主政体的内涵和意义，认为："与共和政体相反，君主政体意味着君主一人统治。虽然是一人统治，并不是按照一个人的意志进行专制统治，统治权也不是君主个人的私有权力。君主政体中，统治权并非不受限制。如果他人代替君主行使统治权，统治权的根源仍然是君主。"② 他认为日本是君主政体，但是君主不是专制地拥有统治权，统治权也不是君主个人的私有权力，而是在国民的翼赞下进行统治。美浓部达吉主要从三个层面分析了统治权不是君主的私人权力这一观点。

第一，君主政体不是指统治权无限制地归属于君主。美浓部指出在立宪政治中，统治权不是毫无限制地完全归属于天皇一人，国民拥有对统治的翼赞权。天皇作为国民的代表机关，通过帝国议会的协赞进行统治。尽管天皇的统治受法律上的限制，但是这仍然不影响君主政体的观念，与"大日本帝国由万世一系的天皇统治"这一原则并不矛盾。因为无论是幕府还是摄政都是代替天皇进行统治，其所行使的统治权都完全归属于天皇，国民在对政治进行翼赞时，也仅仅发挥翼赞作用而不是进行实际统治，只有天皇才能要求行使统治权。美浓部认为在立宪政治下，即使君主政体的国家，君主不是专制地拥有统治权，而是在国民的翼赞下进行统治，所以

---

① 美濃部達吉：『憲法撮要』，有斐閣書房1924年，207頁。
② 美濃部達吉：『憲法講話』，有斐閣書房1912年，19—32頁。

从实际状态而言，君主政体和共和国政体在专制程度上并没有太大差异。

第二，君主政体并不意味着统治权是君主一人的权力。美浓部达吉认为把统治权作为君主的个人权力的思想源于欧洲中世纪封建时代的"家产国家"观念，当时"国家是有生命的统一体"的观念尚未兴起，君主把统治国土人民作为自己的统治权力，并把这一权力传给子孙后代，国家相当于君主一家的私人财产。他强调在日本，"家产国家"思想较为少见。他引用《宪法义解》第一条的注释"君主之德在于统治八洲臣民，非享有一人一家之私事"，指出《宪法义解》已经明确了统治国家不是君主的私事。

第三，君主作为国家的机关发挥统治作用。美浓部指出，近代法律思想明确认可国家是有生命的永久性统一体，统治国家的目的是为了国家这一永久性的团体，统治国家的行为是国家的活动。在君主政体中，统治权属于君主并不意味着统治权就是君主的权力，而是君主起到统治的作用。团体拥有权力时，必然存在为团体行使权力的人，这样的人被称为"团体的机关"。国家是团体，国家拥有的所有权力，必然是由国家机关来行使。在共和政体中，主权属于国民并不是国民把统治权作为自己的权力，而是国民作为国家的机关来进行统治。在君主政体中，统治权属于君主，君主作为国家的机关发挥统治作用，君主是国家机关，换而言之，统治权不是一人一家的私事，而是国家的公事。

可以看出，美浓部达吉首先认可日本是君主政体，肯定了天皇的权威性，但是他强调君主政体并不是君主一人进行专制统治，统治权是国家的公事，从而把天皇的权威性和实际的政治统治事务相分离。毫无疑问，美浓部的这种做法有助于政党内阁与藩阀元老、军部争夺政治上的主导权。[①]在此基础上，美浓部达吉进一步指出"天皇神圣不可侵犯"并不是指天皇的诏敕不能被指责。

---

① 参见崔世广《明治维新与近代日本》（《日本学刊》2018年第3期）关于《明治宪法》体制中的政治力学结构的阐释。

2. 议论、批判诏敕是立宪政治下国民的自由

美浓部达吉认为"帝国宪法规定了大臣负责的制度,所有与国务相关的诏敕都由国务大臣负责。指责诏敕就是指责国务大臣的责任,丝毫没有对天皇不敬的意思,这就是立宪政治的责任政治。从这一意义而言,诏敕不是神圣不可侵犯的。关于国家政务方面,君主是无责任的,由国务大臣负责"①。他认为"天皇神圣不可侵犯"主要是指与天皇自身相关的规定,具体可以表现为,禁止任何危害天皇人身的行为,天皇不负有政治上的责任。天皇在行使统治大权时要遵照宪法及法律条约,否则就是违法行为,但是,行使统治大权时是否符合宪法和法令,完全由国务大臣、宫内大臣负责。如果因为统治大权的行使错失时机或是对国家和国民利益造成危害,应当由大臣承担责任,不允许议会和国民攻击、谴责天皇本人。②

可以看出,美浓部达吉的理论逻辑是,之所以能够批判天皇的诏敕,是因为天皇不负政治责任,负责的是国务大臣和宫内大臣。他认为批判诏敕是对国务大臣、宫内大臣的批判,与天皇无关。美浓部达吉的观点为第一次护宪运动提供了充分的理论依据。1913年桂太郎企图利用诏敕维持第三次桂内阁,这种行为遭到了学界、报界和政界的强烈批判,桂太郎内阁最终倒台。第一次护宪运动中,诏敕的神圣色彩逐渐淡化,诏敕的"魔力"消失。这为政党打破藩阀、军部,借助天皇权威掌控政治权力的局面提供了思想依据。

3. 天皇依据宪法的规定行使统治权

美浓部达吉指出,天皇是国家元首,总揽统治大权,依据宪法的条规行使统治权。"天皇是国家元首,元首是指把国家比喻成人,人的动作都是由头脑发出指令,同样国家的行动指令都来自元首,因此君主是国家的头脑。'天皇是国家元首'并不是准确的法律表述,只是可以理解为天皇本人

---

① 美濃部達吉:『憲法講話』,有斐閣書房1912年,96頁。
② 同上书,95頁。

代表国家统帅国家的活动。"① 美浓部达吉指出，天皇作为国家的最高机关行使统治权，不是为了个人利益而是为了国家利益。他反复强调，天皇行使统治权受宪法条文的限制，并非毫无限制，原则上，议会不需要服从天皇命令。在穗积八束看来，天皇可以在没有国务大臣、议会同意的情况下自由决定国防、外交、管制等国家的重要政策。然而，按照美浓部达吉的解释，天皇要受内阁总体意志的约束，各国务大臣也需要服从内阁会议的决定。这样，美浓部达吉把议会从天皇大权的阴影中解放出来，明确议会是国民的代表机关。

(二) 美浓部达吉的国家观、政体论

1. 美浓部达吉的国家观

列宁说："国家问题是一个最复杂最混乱的问题。"② 的确，早在20世纪30年代，C. H. 泰勒斯就收集到145种不同的国家概念。③ 美浓部达吉、吉野作造、大山郁夫、长谷川如是闲关于国家有各自的定义和阐释，不过整体而言，美浓部达吉、吉野作造、大山郁夫的国家观是整体主义国家观或者说是国家主义国家观，看重国家权力和目的要素、工具性因素。

美浓部达吉在《日本国法学》(1907年)、《宪法讲话》(1912年)以及《日本宪法》(1921年)中详细阐述了他的国家观。"国家是团体即等于国家是有机体。……统治权是国家的权力，既不是君主的权力也不是国民的权力，统治权是国家为了达成团体的共同目的权力，团体本身是统治权的主体。君主是主权者的意思指君主是国家的最高机关，在国家内部居于

---

① 美濃部達吉：『憲法講話』，有斐閣書房1912年，97頁。
② 列宁：《论国家》，载《列宁选集》（第4卷），人民出版社1972年版，第41页。
③ 庞金友：《现代西方国家与社会关系理论》，中国政法大学出版社2006年版，第23页。

最高地位。……不能把主权者这一词的意思理解为统治权的主体。"① "国家是一个团体,具有法律上的人格,国家具有团体的人格,拥有最高统治权。这不是我一家之言,是大多数国法学者的共识,也是近代以来普遍的国家思想。欧美各国的学者之间已经成为定论,而且在我国大多数学者也都认同。"② "我和穗积八束博士等其他多数学者相同,都认为国家是一个团体,这个团体拥有法律上的人格,是统治权的主体。"可以看出,美浓部达吉认为国家是拥有最高权力的领土团体,是拥有共同目的的多数人的集合。君主、国会和一般臣民都是拥有共同目的而结合在一起,其整体是一个有组织的统一体,君主行使统治权并不是为了君主自身,而是为了国家整体。因此,统治权是国家的权力,既不是君主的权力也不是国民的权力,团体本身是统治权的主体。可以说,美浓部的团体国家观打破了以往的"天皇主权说"倡导者主张的"君主即国家"的说法,从国家理论上为扩大议会和内阁的权限找到了充分的立论基础。

2. 美浓部达吉的政体论

在探讨政体论之前,我们首先进行概念上的区分,明确现代政治学中的"政体"、明治时期的思想界所使用的"国体"、美浓部达吉采用的"政体"的各自的内涵。

现代政治学中的政体与主权概念有密切关系。现代主权概念的奠基人是法国政治哲学家、法学家让·布丹(1530—1596),他关于主权的规定是"被赋予在一个国家之上的绝对的、永久的权力"。这意味着,主权并不授予个人而是授予国家,它不是任何个人所能够拥有的财产,而是共同体的属性。但它的归属的具体实体要取决于国家的性质和类型:"当主权在一个人名下时,这个国家叫做君主政体,民主政体指的是所有民众或大多数集

---

① 美濃部達吉:『憲法講話』,有斐閣書房 1912 年,22 頁。
② 美濃部達吉:「上杉博士の〈国体に関する異説〉を読む」,『太陽』第 18 卷第 10 号,1912 年 7 月。

体地行使主权权力。"①

明治时期的思想界把探讨主权所在的概念称为国体。国体的词源是德语词 Staatsform，是国家法学术语，原本是用来讨论联邦制还是统一制的概念，之后转变成讨论主权所在的概念。明治时期政治学界和法学界都把 Staatsform 当作讨论主权所在的概念。② 穗积八束、上杉慎吉派按照统治总揽者的数量来归类国体，要看"统治权的总揽者是一个人还是多个人"，"总揽者是一个人就是君主国体，总揽者是多个人就是共和国体"。③ 这种分类"并不表示君主国体和共和国体是上等还是下等"，既不贬低也不称赞，"并不是硬性地把日本看作君主国体，……通过客观观察说明日本是君主国体而已"。④ 与美浓部达吉一起提倡"天皇机关说"的佐佐木惣一也认为"统治权的总揽者是天皇一人，因此我国是君主国体"⑤，可见穗积八束、上杉慎吉的国体论是政治界、法学界的一般说法。

美浓部达吉的观点与学界通用的国体论不同。美浓部达吉的依据是"国家法人说"，"国家法人说"的核心就是国家拥有主权。他根据 Staatsform 的语义批判穗积八束和上杉慎吉派的国体论。"近来学界在讨论国体时，很多人都是把'国体'一词作为法律概念，认为其含义类似于德语词汇 Staatsform。但是 Staatsform 表示基于国家宪法的政权组织形式的差异，与 Verfassung foum 或者 Regierung form 的含义相似。Staatsform 实际上是相当于我们平时用词中的'政体'，即君主政体或共和政体。"⑥ 通过挖掘 Staatsform 本来含义，美浓部达吉把穗积八束、上杉慎吉学派的"国体"改为了

---

① 王逸舟：《西方国际政治学：历史与理论》（第三版），上海人民出版社 2018 年版，第 12 页。
② 長尾龍一：『日本国家思想史研究』，創文社 2005 年。
③ 上杉慎吉：『国民教育帝国憲法講義』，有斐閣書房 1910 年，124—125 頁。
④ 同上书，133 页。
⑤ 佐々木惣一：『日本憲法要論』，金刺芳流堂 1930 年，318 頁。
⑥ 美濃部達吉：「帝国の国体と帝国憲法」，『法学協会雑誌』第 21 卷第 6 号。

"政体"，认为明治学界以来通用的国体意义应该包含在政体中。

明治以来的国体论首先讨论主权所在，在此基础上，把专制还是立宪制看作政体范畴，从而导致了国体政体二元论。美浓部达吉把上述两点完全归为政体的范畴。他认为："政体指国家机关的组织。……国家政体可以分为君主政体和共和政体。……处于最高机关的地位的是一人的话，就是君主政体。如果是多个人构成合议体的话，就是共和政体。"① "以往把国体理解成统治权的主体，政体是行使统治权的方法，国体区分为君主国体和共和国体，政体分为专制政体和立宪政体。……这种说法是错误的。……无论是君主国还是共和国，其权力都归属于国家这一个共同团体。"② 在《宪法讲话》中，他的政体论范畴只包含君主主义和共和主义，之后不断扩展完善。在《逐条宪法精义》中，他把政体分为三种，君主主义和共和主义，专制主义和立宪主义，联邦主义和统一主义。美浓部达吉认为日本的政体是君主主义、立宪主义、统一主义，日本是中央集权的立宪君主政体的国家。美浓部达吉指出，"国体"涉及"国家的成立这种比较广泛的意义"，不应该掺杂到政体论中，统治权的主体永远是国家，执行统治权的机关组织存在不同，政体也随之产生差异。

美浓部达吉批判了穗积八束等人主张的国体政体二元论。美浓部达吉的论证逻辑是，首先阐释天皇行使统治权力的目的是为了公众利益，然后指出民主主义也是为了公众利益，所以民主主义与《明治宪法》不矛盾，与日本的历史传统不矛盾。这一论证思路基本是大正民主主义者普遍采用的。

那么美浓部如何理解国体呢？他在《逐条宪法精义》中指出，"我认为国体观念反映了我帝国自开天辟地以来万世一系的皇统这一历史事实，以

---

① 美濃部達吉：『憲法講話』，有斐閣書房 1912 年，24—25 頁。
② 同上书，47—48 頁。

及我国国民对于皇室独一无二的崇敬忠顺的感情"①。"国体观念不是单纯的法律概念,它的价值远远高于国家法律所能够规定的范围。国家法律仅仅是规定国家的法律秩序,国体的差异是不能够通过单纯的法律秩序产生的,因为它主要是一种精神伦理。对天皇的忠孝大义、忠孝之德不属于宪法学和国法学,而是伦理道德学的问题。国体不是宪法学上的观念而是伦理学的观念。宪法规定国家的政治组织,不规定国体。"② 上杉慎吉等认为国体论涉及主权所在问题,相反,美浓部达吉认为国体是对天皇的忠孝大义、忠孝之德,是伦理学的观念。

三 吉野作造的天皇观和国家观

(一) 吉野作造的天皇观

吉野作造为了驳斥上杉慎吉的"天皇亲政论",发表了《评所谓"天皇亲政论"及其他》,③ 文中充分论述了他的天皇观:"何为'天皇亲政论'?'天皇亲政论'是指按照国家法律,把天皇作为唯一最高的主权者,如果是这种意义的话,我没有异议。在此意义上,'天皇亲政论'与'议院尊重论'没有任何矛盾。但是,上杉博士驳斥'议院尊重论'时所依据的'天皇亲政论'不是上述意义。上杉博士认为的'天皇亲政论'表示君主的政治决定不受任何约束,是一种极端的'天皇亲政论'。"④ "绝对的天皇亲政,虽然神代不得而知,至少在国家事务繁多的今天,是不可能实现的。我们不能混淆法学上的主权观念和政治上的权力。政治上的实权必须转交

---

① 美濃部達吉:『遂条憲法精義』,有斐閣 1927 年,4—5 頁。
② 美濃部達吉:「帝国の国体と帝国憲法」,『法学協会雑誌』第 21 卷第 6 号。
③ 吉野作造:「所謂天皇親政説其他を評す」,『吉野作造博士民主主義論集 第 1 卷(民本主義論)』,新紀元社 1946 年,131 頁。
④ 同上书,133 頁。

给所谓的中间势力才能具体实施,区别在于是把政治实权委托给少数人还是委任给多数人呢?"① 在上文中,吉野作造批判了上杉慎吉等提倡的"天皇亲政论",指出这种"极端的天皇亲政论"无论是在法律上还是实际中都不可能实现。"帝国宪法明确否定了'天皇亲政论'。因为我国宪法的很多规定都约束了君主的意志决定。……虽然统治权由天皇总揽,但是在具体实施时必须按照宪法的规定,这就是一种限制。"② 吉野作造认为天皇亲政具有危险性,如果实行上杉慎吉等提倡的绝对主义天皇亲政,天皇必须针对百般庶务的得失承担道德上的责任,所以绝对的天皇亲政是不存在的,必须依靠议会。上杉慎吉的"天皇亲政说"排斥议会中心说,终究是拥护藩阀政治。③

正如山川均所批判的那样,吉野作造没有否定《明治宪法》中的主权在君说,也没有采用天皇亲政说,而是追求"由人民进行的,为了人民的政治"。本质上,吉野作造与美浓部达吉的思路一样,力图在《明治宪法》的框架之内尽可能限制天皇的权力,最大限度地给予国民、议会以更多的权力。

(二) 国家观的转变

吉野作造的国家观前后存在一个明显的转变。在 20 世纪初期,他持有一种有机体的国家观,提倡国家是最高规范,国家即社会。在 1920 年前后,他开始主张人格的自由主义,重视社会的价值,强调不能混淆国家与社会,社会是人们的共同生活,而国家不过是社会的一方面。他指出,明治以来的政治家继承了德意志流派的谬见,把国家看作维持共同生活秩序的唯一

---

① 吉野作造:「所謂天皇親政說其他を評す」,『吉野作造博士民主主義論集 第 1 卷(民本主義論)』,新紀元社 1946 年,131 頁。

② 同上。

③ 同上。

的强制组织，强调国家权力的绝对性，这是一元论的国家观，是错误的。

正如饭田泰三所指出，在 1920 年之前，吉野作造受到黑格尔的有机体国家观的深刻影响，他认为国家就是个人在精神上的同一化的有机整体，必须保卫这个有机整体。① "国家是个人构成的有机团体。……为了扩张国力而扩充军备则国家的分子会承受沉重赋税，为了个人的发展而无限地允许言论自由，则必然会破坏国家的统一。因此理论是必须实现二者的和谐，实现国家和个人的圆满并行进步。"② "我们完全是从国家的理想出发，承认国家有机体具有最高职能。当然在国家有机体中，资产阶级、劳动者阶级都拥有自由的发言权。"③ 可以看出，这种国家观是明治时期以来一直力图塑造的民族主义国家观，吉野作造持有上述有机体的国家观有其历史原因。

吉野作造的青年时期正值日俄战争前期，与大多数国民一样深受明治以来的国家主义思想的影响。因此，20 世纪初期，他的国家观带有浓厚的国家主义色彩。日俄战争期间，海老名弹正作为主战派提出了"日本魂的新意义"，吉野作造赞同海老名弹正的观点，批判幸德秋水和木下尚江等平民社的非战论。④ "国家是指一国民族的团体的称呼。……国家与社会并非二物，我们离开国家（即社会）则一日都不能生存。"⑤ 吉野作造认为国家是国民的共同生活团体，"每个人都是国家这一团体的一员，总是受到团体意志的统治和引导。个体行为的最高规范就是团体意志，我们把这种团体意志称之为国家精神或者国家魂"。⑥

---

① 饭田泰三：「ナショナルデモクラットと社会の発見」，『批判精神の航跡——近代日本精神史の一稜線』，筑摩书房 1997 年，83 頁。
② 吉野作造：「国家中心主義と個人中心主義、二思潮の対立、衝突、調和」，『中央公論』1916 年 9 月。
③ 吉野作造：「労働運動に於ける政治否認説を排す」，『中央公論』1919 年 8 月。
④ 吉野作造：「露国の敗北は世界平和の基也」，『新人』1904 年 3 月。
⑤ 吉野作造：「木下尚江君に答ふ」，『新人』1905 年 3 月。
⑥ 吉野作造：「国家魂とは何ぞや」，『新人』1905 年 2 月。

在这种国家观的基础上，吉野作造强调民主主义的目的也是为了稳固国家根基。吉野作造认为，以往的政治学在"富国强兵"这种"国家理想"的引导之下，把"作为强制组织的国家本身看作绝对价值"。他指出提倡民主主义的效用在于"加强组织的有效构成和运用"。

1916年前后开始，吉野作造在承认国家有机体的基础之上，强调重视民众的自由。他认为国家作为有机体的前提条件是要保障民众的自由，同时，保障民众的自由能够进一步巩固国家有机体的基础。吉野作造的这种观点体现了他从"明治的健康的民族主义"逐渐走向大正民主主义。"我并不反对国家本位的政论政策"。① "真正伟大的国家，国民个体也应该是伟大的"，"国家中被组织起来的国民不是机械的个人的集合。离开组织整体，个人难以生存。……因此，我们今天团体生活的理想是国家组织和个人自由的协调。……政治理想是促使国家组织的强盛，同时保证个人的健全发展"。② "通过给予民众参政权，能够培养和刺激民众的责任观念……促使国民的国家精神觉醒。……在此基础上，充实巩固国家基础，促进国家发展。"③ "当然不能松懈军事经营，不过，我们目前并没有感受到强烈的外来压迫。目前日本有足够的余地来提倡个人主义。"④ 从引文中看出，吉野作造把有机体的国家观与民本主义相结合，指出"民主化"的"国家魂"或者"国家威力"才是近代国家的基础。国家权力的组织制度不断"民主化"是历史发展的必然趋势，民主主义能够真正稳固国家根基。

---

① 吉野作造：「国家中心主義と個人中心主義、二思潮の対立、衝突、調和」，『中央公論』1916年9月。

② 吉野作造：「民本主義を説いて再び憲政有終の美を済むの途を論ず」，『中央公論』1918年1月。

③ 吉野作造：「国家中心主義と個人中心主義、二思潮の対立、衝突、調和」，『中央公論』1916年9月。

④ 同上。

在国家观上，吉野作造继承了美浓部达吉的观点，区分了国家和君主，不关注法律层面上的民主内涵，只强调政治层面的权力运用。他指出"国家威力"在于国家本身，主权者只是国家的机关，"不能够混淆国家和主权者之间的概念，讴歌国家的人却一味阿谀奉承君主实在是一种奇怪现象"①。他不关心法律层面的主权所在问题，重视政治上的权力所在和运用方法。"立宪政治是要确立国家权力的实际运用者……建立民众监督权力行使和政治的得失由人民进行最终判断的制度。政府监督元首的行为，议会监督政府的行为，人民监督议会的行为。这种立宪制度是近代政治的根本条件。"②

1918年第一次世界大战结束后的社会现实以及思想界的变化促使吉野作造意识到社会的价值，开始把国家与社会区分出来。第一次世界大战结束后的第二年，巴黎和会召开，紧接着国际联盟成立。在亚洲，朝鲜爆发了"三·一运动"，中国爆发了"五·四运动"，日本国内爆发了大规模的"米骚动"，一系列的民众运动促使吉野作造意识到国际关系发生了重大转折。同时思想界中出现的"社会的发现"这一动向也使吉野作造意识到"必须纠正现有常见的国家观"。为此，他写了《纠正现在通用的错误国家观》③。"很明显，权力一元论的国家观是不合理的，也逐渐被理想主义人生观日益盛行的思想界所抛弃。……新国家观反对旧式的国家主义。反对国家主义并不意味着希望破坏团体生活的根本，而是反对把国权作为社会生活的唯一统治原理。反对国家主义也不是认同无政府主义者提出的权力本身一无是处的主张，而是反对权力的滥用，反对权力一元化的谬误，强调把权力的使用限制在适当领域内，权力的使用要符合道义要求，以维持和

---

① 吉野作造：「民本主義を説いて再び憲政有終の美を済むの途を論ず」，『中央公論』1918年1月。
② 同上。
③ 吉野作造：「現代通有の誤れる国家観を正す」，『中央公論』1921年1月。

发展稳定的社会生活。"① 可以看出，吉野作造把国家看作受强制组织统治的社会，关注国家的强制性和权力性，国家不再是他之前提出的包括社会在内的有机体。他开始站在社会的立场上，强调"强制组织"只是为了维持社会生活的目的。以往他强调"民主主义"是为了"国家的生存发达"，后来他开始反省，指出"民主主义的精神作为一种文化现象，有更深的根基"②。

为了顺应历史发展的必然趋势，实现国家强大的同时保证国民个体的发展和自由，吉野作造结合日本的政治现状改造了外来思想中的民主理论。他的政治观点主要围绕三对关系，一是国民和议会的关系，二是议会和政府的关系，三是枢密院和内阁的关系。下面针对吉野在思考民本主义时候的逻辑略做分析。

（三）民本主义是重视政权运营方法的民主主义

吉野作造从政治学的角度确定了"民本主义"的内涵。"民本主义这个词汇在政治上包含两种含义……政权运营的目的和政权运营的方法。"③前者涉及政治的实质目的，解释"为了谁的政治"，是为了"人民的政治"。后者探讨政治的组织形式，涉及政权运营的方法。前者要求尊重个人自由，主张最大多数人的最大幸福，"与国家主义一样，民本主义认为主权运用的目的是期望国家民众的充分发展"④。同时，吉野作造承认自己提倡的"民本主义"的两层含义与大山郁夫所提的"市民自由""政治自由"是相同的，与美浓部达吉提出的"自由主义""民政主义"也是一

---

① 吉野作造：「現代通有の誤れる国家観を正す」，『中央公論』1921年1月。
② 吉野作造：「政治学の革新」，『中央公論』1920年1月。
③ 吉野作造：「憲政の本義を説いて其有終の美を済むの途を論ず」，『中央公論』1916年1月。
④ 同上。

致的。"大山郁夫在去年发表的《民主主义的政治哲学意义》一文中,把我指出的第一种意义的民本主义称之为市民自由,把我指出的第二种意义的民本主义称之为政治自由。……美浓部达吉教授去年年底在《法学协会杂志》上连载的《帝国政治体的基础原则》中,指出前者是自由主义,后者是民政主义。虽然称呼有所不同,但是本质内容没有大的区别。"① 19世纪的英国功利主义思想家边沁曾把政府立法的目标解释为"最大多数人的最大幸福"。吉野作造对于民本主义的定义与功利主义的说法相一致。可以看出,不考虑法律意义上的民主,只从政治学角度界定民主的内涵是当时主要的民主主义者们的一致做法。这既可以避开与《明治宪法》的冲突,又能够比较容易地在现实的政治体制中得到实际应用。我们不难看出其中的功利主义色彩。

关于政权运营的方法,吉野作造强调,民本主义是近代国家不可或缺的绝对原则,应该按照政权运营方法的民本主义的要求实施宪政,实现议会监督政府、人民监督议会,扩大参政权的范围,建立责任内阁制度。"人民获得参政权从主权者来看是尊重民意,从人民来看是参与国家政权运营的要求。从客观立场来看,获得参政权是人民最终左右政治的手段。……在今天大部分国民都开始觉醒的情况下,任何忠君爱国之士都不会甘于政治上的被动地位。这是民众和政界的一个积极动向。"② 吉野作造指出:"我之所以重视民本主义的第二种意义即政权运营的方法,主要是着眼于我国的实际情况。"③ 他所说的"实际情况"是指,在俄国十月革命的影响下,日本的社会主义、无政府主义兴起。如果把"政治目的"的民本主义作为

---

① 吉野作造:「民本主義を説いて再び憲政有終の美を済むの途を論ず」,『中央公論』1918年1月。
② 同上。
③ 吉野作造:「憲政の本義を説いて其有終の美を済むの途を論ず」,『中央公論』1916年1月。

绝对原则的话，民本主义会被误解为与"主张劳资阶级斗争的社会主义"相同。"尊重个人自由"的结果是造成"国民之间阶级的反感"，即宪政思想的发展会造成阶级对立。他认为"真正的民本主义绝不是主张国内的阶级对立"①，民本主义的"本义不是阶级斗争，尊重自由才是民本主义的根本意义"。吉野作造明确指出这是民本主义与"把阶级斗争本身作为第一要义的社会主义"的不同之处。

可见，吉野作造为了防止民本主义与社会主义相混淆，特意强化了"政权运营方法"即"扩大参政权的范围"，弱化了政治目的。这种思考方式也体现在大山郁夫身上。大山郁夫在《俄国过激派社会势力的过小评价及其政治思想价值的过高评价》和《米骚动的社会及政治考察》②中，指出由于阶级意识的强化而造成阶级对立，不利于日本宪政的发展。

（四）代议制是民本主义和贵族主义的结合

从上述民本主义的思想可见，吉野作造力图通过改变政治运营方式防止"寡人政治"的"弊病"，但是他没有否定"少数专门政治家"的存在意义，认为"少数贤者"或者"少数专门政治家"的存在是民本主义的前提。"从形式来看，政界的主人虽然好像是人民，但是实际上，还是主要由少数贤明的人指导国家。……民众政治并不要求一般民众有相当高的政治鉴别力。"吉野作造认为，民众政治并不要求民众去判断具体的政策，也不是时时刻刻都要求人民根据自己的政治见解去判断很多烦琐的事情。"最小限度的要求就是让人民进行人格判断，即判断哪个候选人是更伟大的人，

---

① 吉野作造：「民本主義の意義を説いて、再び憲政有終の美を済むの途を論ず」，『中央公論』1918 年 1 月。

② 大山郁夫：「露国過激派の実勢力に対する過小視とその政治思想の価値に対する過大視」，『中央公論』1918 年 5 月；大山郁夫：「米騒動の社会的及び政治的考察」，『中央公論』1918 年 9 月。

是值得信赖的人，是足以托付国事的人。……这种判断力不同于政治法律经济等专业知识，……是作为人类通常都具有的能力。"① 他指出民本主义的最小限度的要求就是让民众选举少数贤明，由这些被选出来的贤者来指导国家。

吉野作造认为政治存在"专业"和"业余"的区别，代议制能够兼顾专业和业余。"议会政治大概是目前最好的制度……最好的政治是以民众政治为基础的贵族政治。不能够仅有贵族政治而没有民众政治，今天我国政治就苦于这一弊端。也不能只有民众政治而没有贵族政治，法国大革命的历史就证明了这一点。"② 吉野作造所说的贵族是指代议士即担当政治的"专业人士"，这种"专业人士"由"业余人士"民众选出，受民众监督。"从政治角度看这种关系，就是多数人的意志统治国家，但是从精神上来看是少数贤者在指导国家。因此，既是民本主义又是贵族主义，既是平民政治又是精英政治。……眼下日本的少数专业政治家名不符实，在民众看不见的地方做出各种丑事，因此有必要提倡民本主义。"③ 代议制是结合精英政治与民众政治的最好的政权运营的方式。

除了吉野作造之外，大山郁夫等民主主义者也是既重视民众又重视精英的作用。大山郁夫认为，"在近代国家，并不是所有人民都直接参与到国家政治的枢纽中。在立法方面，要求把选举权和被选举权平等地分配到普通民众中间。在行政司法方面，民众拥有监督当政者的权利，防止某些特权阶级独占当政者的地位，把成为当政者的机会向一般人民公开"④。他还

---

① 吉野作造：「民本主義の意義を説いて、再び憲政有終の美を済むの途を論ず」，『中央公論』1918 年 1 月。
② 吉野作造：「憲政の本義を説いて其有終の美を済むの途を論ず」，『中央公論』1916 年 1 月。
③ 吉野作造：「民本主義の意義を説いて、再び憲政有終の美を済むの途を論ず」，『中央公論』1918 年 1 月。
④ 大山郁夫：「近代国家の政論地位及その使命」，『新小説』1916 年 11 月。

指出，只知国家力量而不知文化使命的军人型政治家、持有形式主义和特权阶级思想的官僚型政治家，一旦掌握政权就会实施专制暴政。可以看出，吉野作造希望通过立宪政治来反对明治以来藩阀、元老、军部参与政治的弊端，防止专制。同时，吉野作造既重视民众的政治参与度，也意识到了"多数暴政"，希望代议制能够成为平衡民众参与精英统治的平台。

四　大山郁夫提倡的"帝国主义的民本主义"

（一）大山郁夫的二元论国家观

大山郁夫的国家观是二元论的国家观，[1]并且深受黑格尔的整体主义国家观的影响。大山郁夫认为："国家是人类社会的一种形态，具有斗争性和社交性。因此国家看似是一个完整的统一体，实际是由相互竞争的诸多个人以及团体构成的复合体。"[2] 大山郁夫认为国家现实和国家理想分别是力的关系和道德的关系，又称为力的关系和伦理的关系。一方面大山郁夫从实证主义的角度理解国家现实，关注现实政治中的权力法则，认为国家的本质是强制性、权力性；另一方面他持有理想主义的国家观，认为近代国家的目标是"人类灵性的结晶、道德的体现、文化提高的媒介"[3]，"国民为了拥护他们所尊重的精神财富即共同文化，按照各自意志，集合在国家的旗帜下"[4]。他认为"文化"包含"艺术科学、风俗习惯、思想道德这些精神生活的各个方面"，对于近代国家而言，文化是"国民结合的基础，又是国民精神力的共同目标"，"国民共有的形而下以及形而上的同一环境特别

---

[1] 松本三之介：「解題」，『大山郁夫著作集』第1卷，岩波書店1987年，452頁。
[2] 大山郁夫：「国家生活と共同利害観念」，『新小説』1917年2月。
[3] 大山郁夫：「我が政治道徳観」，『六合雑誌』1915年3月。
[4] 大山郁夫：「近代国家に於ける政論の地位及び使命」，『新小説』1916年11月。

是相同的政治遗产即国民的历史、共同记忆、共同的荣辱和喜好之下形成的国民思想感情"。①

在大山郁夫看来，国家的二元性即力的关系和伦理的关系源于人类本身的生物性和心灵性。"斗争性表现为力的关系，心灵性表现为伦理关系。政治就是这两种关系相互作用的结果。"② 人本身的二元性具体是指："人一方面与其他生物相同，受到生物法则的支配，同时又区别于其他生物，被赋予了能够无限发展的伦理性即人受到特有的心灵法则的支配。因此，由人组成的社会，其必然的归结点就是除了基本的生物性需求之外，还有心灵性需求。……人类由于生物性产生出斗争性，在野蛮时代表现为竞争，文明开化时代则形成个人主义。人类的心灵性产生出社交性，从远古的石器时代到今天的文明时代，社交性成为种族、部落、民族、国家等共同生活团体的约束力。……斗争性和社交性是人类生活历史丰富多彩的两大基本力量。……同样，国家也是在斗争性和社交性两大力量相互作用下的人类生活的一个形态。……斗争性表现为力的关系，社交性表现为伦理关系。"③ 上述引文体现了大山郁夫的人类观、社会观和国家观。他从"生物性＝斗争性＝力的关系"，"心灵性＝社交性＝伦理关系"这两个侧面去理解人类、社会和国家。

从上面可以看出，大山郁夫的二元论国家观受到黑格尔哲学的影响。黑格尔认为个人受制于绝对精神的发展，受制于民族的全部文化理论状态。④ 除了合理的政治制度之外，黑格尔还提出国家的伦理文化内涵，认为国家直接存在于风俗习惯中，而间接存在于单个人的自我意识和他的知识

---

① 大山郁夫：「国民の文化国家主義—德国国民生活の一方面—」,『新日本』1916 年 4 月。
② 大山郁夫：「憲政治下の政党と国民」,『新日本』1915 年 10 月。
③ 大山郁夫：「国家生活と共同利害観念」,『新小説』1917 年 2 月。
④ 王乐理等著：《美德与国家——西方传统政治思想专题研究》,天津人民出版社 2015 年版,第 63 页。

和活动中。黑格尔用民族的文化伦理支撑国家，调和民族国家内部秩序，同时以权力斗争的状态解释国际社会。① 与此相类似，大山郁夫把"文化"看作人的精神生活的产物，区别于军事力量和物质力量，对内提倡宪政的意义在于强化国民对于国家的责任和自觉，巩固"国家的伦理性基础"。

在大山郁夫看来，在国内政治中，国家的二元性主要体现为伦理关系。"国内政治是人的战斗性和社会性相互作用的结果，力的关系和伦理关系相互交错。目前国内政治正在逐渐意识到人的心灵性需要，努力反映伦理关系……伦理关系具体表现如《工厂法》《劳动者残疾赔偿法》《劳动者保险法》《养老金法》等社会政策的立法以及扩大选举权和实施普选制"② 等。

与之相对，在国际政治上，国家主要受生物性需求的驱使，其二元性主要表现为力的关系。"国际政治方面，国家的战斗性超越了社交性，更加锋芒毕露，也就是力的关系超越了伦理关系，生物性需求战胜了心灵性需求。……外交的背后都隐藏着力的关系。"③ 大山郁夫在《我的政治道德观》中指出，面对第一次世界大战这一残酷事实，"国际关系还依然如故，不是根据道德关系而是依靠力量的强弱来支配。……拥护国家的经济利益，终究是靠实力即武力"④。在国际关系层面上，"国家为了维护自身利益，会反复做私人道德看来最厌忌之行为，这种做法也是必要的，特别是涉及到国家安危时，更应该如此"⑤。可以看出，大山郁夫赞同强调武力的说法，认可国际关系中的实力政治。虽然他认为理想状态是道德支配政治，但是在外交领域方面现实和理想有天壤之别，为了维持国家独立这一目的，应该把增强国家实力放在首要地位。

---

① 王乐理等著：《美德与国家——西方传统政治思想专题研究》，天津人民出版社2015年版，第171页。
② 大山郁夫：「国家生活と共同利害観念」，『新小説』1917年2月。
③ 同上。
④ 大山郁夫：「我が政治道徳観」，『六合雑誌』1915年3月。
⑤ 同上。

（二）国家主义和个人主义相互协调

与吉野作造一样，大山郁夫也认为国家的存在具有必然性，"我们无论身在何处，都不可能与国家绝缘。我们终究要属于某个国家，否则将无法生活"①。既然个人离不开国家，保持国家独立就成为重要课题。大山郁夫赞成为了巩固国家基础、实现国家独立，可以提倡"举国一致"，不过，"举国一致"的前提是拥有共同的利害观念。1916年10月，长州出身的寺内正毅取代大隈重信出任首相。寺内内阁为了粉饰其非立宪的超然性，鼓吹"举国一致""秉公持平"。大山郁夫对此持有深深的危机感，他强调必须明确区别"国论的统一和均一""统一不等于均一"。② 他主张"国论统一"具有必要性，但是前提是尊重个人自由，他反对"压迫毫无害处的普通国民的自由思想，迫使全体国民遵循某些小团体的思想主张，力图实现国论的均一化，却称之为国论的统一"。③ 大山认为国家对精神自由的压迫超过某种限度的时候，会立即遭到人民的反抗，最终反而会破坏国家的统一。

尽管大山郁夫认为这种"极端的国家至上主义"造成的弊端非常明显，但是也不能容忍其对立面即极端的自由主义。他批判"大逆事件"中的无政府主义者破坏国家统一，从国家生活上来看无政府主义采用的手段是有害的，国家可以对其实施制裁。"契约论主张国家的存在是为了个人，这是错误的。……人无法一个人生活，有人就有社会，有社会的地方就会形成国家，国家就是由权力组织起来的社会，是共同生活的产物。"④ 日俄战争

---

① 大山郁夫：「我が政治道徳観」，『六合雑誌』1915年3月。
② 大山郁夫：「国民意識と国家政策」，『中央公論』1916年8月。
③ 大山郁夫：「二大政党樹立の機運」，『新小説』1916年10月。
④ 大山郁夫：「近代国家の於ける政論の地位及び使命」，『新小説』1916年11月。

之后，日本力图维持"一等国"的国际地位，国内则兴起了自由主义的呼声，这与国家主义产生了矛盾，大山郁夫指出处理这一矛盾关系的原则是区分"主权和自由的界限"。"人的行为动机可以分为国家性、纯人性以及反国家性。……国家性动机是为了维持国家生活而做出贡献。……纯个人性动机是为了个人的个性发挥。"① 大山批判"反国家性动机"，肯定"国家性动机"。他认为前者危害国家生活，大部分是由不纯的个人性动机构成，大逆事件就是反国家性动机的表现。大山郁夫肯定"国家性动机"有利于"振兴国民道德"，因为"国家的统治关系必须建立在伦理基础之上"，②"行使政治权力不是单纯的权利也是义务，因此具有道德意义"，是国家性动机的表现。③"立宪政治本身不是目的……因为立宪政治能够振奋国民精神，促使国民生活富有生气、保持和谐，具有重要意义。"④

从上述分析可以看出，大山主张国家权力和国民自由应相互协调，近代民主主义就是协调国家权力和民众自由的手段。"需要思考两方面，一是我国在世界舞台上的地位以及使命，二是国内人民的精神生活以及物质生活要求。对外应该实行帝国主义，对内实行民本主义，两者相互协调。权衡发扬国威和休养民力之间的关系。……一方面近代民主主义的前提条件是国家统一，进而承认国家权力具有绝对性，另一方面近代社会思潮的一大产物是尊重自由，应该实现国家统一和尊重自由这两者的协调。"⑤ 大山郁夫承认仅仅依靠协调无法解决帝国主义和民本主义的对立。如果两者产生矛盾，帝国主义就必须是民本主义的帝国主义。大山指出，民众的政治意识已经觉醒，不再是国家政治的客体，不满足于做执政者的傀儡，主动

---

① 大山郁夫：「近代国家の於ける政論の地位及び使命」，『新小説』1916 年 11 月。
② 大山郁夫：「支那国体変更問題と五国の勧告」，『早稲田講演』1916 年 1 月。
③ 大山郁夫：「我が政治道徳観」，『六合雑誌』1915 年 3 月。
④ 大山郁夫：「政界の現状と我が国憲政の前途」，『中央公論』1917 年 2 月。
⑤ 大山郁夫：「都市生活の家族の情緒」，『新小説』1916 年 5 月。

要求成为国家政治主体的一员。他强调国家主义和个人主义之间的和谐、协调、折中。这源于他对于国家和个人关系持乐观态度，认为国家和个人之间毫无矛盾。这透露出大山郁夫在批判权力方面的薄弱，淡化了国家权力和个人自由之间的冲突。

五 长谷川如是闲的国家观及国家主义批判

从上述论述中可见，美浓部达吉、吉野作造、大山郁夫在思考推进政治民主化、扩大个人的自由空间时，其前提和目的都是"国家目的的实现"。与之不同的是，长谷川如是闲提倡民主主义的着眼点是个人自由受到了国家价值的挤压，所以，他认为国家的存在价值在于维护国民的社会生活。长谷川如是闲否定国家相对于个人处于绝对优势，他的国家观比较接近于近代西方的个人主义国家观。

近代的个人主义国家观，应该以霍布斯和洛克的社会契约论为代表，它彻底重构了个体与国家的关系。其内容可以大致表述如下：在国家之前的自然状态中，各人天生享有生命、自由、财产等平等的权利，并可根据理性（自然法）和天赋能力对是非做出判断，进行自卫；为了克服自然状态的不方便或不利之处，人们经由同意（契约）将执行自然法的权利转交给国家，这样，政府权力的性质绝不是专断的，其职能也是有限的；个人仍然保留着生命、财产、自由等天赋权利，自然法仍然有效，人为法不能违背自然法的原则；政府的目的是保护个人权利，亦即上述不可转让的天赋人权；如若不然，人民可以改变政府，因为社会保有对社会公共权力的最后控制权。这种形成于17世纪英国革命时期、以个人权利为本的国家关系，如今被理解为古典自由主义的基本原则。

社会契约论的国家观在明治启蒙时期没有得到充分接受，长谷川如是闲提出"社会国家论"，强调社会性，从原理性上深化和解释了社会契约论的国家观,力图对抗绝对主义国家观。

(一) 国家认识的相对化

1919年,长谷川如是闲由于"白虹贯日"笔祸事件离开了大阪朝日新闻社,与大山郁夫共同创办了刊物《我等》。从此他以《我等》为中心,开始了百科全书式的文笔生活。在《我等》(后更名为《批判》)的发行期间(1921—1933年),长谷川如是闲发表了大量关于国家论和社会论的文章。在此基础上,他在1921年和1922年分别出版了《现代国家批判》和《现代社会批判》,在这两本著作中,长谷川如是闲构建了批判国家主义和法西斯主义的理论体系。

关于国家的本质,在《现代国家批判》的"自序"中,长谷川如是闲给出了明确界定。原本国家是人类的"生活组织",随着人类生活的进化不断变化,但是日本的国家论者出于某种目的,无视国家的进化事实,把国家理解为"空想的固定结构"。他认为这种国家论力图把国家的本质观念化、固定化,不承认"现实国家的进化事实",是一种"国家观的形而上学"。但是,现实国家毫不理会"国家观的形而上学",始终在不断进化,因此,国家的现实和观念就出现了激烈碰撞。"我们追求的不是国家的神话学(Mytholoty),而是国家的博物学(Natural History)。"换而言之,不是主张抽象的"形而上学"的国家理想,而是提倡用自然科学的理念考察国家的原本状态。[①] "国家的博物学"这一提法在斯宾塞的《教育论》(Education, 1861)中已经出现。"过去,君主是一切,民众丝毫不被关注。历史的主角永远是君主的行为,民众生活不过是君主行为的背景而已。……我们真正关心的是社会的博物学。我们真正想要了解的是国家如何成长,如何组织。"[②]

[①] 長谷川如是閑:『現代国家批判』,弘文堂書房1921年,1—4頁。
[②] 斯宾塞:《教育论》,胡毅译,人民教育出版社1962年版,第25页。

关于国家的起源，长谷川如是闲在《斗争本能和国家的产生》中，从生物学的视角进行了探讨。他认为"国家起源于保存种族和自我保存"的需要。人类从生存的必要性出发经营团体生活，因此团体不是每个人"物理力量"的总和，而是集团内部成员"共同作用"的有组织的力量。这里所说的"共同作用"，包含日常劳动中协同作业的"互助"和为了防范外来集团的攻击、外敌入侵的排他性"互助型斗争"。"互助"是和平的"共同作用"，是"社会生活的自然"，"当这种自然在某些情况下相互碰撞时"就需要"斗争"。"战争时期的互助是平时互助的延长"，也就是说日常社会来自于"互助本能"，"国家"立足于非常时期的"斗争本能"，所以，"国家生活既没有包含全部社会生活，也没有包含其最关键的部分"。[①] 当然，长谷川也没有完全否定国家的作用，"国家不是社会发展的完成体，国家是社会存在的手段"[②]。本质上看，长谷川如是闲把国家理解为社会手段，国家是在制度这一"名义"之下，由多种组织、集合、学校和政党等组成。他的国家观是多元论的。

长谷川如是闲的国家观的前提是对国家的反社会性的认识。他认为现代国家权力的基础是反社会的权威性即反社会的生活状态，这在军国主义国家最明显。军国主义国家把军事组织作为基础权力，游离于一般的社会生活之外，是反社会的。长谷川认为，只要信仰、知识、教育和道德都依据国家权力，就不是"生活的"。国家与一般人的本质生活是不相容的，因此不能混淆国家需要和人的生活本质的必要性。[③]

综上可见，长谷川如是闲把国家看作"社会"的一部分，从社会的角度出发把国家的作用相对化。关于国家和个人的关系，他认为两者在本质

---

① 長谷川如是閑：『現代国家批判』，弘文堂書房1921年，13—26頁。
② 同上书，143頁。
③ 長谷川如是閑：『近代国家と土匪』1923年6月，飯田泰三、三谷太一郎、山領健二編：『長谷川如是閑集』第1卷，岩波書店，1989年。

上是对立的，无法调节的，不能把国家需要等同于个人需要。在近代以来，日本的知识界往往把国家看作"全体社会"，而长谷川如是闲实现了国家观的彻底转换。当然，这种把国家和社会生活相区别的观点不是长谷川如是闲所特有的，在"社会的发现"这种思潮之下，长谷川的国家观是大正民主主义思潮的一个具有代表性、进步性的观点。

（二）国家主义批判

第一次世界大战前，日本的近代化、民主化进程始终伴随着与国家主义的斗争。长谷川如是闲不断明确国家概念，促使国家概念的相对化，与国家主义进行斗争。经历了"白虹贯日"笔祸事件，长谷川如是闲体会到与强暴的国家权力进行斗争，需要采用"言论战"即和平的"笔的力量"，他自称"有言不实行""坚决不采取行动"。他在《我等》的创刊词上旗帜鲜明地宣称杂志《我等》的立场是国家主义，遵守"五条誓文"。然而长谷川如是闲的真正用意是使杂志《我等》避开国家主义的攻击矛头，继续反对超然内阁的国家主义，倡导自由和平等的民主主义。

霍布斯、洛克等为代表的英美民主主义思想家认为，国民对国家尽忠的程度与国家保护民众的自由和生活安全的程度成正比。长谷川如是闲也是立足于这一观点，批判日本的国家主义思想。初期，长谷川批判国家主义的方法是提出理想的国家状态，把实际的国家现状与理想的国家状态进行对比，从而思考"国家和个人""权力和自由"的关系。后期，长谷川认为，仅仅采用上述批判方法并不彻底，于是从实证、科学的角度出发分析国家结构，探索国家变革的理论和实践方法。

正如蜡山正道所指出的那样，长谷川如是闲力图用实证主义的政治分析方法树立科学的政治学。长谷川如是闲介绍了伦纳德·特里劳尼·霍布豪斯（Leonard Trelawny Hobhouse，1864—1929）的《形而上学的国家论》，批判了把国家权威置于绝对地位的黑格尔派的观点。① 他区分了天皇和国家主义者，攻击守旧派，他认为守旧派把君主塑造成神圣不可侵犯的专制者其实是为了利用天皇的权威。他指出日本没有经历过欧洲的思想启蒙运动，官僚、政党组成政府，保护大资本家，推行军国主义，推行"日本式的政治"。② 为了打破这种状况，必须区分国家与社会，把国家价值置于国民的社会生活，确立民主主义。③

长谷川如是闲指出民主主义的最大障碍是保守反动势力提倡的国家主义。他认为确立民主主义的基本条件是扩大国民参与政治的自由程度，在社会平等基础上稳定国民生活，维持国际和平。"官僚式的国家主义思想认为……普通民众的个性尊严妨碍国家生活。他们主张少数优秀的人像牧羊人一样采用恶劣态度管理大多数人。……他们认为可以把他们所认为的善良、政治、教育和宗教强加于国民。并且，他们丝毫不相信国家需要依靠个体的自由发展。"④

同时，长谷川也认为国家主义是实现国际和平的最大阻碍。他认为："我国的国家主义是把我国看作是唯一的至高无上的国家，……肯定自国本位的行动。这威胁到国家安宁以及国家生活的和平。在社会生活中每个人都不能避免自我本位主义，国家也是如此。作为国际社会中的一员理应采用自国本位主义，但是，如何协调本国中心主义与他国之间的利害关系显得尤为重要。如果不考虑二者之间的协调，结果会非常危险。"⑤ 长谷川如

---

① 長谷川如是閑：「黑格尔学派の自由意志説と国家」，『我等』第 2 卷第 2、第 3 号。

② 長谷川如是閑：『我が現代政治における世界的傾向』，『我等』第 2 卷第 4 号，1920 年 4 月。

③ 長谷川如是閑：「国家意識的社会化」，『我等』1919 年 4 月，『長谷川如是閑集』第 5 卷，岩波書店 1990 年，12—23 頁。

④ 長谷川如是閑：「〈大阪朝日〉から〈我等〉へ」，『我等』第 1 卷第 1 号，1919 年 2 月。

⑤ 同上。

是闲指出，明治维新以来，日本采用道德手段、宗教手段甚至是赤裸裸的暴力手段培植狭隘的国家主义思想，为了促进第一次世界大战后日本国内兴起的民主主义的进一步发展，实现国际和平，必须把偏狭的国家主义改变为追求自由、平等这一普遍价值的国民意识。为了传播自由、平等的价值理念，长谷川如是闲展开了各种批判，批判黑格尔的国家哲学，批判资本主义，批判日本的外交政策和亚洲政策，主张改革政党政治和议会政治，提倡保障学问思想的自由，提高妇女地位等。

明治以来的天皇观主要有三种，一是以穗积八束、上杉慎吉为代表的天皇中心主义，二是山川均等人的天皇观，否定主权在君，提倡主权在民实施彻底的民主主义，三是民主主义的代表人物美浓部达吉、吉野作造、大山郁夫和长谷川如是闲的天皇观，没有明确否定《明治宪法》规定的天皇制，力图使天皇仅仅享有主权之名，把主权的行使权赋予议会或内阁。在制定《明治宪法》时，伊藤博文、井上毅等排斥大隈重信等的"议会中心"主义主张"天皇大权"主义，但绝不是站在天皇绝对亲政的立场上，"宪法政治就是限制君主制"，他们对于宪法的理解也是"限制君主权"。但是这种宪法论中隐含着另外一个动机，就是限制君权不是为了尊重议会而是有利于藩阀势力的藩阀政治，即少数派的专断政治。这种藩阀元老政治正是民主主义者所批判的对象。

综合本节上述内容可见，从第一次世界大战以后到法西斯体制确立之前，世界历史处于一种流动的不稳定状态。思想界需要解决的最重要课题是，如何处理西欧传统民主主义倡导的自由民主的制度观与社会主义提出的社会平等要求之间的关系。新的社会状况需要新的理论。大正民主主义代表人物在构建民主主义理论时，首先否定了绝对主义的国家观，美浓部达吉指出国家是团体，君主是团体的机关。早期，吉野作造和大山郁夫的国家观带有浓厚的民族主义和帝国主义色彩。20世纪20年代以后，二人的国家观"从民本主义的帝国主义转变为帝国主义的民本主义"①，帝国主义的因素减弱，不过没有完全否定对外帝国主义的倾向。相比之下，长谷川如是闲的国家观前进了一步，他采用社会学的方法，否定了国家价值相对于个人的绝对优势，认为个人自由和社会生活是国家的出发点，批判国家主义妨碍国内民主主义形成，危及国际和平。

美浓部达吉从政体的定义出发，明确日本是立宪君主政体，天皇大权必须受到限制。天皇作为国家机关拥有统治权，但是行使统治权的目的必须是为了国家福利、公共利益。吉野作造在美浓部达吉的理论基础上进一步指出，为了国家福利和公共利益行使统治权是民本主义的目的，为了保证这一目的，需要完善政治运营方法。对比二者的观点可以看出，美浓部达吉的着眼点是限制天皇大权防止藩阀专制，吉野作造的着眼点是扩大并保障民众的自由，实现民本主义的目的。大山郁夫更加关注如何把对内民本主义和对外帝国主义统一起来，如何把个人主义和国家主义统一起来。而长谷川如是闲通过"社会"这一视角，较为彻底地批判了国家主义。

总体而言，美浓部达吉、吉野作造、大山郁夫的理论是在《明治宪法》体制下重新解读统治结构，变革政治体制，保障国民权利。与这三者不同，长谷川如是闲在政治学中采用了社会学的分析方法，② 不仅仅从政治制度和政治运营方面思考政治问题，而是把支持这种制度的精神原理，现实运营政治的人和自由的理念作为思考对象，把经济和社会的平等问题也纳入民主主义的范畴。

---

① 藤原保信:「政治的デモクラシー」,『藤原保信著作集 6』, 新評論 2005 年, 40 頁。
② 織田健志:「国家の社会化とその思想的意味―長谷川如是閑〈現代国家批判〉を中心に」,『同志社法学』2004 年 5 月。

◇ 第二节 立宪政治构想

对于任何一个国家而言,构建什么样的体制和制度都会对国家产生决定性影响,因为国家体制的形成往往经过激烈的社会变革或革命才能实现,而这种社会变革或革命通常是几十年甚至几百年才会出现一次的。国家体制一旦形成就会在长时期影响国家的政治、社会、思想、文化,英、美、法或者德、意、日等近代国家的成立、发展都很清楚地体现了这一点。近代国家论的创始人霍布斯和卢梭,重视共同体构成的理念和原理,而詹姆斯·哈林顿(James Harrington)和洛克则认为制度是保障自由和人权的最重要"城堡",致力于构建民主的政治制度。大正民主主义者以欧美国家为参照物,从不同角度出发,为了促进政治的民主化,批判《明治宪法》体制中延续下来的专制制度,提出了具体的立宪政治的制度构想。

一 议会的性质及职能

按照《明治宪法》的规定,议会的权限极小,议会只有审议政府提出的国家预算案之权。立法权也是如此,一切立法不必经议会的承认,议会只是协赞天皇行使立法权的工具。众议院议员由缴纳国税 15 日元以上(相当于拥有土地 2 町步以上的地主,城市中收入 1000 日元以上的富有者)、年满 25 岁的男子选举组成。按照这一标准,拥有选举权的国民只有 45 万人,占全国人口 3900 万人的 1.1%。因此,民主主义的首要具体目标就是扩大选举权,倡导普选,确立代议制度。

(一)代议制是立宪政治的重要原则

美浓部达吉的宪法理论的依据是"国家法人说",虽然从法理上"国家法人说"不能直接引导出议院内阁制,但是美浓部达吉认为近代立宪主义的核心就是议会制度,支持确立议院内阁制。"没有议会的国家不是立宪国家。一言以蔽之,立宪政体就是设立议会的政体。"① 美浓部强调,立宪政治中,议会是必不可少的。

在此基础上,美浓部进一步明确了立宪政治的三项重要原则。他在《逐条宪法精义》中指出:"立宪政治就是国民的政治,立宪君主政治是在国民赞翼下进行的君主政治。国民参与政治有两个方法,一是国民直接参与政治,二是从国民中选举总代理人代替国民参与政治。日本宪法只允许采取后者即代议制,代议制的机关是帝国议会。……第一,立宪政治是依靠国民辅翼的政治。君主不独揽统治权,必须在得到国民的同意之后才能行使统治权,这是立宪君主政治和专制君主政治的区别之一。……第二,立宪政治是责任政治,统治权的所有职能都要求有责任者,国民及其代表者的议会有权质疑其责任,批评其行为,这是立宪政治区别于专制政治的第二点。……立宪君主政治中,议会行使行政监督功能,有权追究国务大臣的责任。……第三,立宪政治是法治政治。法治主义是指法律规定国民个人的权利和义务,行使行政权和司法权也必须依法。"② 可以看出,美浓部强调,在立宪政治中,国民通过代议制参与政治,议会行使监督功能,有权追求国务大臣的责任,行使权力必须依据法制规定。

与美浓部达吉的观点相一致,代议制论也是吉野作造的民本主义的重点。吉野作造认为代议制论的前提是"国民受到伟大精神的指引,这种精神的指引者在国民的监督下从事政治运营。……指引者和选举者分工明确,具有互补性。……在政治上民众并不是没有任何意见的旁观者,相反,相当多的民众虽然没有提出建议,但是具有听取他人意见并进行是非判断的

---

① 美濃部達吉:『憲法講話』,有斐閣書房1912年3月,4頁。
② 美濃部達吉:『遂条憲法精義』,有斐閣書房1927年12月,23、50頁。

能力"。① 吉野作造指出民众具有参与政治的能力，政治的运营必须处于国民的监督之下，强调了代议制的必要性。

（二）议会的性质和职能

议会应该具有什么职能呢。美浓部达吉认为议会的职能体现在两方面：一是议会是国民的代表，这是最关键的；二是议会参与立法，具有行政监督权。

第一，议会是国民的代表，是代表国民的机关，不是天皇的机关。以国务大臣为首的天皇之下的司法机关、所有行政机关都是天皇的机关，其职能来自天皇授权，但是议会不是天皇的机关，其职能不是源自天皇。议会根据宪法独立参与国家的政务，其职能不受任何人监督，只是按照宪法，独立完成其职能。帝国议会是代表国民参与国家统治权的、独立的国家机关。"帝国议会是代替国民的国家机关，体现国民的意志……众议院代表国民，贵族院是贵族阶级、富豪阶级、知识阶级的代表。"②

第二，议会具有组阁、立法、行政监督、财政职能和一般国务职能。首先，议会是组阁的原动力，这是议会的最重要功能。美浓部达吉指出议会具有"内阁原动力功能"和"内阁监督批判功能"，前者是属于多数党，后者归于少数党。值得注意的是，美浓部达吉不认为议会具有政策决定功能，原因是随着社会的复杂化和国家人数不断增多，要求议会具有政策决定能力是不现实的。政策决策的中心是内阁，议会的职能是成立拥有决定政策能力的内阁，并且监督内阁制定的政策，监督国务大臣的行政。其次，议会具有立法协赞职能。美浓部达吉指出立法权属于君主，但是议会具有协助君主立法的职能。议会不是针对全体国民行使统治权，因为统治权由天皇总揽，议会只是参与其中。虽然议会被称作立法机关，但是议会不能

---

① 吉野作造：「民衆の示威運動を論ず」，『中央公論』1914 年 4 月。
② 美濃部達吉：『憲法講話』，有斐閣書房 1912 年，162 頁。

单独立法而是协赞立法。再次,议会是培养政治家的机关。在官僚政治时代,政治家都是来自官僚,在立宪政体下,议会应该是培养选拔有能力的政治家的机关。财政职能包括财政立法的协赞和同意等,一般国务职能包括听取国民的请愿、问责政府、受理政府报告等。帝国议会的作用在于议会是政治公开的场所,排斥政治秘密主义,要把政治公布于众。①

如上所述,美浓部达吉从法理上分析了议会的性质和职能,否定了议会向天皇负责的观点,指出议会是代替国民的机关,体现国民的意志。他明确了议会具有组阁功能和立法协赞功能,强调议会是政治公开的场所,排斥政治秘密主义。

同样,吉野作造强调,立法和财政属于议会的职能是立宪政治的根本要素。他看重议会与政府、议员与民众之间的关系,并针对日本宪政的弊端提出了具体的解决方案。"立法和财政等都必须经过议会的同意,这是立宪政治的根本要素。……代议制度的关键是代议士尊重民意并适当监督政府。代议政治存在两种关系,一是民众和代议士的关系,二是代议士和政府的关系。……代议士和民众的关系中必须保证人民总是处于主位,代议士处于客位。……日本宪政的弊端在于这种关系发生了逆转。议会和政府的关系同样如此,议会应该监督政府却受到政府的笼络,就会造成严重后果。应该监督议会的民众受到议员的操纵时会导致宪政的腐败。政府用利益诱导议员,议员用利益蛊惑民众,则主客地位颠倒,宪政的运营充满丑恶道德。"② 可以看出,吉野作造强调日本宪政的弊端是主客地位颠倒,议会没有发挥监督政府的作用,议员没有代表民意,民众受到议员的利益的蛊惑和操纵,从而导致宪政的运营充满各种腐败。改善人民和议员关系的方法是提倡选举道德,严格执行选举法,如取缔受贿等,尽可能扩大选举权。

---

① 美濃部達吉:『憲法講話』,有斐閣書房 1912 年,96—154 页。
② 吉野作造:「憲政の本義を説いて其有終の美を濟すの途を論ず」,『中央公論』1916 年新年号。

大山郁夫把代议制看作协调国家主义和自由主义的合理手段。"代议制度的理想是选出国民的代表,从民间选出优秀的想法并传达给立法部门,把这作为国民的要求传达给为政者,按照国民的合理意志辅佐立法行为,根据国民的共同利益监督为政者的政治经营,这样国家政治和国民精神就能够统一融合在一起。……代议制的理想就是为政者和国民的代表机关相互协作而不是相互对抗。"① 大山郁夫认为代议制能够促使民众的政治意识的觉醒,从精神上促使国民意识与为政者的意识融合在一起,促使二者相互协作,促使政治运营更加顺利。

二 倡导普选制度

提倡代议制度,随之而来的第一个问题就是选举制度改革问题。议会要成为国民的代表,必然要从国民中间选举代议士,那么哪些人具有选举资格呢?关于选举制,民主主义者基本上是认为应该扩大选举权或者推行普选,但是具体主张存在差异。

初期,美浓部达吉抵制普选,后来他转变为消极接受。他在1912年出版的《宪法讲话》中指出:"全世界范围内兴起的要求普选的浪潮各有其背景,其中之一就是18世纪流行的'天赋人权说'。'天赋人权说'主张人生而平等,选举权也是天赋的权利,必然属于每个人。但是今天看来,'天赋人权说'是完全错误的。我国尚未达到能够采取普选的程度。虽然能够听到主张普选的声音,但是那仅仅是一部分政治家的主张,而不是来自劳动者自身觉醒的要求。"② 可以看出,美浓部达吉认为"天赋人权说"是错误的,日本民众的政治意识尚未达到能够推行普选的程度。

但是,第一次世界大战以后,各类社会矛盾日益激化,日本全国爆发

---

① 大山郁夫:「政治を支配する精神力」,『中央公論』1916年4月。
② 美濃部達吉:『憲法講話』,有斐閣書房1912年,47頁。

了大规模的米骚动,劳资争议增多,社会上要求普选的声音也日益增多,美浓部达吉逐渐转变了看法。他指出:"我并不认为普选是最好的制度,也不认为实施普选就能够带来良好的结果。如果情况允许,比较稳妥的是把具有小学毕业的教育程度或具有独立生计能力作为选举权的必要条件。如果把普选看作危险事物,不顾社会大趋势,极力阻挠,反而会酿成更严重后果。众所周知,普选存在很多弊病,但是,民主主义是大势所趋。劳动者阶级地位的提高导致资产阶级无法继续独占政权。具有一定文字阅读能力、报纸阅读能力的劳动者拥有选举权的话,能够解决将来越发棘手的社会问题。为了纠正偏袒资本家的政治倾向,也为了我国能够在世界舞台上与其他强国共同支配世界政治,在不久的将来我们应该坚决实行普选。"①可以看出,尽管并不十分认同普选制度本身及其带来的结果,但是由于普选是大势所趋,美浓部仍然主张政府必须因势利导实施普选。他认为允许一定资格的国民参与选举的话,有利于解决越发激烈的社会问题,能够防止日本国内发生社会动乱,提高日本国际地位,使日本成为帝国主义的一员。

  关于议会和选举的关系,美浓部达吉认为:"既然议会是国民的代表,必然要求一部分或者全部议员由国民选举产生。从华族或者多额纳税者这种特殊阶级中选举议员或者敕选,都违反议会的性质。如果国民都具有同等能力、同等资格,那么应该是上院和下院议员都从国民中选出,但是国民绝不是平等的,国民在其财产、学历、经验以及社会道德威望上千差万别。无视这种实际上的不平等,把全国民众看作是平等的并给予选举权,不能够选出合适的国民代表。儿童、犯人、妇女和无独立生活能力的人是不能够享有选举权的。为了使议会真正成为国民的代表,议会必须反映社会现实。在社会上处于优势地位的人,在议会也应享有特殊地位。议会应

---

① 美濃部達吉:「普通選挙論」,『国家学会雑誌』自由活版,1919 年 1 月。

该是社会的缩写，日本的贵族院由华族议员、敕选议员、多额纳税议员构成，就体现了这一宗旨。最合理的是在国民中选出在门阀、学识、经验和财力上都比较有优势的代表。"① 从引文可以看出，美浓部达吉从排斥普选到主张普选，其态度转变的主要原因是国际和国内的大趋势。他认为，如果不顺应趋势进行普选会使国家危机四伏。美浓部主张普选并不是依据人人平等的理论，而是主张反映社会现实推行有差别地选举，在国民中选出在门阀、学识、经验和财力上都比较有优势的代表。美浓部把人类天性、能力见识上的不平等作为肯定政治不平等的依据。在他的观点中缺乏平等要素，不仅没有要求实现社会、经济的平等，甚至没有主张实现政治上的平等。

相比较而言，吉野作造则比较积极地主张普选，提倡取消现有选举制度存在的众多不合理限制，他主张应该实行普选，甚至给予妇女选举权。"毫无疑问，选举权原则上应该赋予国民。同时，行使选举权也必须为了国家目的，不能够和国家目的发生冲突。那么从国家目的出发，是否应该给予所有国民选举权呢？现在我国国民，确实还存在不少无法行使选举权的人，因此无法按照字面意义毫无限制地赋予所有人选举权，不得已实施某些限制。除去因某些特殊情况无法享有选举权的人员外，其他国民都应该拥有选举权。……限制选举和普通选举的区别主要在于，'前者认为还有很多没有选举能力的人'。日本目前采取限制纳税资格的条件是不合理的。缴纳国税3日元以上的人是否就比纳税额低于3日元的人更具有能力呢？并非如此。在义务教育普及的今天，用财产多少来衡量精神教养的程度，非常不合理。如果把接受完义务教育作为标准则会远胜过用财产多寡作为标准。限制选举论者猜想存在很多'无能力'的人，他们所说的'能力'究竟是什么意义呢？他们认为行使选举权的能力是什么呢？如果这种'能力'是

---

① 美濃部達吉：「普通選擧論」，『國家学会雜誌』自由活版，1919年1月。

指能够正确理解现代政治组织并且针对政治问题提出合适意见,那么具有这种'能力'的人实在是寥寥无几。不,即使是接受了高等教育的人也未必具有这种能力。在立宪政治的运用中,并不要求选举者具有如此高的能力。选举者行使其选举权的时候,首先听取各个候选者的言论,然后根据对候选者的观察,判断候选者的人格,选出比较可信的候选者,不需要达到能够积极发表政治意见的程度,仅仅具有常识就足矣。当今国民一般都能达到上述要求,实施普选制度势在必行。"[1] 从上述引文可以看出,吉野作造积极主张普选,驳斥了"国民尚有众多没有选举能力的人"的观点,他认为选举者不需要达到能够积极发表政治意见的程度,只需要判断候选者的人格,选出较为可信的候选者,一般国民都具有上述能力。可以看出美浓部达吉和吉野作造对于普选的不同立场源于二者对于民众意识的认知不同,美浓部持怀疑态度,而吉野作造相信民众具有判断候选者的人格的能力。

　　大山郁夫主张促使普通国民享有参政的机会有利于实现国家目的。从第一章中可以知道,大山郁夫持有二元论的国家观,认为国家对内是伦理关系,普选能够巩固国家和国民之间的伦理关系,提高国民的凝聚力,有利于国家在国际上处于优势地位。大山郁夫在《政治的机会均等主义》中鲜明地表达了关于民主主义的思考。他所说的民主主义不是纯法律观念,不是人民主权也不是"行使统治权的机关是人民整体",而是一种政治观念,即普通国民平等地享有参政机会的政治制度。民主主义不讨论君主主权还是人民主权,其内涵是行使国家统治权要基于国民意志,并接受国民的监督,具体要求就是"参政权行使上的机会均等主义"。

　　大山郁夫认为政治的民主主义就是"政治上的机会均等主义","政治的机会均等主义就是参政权行使上的机会均等主义"。他在《政治的机会均

---

[1] 吉野作造:「制限選挙乎、普通選挙乎」,永井柳太郎『識者の見たる普通選挙』,自由活版1921年,75—81頁。

等主义》中指出:"始终以人为本的政治机会均等主义的着眼点就是实施普选制。如果国家的生存条件不允许立即实施普选制,那么在情况允许的范围内,降低选举资格,扩大有权者的范围。近代国家迫于内政外交的形势需要进一步凝聚民力,但是,在国家政权运营中,作为民力根源的普通国民却被置于毫不相关的地位,形同蜜蜂,这是国家的一种不道德行为。特别是近来,国际政局的纠纷激发了国民的爱国心。……日本为了维持独立,要求国民放弃功利打算、缴纳高额赋税,倾其物质之所有为国牺牲。日本一方面用国家权力强迫国民承担重负,另一方面用国家权力压制国民获得参政权的要求,如同欧洲中世纪的封建国家或专制国家,把国家凝聚力的基础置于力的关系之上,而无视新时代的要求即国家的伦理基础,认为政府和国民的关系不是伦理关系仍然是力的关系,一味要求国民具有爱国心,实在是缘木求鱼。政治的机会均等主义能够巩固国家的伦理基础确保国家的综合能力,能使日本在国际斗争中居于优势。"[1] 可以看出,大山郁夫认为普通国民是国家力量的根源,实施普选是国家道德的体现,能够巩固国家的伦理基础,确保日本的国际地位。大山郁夫把自由观念分为消极的自由观和积极的自由观,前者指个人生活从某种程度上脱离国家干涉,后者指民众自觉地努力获取参政权。他认为当今是近代民主主义时代,应该主要提倡积极的自由主义,扩大选举权的范围,某些特权阶层不能独占为政者的地位,普通民众也应拥有参政机会。

三 贵族院改革论

伴随代议制度的第二个问题是应该设立二院制还是一院制度?如果是两院制,两院是什么关系?立宪制的原理是保障人民的自由,防止权力的

---

[1] 大山郁夫:「政治の機会均等主義」,『新小説』1916 年 3 月。

滥用，因此关键问题是权力的分立，使权力之间相互制衡保持均势。在三权分立的理念之下，明治时期形成了贵族院和众议院的二院结构。贵族院由皇族、华族和以天皇敕令任命的议员组成，对众议院决议具有否决权，是推行议会政治的一大障碍。

20世纪20年代开始，山县有朋、清浦圭吾主导的研究会在贵族院内部的势力越来越大。贵族院约400议席中，研究会占据140议席，在清浦圭吾内阁时期甚至达到了174个席位。研究会支持山县—清浦内阁主导的超然主义，否定政党政治。1924年1月成立的清浦内阁，除了总理大臣、陆海军和外务大臣之外，所有内阁成员都是贵族院议员，其中3名是"研究会"成员，因此清浦内阁被称为"贵族院内阁""研究会内阁"。这种倒行逆施，引起了社会民众的不满，兴起了要求改革贵族院的呼声。

护宪三派内阁上台以后，提出"整顿行政和财政""严肃纲纪""坚决实行普选"的三大纲领，以及"改革贵族院"的奋斗目标。护宪三派按照议会的决议，授权三派的改革派成立第二宪政拥护会，起草改革贵族院的方案。该会方案指出：(1)华族议员从215人减到100人，取消其世袭权，任期为5年；(2)敕选议员人数为125人，任期6年；(3)新设公选议员94人，任期5年；(4)废除贵族院令第13条（即贵族院审议预算无限期之条）。① 该方案提出后，遭到贵族院的反对和抵制。最后内阁与贵族院妥协，仅做如下改良：(1)身为公、伯、子、男爵的贵族院议员的年龄从25岁提到30岁；(2)削减伯、子、男爵议员10%，限为150人；(3)关于多额纳税议员，从各道府县的地主、工商业者多缴纳国税的100人中选1名，200人中选2名，其总数为66人；(4)增加帝国学士院议员4人，任期为7年；(5)敕选议员数为125人，选举产生的议员和学士院选举的议员的总数为195人；(6)废除贵族院令第7条，撤销敕任议员总数不得超过有爵位议员

---

① 吴廷璆：《日本史》，南开大学出版社1994年版，第636页。

总数的规定。总体而言,加藤内阁所做的贵族院令的修订,略微减少了伯、子、男爵议员的定员,新增加了帝国学士院议员4人,修订了多额纳税者议员的选举制度,略微增加了其人数。① 对于贵族院权限、地位没有进行本质上的改变。

在上述背景下,美浓部达吉和吉野作造提出了贵族院改革论,他们的观点主要体现在以下三个方面。

第一,贵族院的存在意义在于"抑制多数党的暴政"。美浓部达吉指出,"设立二院制度在于抑制多数党的暴政"②,他强调:"无论采取什么方法,选举都具有其自身无可救药的缺点,依靠选举是不可能得到完全的国民代表机关,而依靠选举之外的方法更是不可能的。"③ 美浓部达吉认为选举制度存在诸多缺点,例如一般民众没有鉴别人才的慧眼,候选者的范围受限制,选举运动中花费大量金钱、时间,很多人才未必去参选等,所以选举难以选出真正意义上的国民代表者。基于上述认识,美浓部达吉认为:"第二院的任务在于独立于第一院,置于第一院的党争之外,利用其知识和经验公正地忠实地监视第一院,万一第一院做出了非正常的判断,陷入多数暴政的弊病时,抑制第一院,促使其重新思考。"④ 他强调,多数原则也未必就是公正的,众议院的决议同样会有偏颇,需要两院制度来修正选举制度和多数原则制度的缺点,防止"多数暴政"。

第二,众议院代表民众的意见,应处于优势地位。美浓部达吉认为众议院由政党势力控制,贵族院议员不是通过国民选举产生,因此国民对于贵族院没有任何监督手段,不能说贵族院代表普通国民。⑤ 所以,当众议院

---

① 美濃部達吉:「貴族院論」,『改造』1924年8月号。
② 同上。
③ 同上。
④ 同上。
⑤ 美濃部達吉:「議会制度論」,『現代政治学全集第7巻』,日本評論社1930年,71頁。

和贵族院意见相左的时候，贵族院必须向国民代表机关众议院妥协。"不能允许贵族院压倒众议院的政治机制。议会作为国民的代表机关，必须是把作为国民代表机关的众议院作为中心势力。贵族院只是为弥补众议院的缺点而存在的，是为了抑制专制横暴的弊病。如果贵族院压倒了众议院，那么就是本末倒置，议会就不是代表国民的机关。"① 美浓部达吉认为众议院代表民众的意见，应该处于优势地位，当两院意见相左的时候，贵族院必须妥协。

第三，批判贵族院的政党化。美浓部达吉批判清浦内阁时期贵族院的政党化，指出如果第二院的多数与第一院的多数相勾结，均属于一个党派，则完全脱离了设立二院制度的宗旨，贵族院必须"坚守本分"。他指出："我国贵族院制度的第二个重要特色是贵族院不能够解散，其权限与众议院完全对等。……政府对于贵族院（政府有解散众议院的权力）束手无策。如果贵族院和众议院一样具有立法权和预算权，那么，被贵族院否决的法律就无法成立。"② 清浦内阁却完全无视贵族院的本分，企图使之政党化的行为完全背离了二院制度的初衷。

如何使贵族院坚守本分？美浓部认为贵族院不应该采用众议院的多数原则，而应该按照"国民意志＝民意"来行使权力。"贵族院与众议院不同，众议院的政党组成不应存在于贵族院。贵族院尽可能由富有知识、经验的各种社会势力的代表构成。目前贵族院具有强大势力，贵族院的最大团体研究会能够左右贵族院的大部分议员。如果贵族院议员都能够按照一人一党主义，忠实地按照自己的主张来履行职责，即使贵族院在法令上与众议院具有同等权限，也无需担心其政治势力如此强大。"③ 美浓部强调必须削弱研究会的势力，批判指责加藤内阁推行的贵族院改革没有触动研究

---

① 美濃部達吉：『現代憲政評論』，岩波書店1930年，142頁。
② 美濃部達吉：「貴族院論」，『改造』1924年8月号。
③ 同上。

会的根基，是"徒有其名的改革"，他强调贵族院议员必须按照一人一党主义，忠实地按照自己的主张来履行职责。在大正时期研究会控制了整个贵族院，历届内阁都努力讨好贵族院，特别是讨好研究会。贵族院拥有不被解散的特权，并且在权限上与众议院拥有对等的地位。即使政府得到了众议院的信任，如果遭到贵族院反对，政府也无计可施。特别是清浦内阁，研究会自己就成为组织内阁的主导者，清浦内阁却完全无视贵族院的本分，企图使之政党化的行为完全背离了二院制度的初衷。

第四，贵族院改革之难的症结所在及策略。美浓部达吉从法律的角度分析了贵族院改革的症结所在。"贵族院组织的详细规定不是通过贵族院法而是通过贵族院令设立的，贵族院令属于敕令。……贵族院令第十三条中'将来需要修改或增补该敕令的条项时，需经过贵族院审议'。贵族院的组织不是依靠法律而是依靠敕令的规定，并且这个敕令的修改需要经过贵族院的决议，所以贵族院的改革极其困难。……宪法保障了贵族院的优越地位。我认为这是我国贵族院制度的不合理处之一。……贵族院令的修订必须经过贵族院自身的同意，而征得贵族院自身的同意，又必须得到其最大势力研究会的赞成，并且对于企图打破研究会自身的势力的修正案，研究会是不会通过的，所以，有效的贵族院制度的改革是极其困难的。……第一，修改贵族院的权限，这是最重要的。……在制度上限制其权限，立法以及预算方面，只使其具有不同意权，促使敦促众议院再思考和反省的权利。"[①] 从上述引文中看出，美浓部达吉认为改革贵族院必须改变其组织和权限，使其符合其原本的设立初衷。要限制贵族院的权限，必须修订宪法，否则无法实现真正意义上的贵族院改革。如果不改变贵族院的权限，仅对贵族院的组织进行改革，本质上不会有大的变化。如果将来修订宪法的时机成熟的话，需要改变贵族院的组织和权限。他指出将来对贵族院的组织

---

① 美濃部達吉：「貴族院論」，『改造』1924 年 8 月号。

的改革目标应该是：把贵族院置于党争之外，由拥有健全的政治和经济常识的、公平的人士构成。

美浓部达吉列出了现行的贵族院改革目标：第一，减少贵族院议员的总数，应为目前总数的一半，目前与众议院人数相比，贵族院议员的人数过多；第二，废除贵族院议员的年俸；第三，明显减少华族议员的定数；第四，把公侯爵自然而然当议员改为与伯、子、男爵一起，经过选举；第五，改变华族的选举方法，实行比例代表制；第六，把政府任命敕选议员，改为采用一定的选举机关来推荐；第七，废除多额纳税议员；第八，华族议员和敕选议员规定一定的任期，任期满后，定期改选其半数或三分之一。①

美浓部提出的贵族院改革案是削弱"研究会"，贵族院议员坚持"一人一党"主义。相比较而言，吉野作造提出的贵族院改革论更加注重可行性，他主要提出了两点建议。首先，两院地位理应平等。吉野作造指出，当今时代要求民意畅达，企图把贵族院作为众议院的掣肘机关的想法已经落伍了，② 采用两院制首先应该坚持两院的地位平等。"从法律制度上使上院（贵族院）永久屈服于下院（众议院）绝不是设置上院的初衷。……原则上，上院必须要尊重下院的决定，但是地位上二者必须平等。……通过上院对抗下院，能够创造促使国民反省的机会，防止国家走上邪路。"③ 这种主张与吉野作造的政治理念有关，他认为最优良的政治是以民众政治为基础的贵族政治。其次，采用职业代表制度。针对贵族院的改革，吉野作造提出了职业代表制度的方案。职业代表制是第一次世界大战之后欧美国家

---

① 美濃部達吉：「貴族院論」，『改造』1924 年 8 月号。
② 吉野作造：「貴族院政党化の可否」，『吉野作造選集 4 巻』，岩波書店 1996 年，114 頁。
③ 吉野作造：「貴族院改正問題」，『吉野作造選集 4 巻』，岩波書店 1996 年，86 頁。

兴起的一种新的制度构想。吉野作造指出:"现行选举制度的补充是职业代表制……不是基于麻布①或是菊町这种地缘关系,而是从各种职业团体中选取代表者,由选民选出人格高尚的人。……如果要排除选举中政党的势力,以农会、工商会议所、医师会等职能团体作为选举权的主体,由各个团体选出各自的代表,从而能够在选举中排除政党势力的干扰。"② 第一次世界大战后,随着工业发展带来社会分工的细化,各种功能的社会组织和职业团体纷纷成立,成为个人和社会的连接媒介。吉野作造的老师小野塚喜平次提倡同时采用地域选举制和职业代表制。受其影响,吉野作造也认为把关系密切、具有共同利害关系的职业团体作为选举权的主体,由各个团体选出各自的代表,从而能够在选举中排除政党势力的干扰。

四 废除枢密院论

日本的政治制度中还有一个特殊现象即枢密院。枢密院是1888年由明治天皇下令设立,目的是审查宪法草案。1889年宪法颁布后,它仍继续存在。枢密院院会是不公开的,天皇有时亲临会议,其作用是备天皇咨询,内容包括宪法或其他法律上的诠释、预算分析以及对外条约的批准。枢密院的成员多半立场保守,而且职位是终身的,元老伊藤博文、黑田清隆、山县有朋均曾任职枢密院。20世纪20年代,枢密院与政党内阁的政策常相龃龉,但枢密院经常胜利,拒绝内阁的决策。枢密院原本是作为天皇的咨询机关而设立的,但是实际政治中,枢密院与贵族院、众议院对立,近似

---

① 东京都港区西南部一带的地名。江户时代多为大名的府宅、佛寺、神社。明治以后,外国的公馆密集。東京都港区の地名。江戸時代は大名屋敷・寺社が、明治以降は外国の公館が多い。もと東京市の区名。

② 吉野作造:「現行選挙制度の補修としての職能代表主義」,『中央公論』1928年10月。

于第三院。枢密院通常都是军事优先的导向。山县有朋在1902—1922年一直担任枢密院议长,他也是直接向天皇提供建议的资深政治家群体中最具影响力的人之一,"无论是军事领域还是政务领域,都是天皇幕后的实权者、内阁的翻云覆雨者,以及以言立法者"①。

美浓部达吉在1927年8月的《国家学会杂志》上发表了一篇长文,系统论述了理应废除枢密院的观点。他指出无论是从权限还是作用而言,在立宪政治中,枢密院都不具有存在的价值。"枢密院的重要任务之一是审议皇室大事和国家大事,但是与其让类似于官僚机构的枢密院审议皇室大事和国家大事,倒不如把这事项作为议会的权限更为合适。……枢密院作为少数官僚构成的机构,审议皇室大事和国家大事不适合日本的国体。……枢密院的第二职能是拥护宪法,但是枢密院作为简单的咨询机构不具有完成这一任务的能力。因为枢密院是秘密会议,而且又是咨询机关,其决议不具有法律上的约束力,不适合作为拥护宪法的机关。……因为枢密院制度不对议会负责,却秘密地束缚了要对议会负责的内阁的行为,甚至左右内阁的进退,不但没有存在的理由,甚至发挥有害的作用。"② 在上述引文中,美浓部达吉对枢密院的职能进行了逐一分析,指出由枢密院审议皇室大事和国家大事、拥护宪法等重要事务,都是不合适的,甚至是有害的。他主张枢密院的任务完全可以由众议院来完成,理应废除枢密院。

美浓部达吉和吉野作造都主张议会两院作为国民的代表机关,内阁是天皇的辅弼机关,应该废除枢密院。他们认为枢密院的成立有其历史原因,但是在宪法成立之后,随着议会的设置特别是两院制的采用,枢密院的存续实在是多此一举,妨碍了国家政治的发展。

---

① [美]安德鲁·戈登:《现代日本史——从德川时代到21世纪》,李朝津译,中信出版集团2017年版,第123页。

② 美濃部達吉:「枢密院論」,『国家学会雑誌』1927年8月号。

五　政党内阁制度论

（一）政党内阁的必然性

民主主义者普遍认为政党内阁是历史发展的必然趋势，并且分别从不同的立场出发进行了阐述。

第一，政党内阁有助于强化议会职能。吉野作造等人从社会发展的趋势出发论证了政党政治的必然性。他指出欧美国家目前普遍采用议院内阁制度，由占据议会多数的政党组阁，即政党内阁。"我国宪政逐渐趋向于政党政治。这是不争的事实。……我们应该推进并促使其不断发展。"[1] "政党是宪政的必然产物。合理的政党行为能够发挥重要作用，议会的最重要职责是审议法律和预算，监督政府，防止专制。如果没有政党协调，议员之间会缺乏组织性，难以团结一致，在对议题进行表决的时候，无法达成一致决议。政党协调议员的意见，能够加快法律和预算的审议进程，强化对政府的监督职能。这是宪政的基础也是政党存在的理由。"[2] 议会要实现其政治职能必然离不开政党，政党协调议员的意见，能够加快法律和预算的审议进程，强化对政府的监督职能。

对于明治以来频频出现的超然内阁，吉野作造批判说："超然内阁是内阁超然于政党之外，在立宪政治之下难以为继。超然内阁逐渐发展为政党内阁、议院内阁是大势所趋。……责任内阁是政府对议会负责，反之则是超然内阁。超然内阁是内阁超脱于议会的意志之外，无论议会如何反对，甚至提出不信任案，内阁也毫无辞职之意。结果导致内阁最终决策没有遵循国民的普遍意向，违反了立宪政治的原则。……那么议会如何追究内阁

---

[1] 吉野作造：「民本主義を説いて再び憲政有終の美を済むの途を論ず」，『中央公論』1918年1月。

[2] 同上。

责任呢？最直接的方法是弹劾制度，但是这个弹劾制度徒有虚名，实际上并未经常使用。"① 超然内阁违反了立宪政治的原则，在立宪政治之下难以为继。超然内阁逐渐发展为政党内阁、议院内阁是大势所趋。

第二，政党内阁有助于内阁的稳定。美浓部达吉指出，同一政党的人构成内阁，在行政意见上能够达成一致性，防止内阁分裂，有利于行政机构的稳定。"国务各大臣共同组织内阁，在内阁中商谈国家事务共同承担责任。显然，内阁大臣应该尽量由持有相同政治意见的人组成。普通的合议体可以采取多数决定原则来进行表决，内阁与之不同，内阁要求全体内阁成员意见一致。如果内阁大臣的意见不一致，内阁决议则不能成立。因此，全体内阁成员持有相同的政见，意味着内阁成员都属于同一政党，由占据议会多数的政党组阁。"② 美浓部达吉批判政党内阁违宪论，指出政党内阁是大势所趋，保持内阁的稳定是宪政的重要课题。由持有相同政治意见的人员构成内阁非常合理，如果内阁成员之间存在分歧无法达成一致意见，内阁必然分裂。

第三，议会政治与政党政治不即不离。大山郁夫主张代议制是由国民选举出的代议士从事政治运营，因此，需要政党来联系国民和议会。他们认为政治民主主义在政治上的具体要求就是扩大参政权，实现政党政治。在近代立宪国家中，政党已经是既成事实，关键是如何正确组织政党。政党是"拥有共同意见、意志、感情以及利益的众多个体，为了获得政权而集合在一起的团体"③。大山郁夫指出，政党不同于历史上的徒党，历史上的徒党仅仅是通过武力、阴谋来争夺政权而已。相反，政党都是通过议会，采取和平手段夺取和运营政权的。政党和议会都是立宪政治不可或缺的机构，议会政治和政党政治是不即不离的。

---

① 吉野作造：「新政党に対する吾人の態度」，『中央公論』1922 年 9 月。
② 美濃部達吉：『現代憲政評論』，岩波書店 1930 年，142 頁。
③ 大山郁夫：「憲政治下の政党と国民」，『新日本』1915 年 10 月。

(二) 反对小党林立，盲目推崇英国的两大政党制

民主主义者一致赞同采用两大政党制，认为两大政党制度是政治进化的归结点，能够发挥责任内阁的优势，培养政治人才，防止滋生腐败。

第一，两大政党制能够发挥责任内阁的优势。吉野作造认为在小党林立的国家中，不能充分发挥责任内阁的优势。"要促进日本宪政的进步，应该致力于实现两大政党对立的这一自然趋势。……英美的政党内阁多是两大政党相互对立，这样最能够体现责任内阁的优势。在小党林立的国家中，不能充分发挥责任内阁的优势。"① 尽管吉野作造晚年对日本的政党现状很失望，但是在大正民主主义的发展阶段他对两大政党制度寄予厚望。他认为，如果两个候选者旗鼓相当，"应尽可能选举与现有大的政党具有一定关系的候选人"②。他鼓励根据现有政党的党派性质来投票。"虽然理论上政党政治是好的，但是要顺利实现它，必须要使国内的党派分成两大政党，否则无法维持政党政治。国内党派分为两大政党不是人为的……但是实际上在社会中，终归是分为两派，一派是维持现状派，另一派则是打破现状派。维持现状派是保守派，打破现状派自称为代表自由改革的精神，暂且称之为自由思想和保守思想的对立。政界亦是如此，求大同存小异。最终希望维持现状的人和力图打破现状的人分为两派，政党自然就能形成自由、保守两大政党。"③ 吉野作造的两大政党论以英国为范本，认为无法人为左右党派的分化，党派最终会分化为自由、保守两大政党。

大山郁夫也持有相同的观点，认为绝对的或者有限制的两大政党制度是发展趋势。他指出："理论上，政党政治是民众和政府的媒介。政治上，

---

① 吉野作造：「民本主義を説いて再び憲政有終の美を済むの途を論ず」，『中央公論』1918 年 1 月。
② 吉野作造：「新政党に対する吾人の態度」，『中央公論』1922 年 9 月。
③ 同上。

绝对的或者有限制的两大政党制度是发展趋势。如果没有外部障碍的话，政党内阁制会比较自然地趋向于两大政党制度。两大政党制已经在英国实现。欧洲大陆大多数国家党派林立，是因为宗教、民族和社会因素妨碍了两大政党制度的实现。"① 可以看出，大山强调从实际可行性而言，两大政党制度是发展趋势，政党内阁制自然而然趋向于两大政党制度。

第二，两大党派轮流执政能够培养政治人才。吉野作造指出："现行政治体制的唯一正当形式是代议士中心主义……代议士中心主义左右着代议政治和政党政治的成败，而这两者正是民主主义的核心。代议士中心主义能够打破现有政党的干部专制主义，培养政治领导……当今我国政党政治取得了进步，但是在实际政治运营中，各种问题的解释和应对都由官僚来具体执行。各部门的官僚终究是政治上的技师，大政方针的制定离不开政治家。然而以往的大臣次官等往往是官僚出身，因此他们的计划多追求技术方面的细致性。……在西洋，要废除某些既定的决议，须由大藏省和内务省的官员来做善后。在我国，处理善后工作首先需要提交具体方案，具体方案的细致程度除非拥有在大藏省10至20年的工作经验，否则难以做到，因此往往延误时机，难以实现政治上的大改革。……而在英国，政党内部的优秀人才在内阁更迭时有机会成为次官或大臣等内阁成员，既能够掌握自己的政务大纲，也能够增加见识。当他们再次下野时，熟知曾经的工作领域，能够向当局者提出合理建议。"② 吉野作造认为官僚主导的体制会导致政治决策的僵化、延误时机，因此寄希望于两大政党体制。他认为两大政党体制给予两个政党的议员以熟悉政策的机会，有助于培养政治领导。他所说的两大政党体制不是类似原敬内阁这种由占据绝对优势地位的某一政党一直掌权，而是两大政党轮流执政。

---

① 吉野作造：「新政党に対する吾人の態度」，『中央公論』1922年9月。
② 吉野作造：「民本主義を説いて再び憲政有終の美を済むの途を論ず」，『中央公論』1918年1月。

第三,"政治进化"的归结点是两大政党制度。在原敬和高桥内阁时期,政友会的腐败问题使民主主义者意识到"政治进化必须通过政党之间的斗争"。大山郁夫、吉野作造等都认识到一党独大、一党优势型的政党内阁制的弊端,因此提倡两党制。同样,长谷川如是闲也认为"政治进化"的归结点是两大政党制度,原敬、高桥这两届政友会内阁存在阻碍"政治进化"的消极面。

在原敬内阁后期,各种腐败事件频发。长谷川如是闲认为这些现象不是偶然的,是政治体制导致的必然结果,因为在政友会内阁期间,"政治的动机"和"经济的动机"完全一致。资本制度下的各企业(特别是类似满铁这种依靠国家的企业)力图在安全和利润方面寻求国家的保障。政友会内阁的重要目的之一是保护资本制度本身,企业又把一部分利益输送给政府和参政党。这种资本制度和保护资本制度的政党制度相结合,就会使腐败事件的发生带有了必然性。① 按照长谷川如是闲的观点,为了防止由于资本制度和政党制度结合产生的政治腐败,必须借助于政党之间的相互竞争。长谷川如是闲认为政友会内阁的消极方面源于政友会的势力基础。他认为城市是"社会进化"以及"政治进化"的推动力,农村不可能成为文化发展的动力。城市才是一国文明的代表者,恢复生活本来意义的运动大多都发源于城市。他强调政友会是"乡下势力"不是能够推动"政治进化"的真正势力,政友会内阁下的政治是"半民主主义"。

第四,小党林立状态容易引发腐败。政党政治的优点之一是能够反映社会舆论,按理,反映舆论多样性的小党林立才符合其目的。但是,吉野作造对于小党林立持有警惕态度。他的根据有两方面。一方面,当两个政党的胜负较量取决于第三政党的立场时,两个政党会采取各种手段来拉拢第三党,针对第三党的怀柔政策很多情况下会导致政界的腐败。② 另一方

---

① 長谷川如是閑:「満鉄事件の必然性」,『我等』1921 年 4 月。
② 吉野作造:「新政党に対する吾人の態度」,『中央公論』1922 年 9 月。

面，如果小党林立，元老和官僚会趁机变得飞扬跋扈。

与吉野作造、大山郁夫不同，美浓部达吉没有提出两大政党制。因为如果以帝国宪法为前提，不可能从原理上推理出两大政党制。具体而言，与帝国宪法原本理念相适应的政治体制是超然内阁或者联立内阁，超然内阁或联立内阁与两大政党制是无法调和的。美浓部达吉致力于政党内阁与帝国宪法的相适性，他按照内阁中心主义对《明治宪法》做了诠释，试图以此来谋求政党内阁制的正当化。① 美浓部认为为了维持内阁的意志统一，需要政党内阁制，他通过这一论证才终于把以政友会为母体的政党内阁正当化。不过，对于政党内阁制度下的选举行为，美浓部始终持有不信任感。他指出，"政党的资金来源是政党堕落的根源，也是议会政治的最大弱点"②，在选举运动中花费巨额费用的政党为了筹措资金滥用职权，甚至为了政党利益而牺牲国家利益，是政党政治堕落的根本原因。为了防止这种弊害，美浓部给出的处方是比例代表制度。他认为导入比例代表制，不仅使选举结果能够体现国民意向，而且能够减少选举费用、防止选举腐败，实现不花钱的选举从而防止政党政治的堕落，更重要的是，通过导入比例代表制有助于国民监督政党。③

六 大正民主主义立宪政治构想批判

民主主义者的立宪政治构想充分体现出其对于当时政治状况的现实关怀。自由民权运动以后，日本的政党势力发展迅速，但是以政友会为代表

---

① ［日］坂野润治：《近代日本的国家构想》，崔世广、王俊英译，社会科学文献出版社 2014 年版，第 124 页。
② 美濃部達吉：「我が憲政の将来」，『時事憲法問題批判』，法制時報社 1921 年，421 頁。
③ 同上。

的政党往往与藩阀势力相妥协，逐渐实现了"一党独大"。非政友会势力如宪政本党、又新会、政界革新同志会等力图通过合纵连横，组建新党对抗政友会，以打破政友会"一党独大"的状况。于是，两党制成为实现这一政治诉求的最合理工具。因此，英国式的两党制受到以立宪同志会的总裁加藤高明和大隈重信等代表人物的提倡。

需要批判的是，民主主义者盲目推崇英美两国的两党制度，认为政治进化的归结点是两党制，忽视了两党制度的众多弊端，体现了他们认识的局限性。在两党制度下，由于选民只能在两个党之间做出选择，只能选择一个相对不讨厌的政党，久而久之，选民的选举热情淡化，① 政党政治所主张的反映民意、促进民主、实现国家目的这一趣旨就无从谈起。两党制的弊端还体现在，由于两党轮流执政，掌握大部分的选票，没有给小党足够的生存空间，导致弱势群体和非主流群体受到忽视，② 这种政党制度下的民主实际是不完善的民主。

民主主义者认为"一党独大"或小党林立容易滋生腐败和专制，这一观点也是片面的。一个国家能不能防止专制和腐败现象出现，并不在于采取什么政党制度，关键在于建立起反映和协调各阶级、阶层、利益集团的良好机制，和对执政党的有效监督制约机制。多党制也好，两党制也好，如果不能制定有效的监督制约机制，都会产生腐败和决策失误。

另一方面，民主主义者对于实施普选制的结果盲目乐观，忽视了普选的实施条件和普选本身的局限性。所谓普选制能否是真的"普选"，与投票率有密切关系。日本虽然在1925年3月通过了普选法，但是真正在1927年8月实施的地方府县会议员选举中，弃权者甚多，有的地区弃权率甚至达到了70%。亚里士多德曾经指出，未受教育开化的民众，如果进行民主政治，

---

① 白凤玲：《中国绝不能搞西方的两党制和多党制》，《求实》2003年第6期。
② 柴宝勇：《论政党制度的分类、比较与评价标准》，《中国青年政治学院学报》2011年第6期。

就会变成暴徒政治。民主政治还要求国民可以考虑到超越自己的小团体利益的更高利益和价值。日本在普选实施之际,许多选民既未理解为何选举,也只把目光局限于个人的利益,所以被收买选票的情况屡见不鲜。"普选并没能培养出民众参与政治的素养和智德,反而削弱了政党内阁的正当性,再加之政党自身的腐败,就导致了民众对政党的消极和冷漠态度。"① 由于日本尚未具备有一定政治素养的公民社会,民众的政治参与性不强,加之现代社会的利益多元化的特点等,直接民主很可能导致使决策效率低、民意被一些利益集团盗用,更有甚者,这种看似很广泛的直接民主很可能是"灾难性的",很可能引发"多数人专制"。这种实践结果可能是民主主义者在提倡普选制时没有预料到的。

所以,我们既要看到大正民主主义者力图用西方的政治模式变革日本近代政治制度的进步意义,也要看到其不顾日本实际状况,盲目照搬西方模式的局限性。

◇第三节 对统帅权独立和帷幄上奏权的批判

一 统帅权独立的形成和问题

《明治宪法》体制之下,军部一贯具有强大势力,其优势地位的制度保障来自于统帅权的独立和军部大臣武官制。1889 年颁布的《大日本帝国宪法》规定了一般统治权和军队统帅权的分离,具体体现在第 11 条"天皇统帅陆海军"和第 12 条"天皇规定陆海军编制以及常备兵额"。其中前者是

---

① 张东:《近代日本的两党制构想与实践》,《史学集刊》2015 年第 5 期。

军令权，天皇行使军令权不需要国务大臣的辅弼，称之为统帅权的独立；后者是军政权，天皇行政军政权需要国务大臣的辅弼。在同年制定的《内阁官制》第7条又进一步把军令权制度化，规定："涉及军机军令之事，帷幄机关直接上奏天皇，通过天皇的旨意传达给内阁。"军队的统帅权不属于内阁总理大臣的国务辅弼事项。1900年日本确立了军部大臣现役武官制度①，在这一制度之下，陆海军大臣必须从现职的大将、中将中选任，造成了军部轻视政府和议会的风潮。日俄战争结束后，日本采取了经营殖民地、扩张军备、完善产业基础的财政政策，这些政策都导致了国家机器中的军事机构的强化和军部政治地位的上升。1907年9月制定的《关于军令的规定》中明确规定了"统帅权的独立"，准许元帅和军事参议官具有帷幄上奏权。帷幄上奏权象征了军部拥有超越内阁——帝国议会统制范围（即文官统帅）的特权。

原本按照宪法，国务大臣向帝国议会负责，而处于权力分立机关之外的统帅部（又称作帷幄机关）只有关系到军事机密和军令事项时，才能帷幄上奏，其他的军政问题必须是陆军大臣、海军大臣通过内阁总理大臣上奏。然而，实际政治中不仅帷幄机关的代表参谋总长和军令部总长，甚至连作为国务大臣的陆军大臣、海军大臣也把本应该由内阁管辖的军政事务作为统帅权的一部分，向天皇帷幄上奏。1912年，陆军大臣上原勇作提出2个师团的增设案被西园寺公望内阁否决。于是，上原勇作利用帷幄上奏权直接向天皇奏请辞职。陆军又利用现役武官制度不推荐陆军大臣，导致西园寺公望内阁倒台。

虽然在理论上，日本的双重政府分别在截然不同的领域发挥各自功能，

---

① 禁止文官担任陆军大臣和海军大臣的职务。1900年，必须高级将领才能出任这两个职务的惯例变为成文法规定。只有现役陆军大将与陆军中将才能出任陆军大臣；也只有现役海军大将和海军中将才能担任海军大臣。1912年限制被放松到允许同等级别的预备役军官任职。但是，这一宽松限制只延续到1936年，又重新回到了1900年的规定。

但实际上却是文官被排除于军事事务之外,而军方在民事领域发挥着重要影响。军方的正式权威与非正式影响都扩展到外交与内政政策之中。双重政府不可避免地导致了双重外交政策。① 1930年1月召开的伦敦海军裁军会议上,美英日签订了为期5年的《伦敦海军条约》,美日的海军军舰总吨位比例是10∶6.975。滨口雄幸内阁在伦敦裁军会议上所做的让步,遭到了海军内部强硬派②的攻击和反对。在野党政友会借机攻击滨口内阁侵犯了天皇统帅军队的统帅权,属于"干涉统帅权"。1930年11月14日,滨口首相在东京车站被刺重伤,次年死亡。以军部为首的富有侵略性的法西斯势力开始猖獗起来。

二 民主主义者对统帅权独立和帷幄上奏权滥用的批判

"干涉统帅权"问题在国内引起了激烈争论。美浓部达吉和吉野作造站在同一立场,基于近代立宪政治的原则进行了法律上的梳理,批判军部滥用"统帅权独立"这一权力。他们的批判依据有以下四个方面。

第一,军令权和军政权不可混淆。美浓部达吉依据宪法规定指出军令权是统帅军队的大权,是"帷幄上奏权",不属于国务大臣的职务。他认为:"军政权是编制军队、完善各种军事设备以及增加国民负担等军事相关的国家统治权,属于国务大臣的职务范围。军令权的正当范围是指挥军队的军事行动的权力,制定军队内部组织的权力,对军人进行军事教育的权

---

① [美]塞缪尔·亨廷顿:《军人与国家:军政关系的理论与政治》,李晟译,中国政法大学出版社2017年版,第20页。

② 当时日本海军内部有以军令部长加藤宽治为首的舰队派,即强硬派;另有以海军次官山梨胜之进为首的军政派。前者攻击《伦敦海军条约》在大型巡洋舰和潜水艇这个关键问题上,限制了海军的扩军备战。参见吴廷璆主编《日本史》,南开大学出版社1994年版,第661页。

力，维持军队内部的纪律以及惩罚军人的权力。"① 美浓部达吉对军令权和军政权的内容进行了区分，指出前者是统帅军队的大权，后者是编制军队、完善各种军事设备以及增加国民负担等军事相关的国家统治权，属于国务大臣的职务范围。"帷幄上奏"只能限于单纯的军令事务。陆军大臣和海军大臣原本是军政机关，不是辅弼军令权的机关，不具有帷幄上奏大权。

第二，军部意志不等于国家意志。军令部强调军队编制和兵额需要内阁和军令部长协同辅弼，内阁不能够单独裁断处理。甚至海军军令部以《海军军令部条例》（1914年军令7号）为挡箭牌，"军令部长关于国防用兵的事务应该由天皇裁断之后再交由海军大臣"，指出海军军令部是国防用兵的辅弼机关。对此，美浓部达吉批判指出："《海军军令部条例》不是敕令而是军令，军令部不是国家机关，只是大元帅的机关，只能在军队内部有辅弼责任。"② 他强调军令部不是国家机关，"帷幄上奏权"是"军队元帅的至尊权力"，即使上奏后得到了天皇的许可也仍然只是军队意志，不是国家意志。"应该在什么情况下把军队意志上升为国家意志，需要从内政、外交、财政、经济等其他各种方面来考虑，这完全是内阁的职责。"③ 美浓部强调天皇行使军队意志的决定权时由军令部或者参谋总部辅弼，行使国家意志的决定权时需要内阁辅弼，虽然同为辅弼但是两者存在质的区别，其效力、意义和重要性具有天壤之别。

吉野作造赞同并引用了美浓部达吉的上一表述，"美浓部博士严密地论述了'帷幄'和国家的关系，明确指出了军部辅弼的效力和政府的辅弼不是对等的"④。同样滨口雄幸内阁苦于海军不答应军备缩小案，曾向美浓部

---

① 美濃部達吉：『憲法撮要』，有斐閣書房1923年，36頁。

② 美濃部達吉：「海軍條約の成立と帷幄上奏」，『議会政治の検討』，日本評論社1934年，101頁。

③ 同上。

④ 吉野作造：「帷幄上奏論」，『東京朝日新聞』1922年2月13—19日。

咨询意见。美浓部指出海军的军备缩小是政治问题,军部不应该参与其中。最后滨口内阁参照美浓部的说法迫使海军屈服。不过,美浓部达吉招致了海军的怨恨,后来遭到了蓑田细喜等右翼理论家与军部的阴谋攻击。

第三,帷幄上奏权的滥用导致双重政权。美浓部达吉指出军令部历来以军令权为借口侵犯军政权的职责范围,把单纯的国家政治事务作为军令权,妨碍了国家政治的统一性,陆海军大臣直接上奏,就是把陆海军独立于内阁之外,形同双重内阁。美浓部列举了帷幄上奏权滥用的现象。"第一,把国防计划作为军令机关、参谋总部和海军军令部的主要任务,不经过内阁会议而直接帷幄上奏。第二,需要由内阁总理上奏的国家事务,海军大臣和陆军大臣却不提交给内阁会议,也不经由总理大臣,直接上奏请求天皇的裁断。第三,向外国派遣军队本应属于外交机密,理应经过内阁决议,但以往利用帷幄上奏大权对外出兵的事例不在少数,造成了双重内阁。"① 美浓部甚至指出武官任命也是完全属于国务,尽管以往发生过利用帷幄上奏来决定武官任免的实际例子,但这是违背宪法的。

同样,吉野作造也指出帷幄上奏和统帅权独立导致国家结构存在双重政府,原因在于帷幄上奏是由《内阁官制》规定的,取消帷幄上奏的军令权只能修改《内阁官制》;陆海军大臣武官制妨碍了内阁的一致性;军令权造成了国权的二元结构。② 可以看出,美浓部达吉和吉野作造都深刻地意识到了统帅权独立和帷幄上奏权的滥用造成的恶劣影响,内阁不统一、双重政府以及双重外交都严重破坏了日本的立宪政治。

第四,统帅权独立和帷幄上奏权违反立宪精神。吉野作造强调要格外警惕少数派在天皇名义之下进行专制独裁。他基于立宪政治的本质,指出"立宪政治是君民一体政治",国民通过议会、政府等了解君主的所有活动。

---

① 美濃部達吉:「海軍条約の成立と帷幄上奏」,『議会政治の検討』,日本評論社1934年,106頁。

② 吉野作造:「帷幄上奏論」,『東京朝日新聞』1922年2月13—19日。

宪法要求，君主在决策之前，包括统帅权在内的所有国家事务都必须先经过大臣辅弼，然而军阀的帷幄上奏把军事作为例外事项，绕过内阁直接上奏天皇，导致军部肆意增加国库负担，这是日本独特的政治疾患。① 美浓部达吉提出了相似观点："当今民主主义要求政治公开，政治不再是为政者独断的时代。民主主义要求政治受国民监督，排斥秘密政治，即使曾以秘密为宗旨的外交也开始否认秘密外交。"②

尽管吉野作造提出了解决方法，即废弃军部大臣武官任用制、帷幄上奏制以及军令权，但是他也意识到这几乎不可能实现。他认为："我的立论基础是根据实际政治状况逐渐改革，应该按照近代立宪政治的精神克服'双重政府'，其根本解决方法是废弃军部大臣武官任用制、帷幄上奏制以及军令权。但是，军部以现行法规作为盾牌主张统帅权独立、拒绝文官任用制，加之政治陋习的束缚，把立宪政治的理论应用在实际政治的前景非常渺茫。我不知所措。……解决该问题总之是要与军阀进行拼死决斗。"③ 吉野作造的悲观显示大正民主主义者虽然发现症结所在，即必须要废弃军部大臣武官任用制、帷幄上奏权及军令权，但是这却涉及宪法的修改、《内阁官制》的修改。在吉野作造看来这几乎是难以达到的，把立宪政治的理论应用于实际政治的可能性非常渺茫。

◇本章小结

本章从国家观、立宪政治构想、批判统帅权独立三个方面分析了大正

---

① 吉野作造：「帷幄上奏論」，『東京朝日新聞』1922 年 2 月 13—19 日。
② 美濃部達吉：「海軍条約の成立と帷幄上奏」，『議会政治の検討』，日本評論社 1934 年，106 頁。
③ 吉野作造：「統帥権の独立と帷幄上奏」，『中央公論』1930 年 7 月。

民主主义在政治方面的理论结构。民主主义者最关注、最重视的就是实现政治制度的民主化。大正时期关于民主主义的古典定义是林肯提出的"民有、民治、民享"。"民有"是指民众或国民拥有国家主权,即"主权在民",但是这与《明治宪法》第一条"大日本帝国由万世一系之天皇统治"和第三条"天皇神圣不可侵犯"相矛盾。对此,美浓部达吉、吉野作造等民主主义者都采用了同样的逻辑,不追问统治权的所属问题,着眼于实现"民治"和"民享"。民主主义者首先对宪法第四条和第五条即"天皇是国家元首,总揽统治大权,按照宪法的条规行使统治权""天皇通过帝国议会的协赞来行使立法权"向民主主义的方向加以诠释。在《明治宪法》的框架之内尽量限制天皇权力,给予内阁和议会更多的权限。不过由于明治以来占据统治地位的是德国式的国家观,强调国家的价值至高无上,因此民主主义者美浓部达吉、吉野作造、大山郁夫在思考推进政治民主化、扩大个人的自由空间时,其前提和目的都是围绕"国家目的的实现"。值得注意的是,长谷川如是闲强调国家的社会性,从原理上深入解释了"社会契约论的国家观",反对国家绝对论。在此基础上,他彻底批判了军国主义、法西斯主义。

为了实现"民治",建立民主化的政治制度,大正民主主义者以欧美国家为参照物,从不同的角度出发,提出了具体的立宪政治制度构想,包括提倡代议制,强化议会的权限,完善议会内阁制。为了实现"民享",完善代议制,大正民主主义者倡导普选,指出实施普选是世界大势,否则会给国家带来危险,但是又反复强调行使选举权是为了实现国家目的,不能够与国家目的相冲突。可见,其在具体的立宪政治改革的主张中仍然是延续了明治以来重视国权的传统。不过不容否认的是,在强调国家目的的同时,民主主义者力图通过议会、贵族院、政党的改革实现政党内阁,给予民众更多的权利,力图实现国家主义和个人主义的协调。同时,批判军部滥用统帅权独立和帷幄上奏权造成了"双重政府"。

大正民主主义的政治思想力图把西方的政治思想与日本的君主立宪制度进行结合,顺应了20世纪初期的民主主义浪潮,具有进步意义。他们清楚地认识到国民享有主权这一点与日本的国体不符,因此避而不谈国家主权,只讲国民的实际权利。大正民主主义构建了日本近代史上独特的民主理论。这种只讲究民主的实际利益,不关注"民有"甚至承认"天皇主权"的理论,由于没有触及日本的国体,没有立刻遭到政府专制势力的压制,得以在社会上广泛流传。同时,这种只重视理论可行性的出发点,也导致大正民主主义无法提出根本性的变革日本政治制度的主张。他们虽然对军部的嚣张跋扈怀有深深的警惕和担忧,但是面对统帅权和帷幄上奏权的滥用,民主主义者也无法提出彻底的解决办法。

第 三 章

大正民主主义的社会思想

1918年前后,国际社会上的两种声音在日本国内引起了强烈反响,这便是威尔逊①提出的"所有阶级的民主主义"和列宁提出的"解放无产阶级"。第一次世界大战以后,日本国内各种社会思潮兴起,"社会"被作为区别于国家并优先于国家的共同性领域受到思想界的关注。在国内外新的思想动向的影响下,民主主义思潮突破了狭义的民主主义,逐步扩展到社会生活的方方面面。稻毛诅风在《外来思想和国民生活》中把民本主义分为了狭义的民本主义和广义的民本主义。② 不过更早提出广义的民主主义的是石桥湛山。1914年,石桥湛山在《东洋经济新报》上提出:"民众主义③不仅仅是政治上的主义,近代文明在经济、社会、文学、道德方面都应该实现民主化并且不断民主化。"④ 妇女问题、教育问题、言论自由问题和劳动问题都受到民主主义者的关注。

---

① 伍德罗·威尔逊(1856—1924)美国政治家和政治学家。早年从事教学和研究工作,1910年步入政界,1912年当选美国第28任总统。在任期间,提出了"新自由""世界和平纲领""十四点和平计划"等主张而闻名于西方。第一次世界大战结束后,威尔逊在美国国会发表演说,提出了订立和平约、公海航行自由、贸易平等、裁军、成立国际组织等原则,并且对战后欧洲的边界做出了安排,这就是著名的"十四点和平计划"。
② 稻毛诅风:「外来思想と国民生活」,『雄弁』1918年5月。
③ 石桥湛山把democracy翻译为民众主义。
④ 石橋湛山:「経済界と民衆主義」,『東洋経済新報』1914年4月25日。

◇◇第一节　民主主义者的妇女问题观

日本历史上，直到武家社会形成之前，女性曾有较高的社会地位。在此之后，随着婚姻形态的变化和封建家族制度的形成，才逐渐丧失了她们昔日的辉煌。明治维新后，近代教育的普及虽然造就了大批有知识的妇女，然而人们注重和社会提倡的女性形象只是"良妻贤母"，女性仍然处于受压迫的地位。[①] 明治大正时期的妇女地位在当时的文学作品中也有深刻反映。例如，德富芦花根据大山严（1842—1916）元帅的女儿信子的身世写成的小说《不如归》，作品描写了中日甲午战争时期，遭受封建家庭阻碍以及深受结核病之苦的女主人公浪子与丈夫川岛武男之间无限哀凄的故事。女主人公浪子饱受蛮横的继母、刁蛮的婆婆的百般折磨，与丈夫川岛武男的幸福婚姻成为她唯一的心灵支柱。然而在丈夫川岛武男出战之时，婆家以浪子的结核病为由把她赶出了家门。《不如归》于1898年、1899年在《国民新闻》上连载之后，引起空前反响，与《金色夜叉》并列为明治时代第一畅销书。根据《不如归》改编的戏剧和电影也在日本国内上映，无数明治大正时期的妇女们为女主人公浪子的遭遇流下同情的泪水，因为浪子的悲剧在某种程度上也反映了她们的处境。

一　妇女问题的背景

日本封建家族制度本身具有严重的贱视妇女、男尊女卑的不合理性。明治时期的婚姻关系中，依然保留着一夫多妻制和封建的夫权。1870年颁

---

① 李卓：《日本妇女社会地位的演变》，《日本研究》1998年第1期。

布的《新律纲领》中允许妻子和妾都被列入户籍，实际上就是承认一夫多妻制。1890年颁布的《教育敕语》，对明治以来的欧化教育政策进行了总清算，确立了以儒教理论为中心的教育方针。①《教育敕语》提倡家国一体，提出治家的根本是"夫妇相和"，要求巩固儒家妇德伦理在女子德育教育中的重要地位。《教育敕语》颁布以后，各女学校将女子的修身道德教育列为学校教育的重中之重，涵养贞节、孝悌淑静的妇德伦理教育取代了初期的智育教育成为女子教育的核心。1898年实施的《明治民法》则肯定了封建家族制度，把妇女置于无权地位。《明治民法》强调家业的传承，强调男性本位的纵向父子关系，而夫妇关系、母子关系皆从属于父子关系，它是典型的男权社会的封建伦理。②

此外，女性的政治权利受到多重限制，在明治初期尚有一定自由的女性政治活动，在明治后期受到了日益苛刻的限制。1880年的《集会条例》、1890年的《集会及政社法》和1900年制定的《治安警察法》严格限制了女性参加政治活动。特别是1900年制定的《治安警察法》，原本目的是为了压制工人运动，但是第五条关于政治结社的规定中，追加了"女子以及未成年人不得发起或加入公共集会、政谈集会，不得参加政治结社"。按照这一规定，女性不能够参与政治演说、参加集会以及加入政党，完全被排除在政治活动之外。日俄战争之后，以平民社为中心的妇女每年都举行修改第五条的请愿运动，但是由于"大逆事件"，这一运动被迫停止。关于女性的政治地位，明治启蒙时期和自由民权时期都曾经出现过女权扩张论。自由民权时代的政治运动中，部分妇女政治家如岸田俊子、福田英子等提倡男女平等，甚至在日本全国游说。1896年颁布的《民法》、1899年颁布的《高等女学校令》和1900年颁布的《治安警察法》第五条等都贯穿着家族制度和男尊女卑的精神。例如，《民法》第14—19条中规定妻子不具有法

---

① 李卓：《日本妇女社会地位的演变》，《日本研究》1998年第1期。
② 张冬冬：《甲午战争前后日本女性地位考察》，《日本问题研究》2014年第6期。

律行为能力，第 801 条规定妻子没有财产权利。可以看出，明治时期造成女性受压迫的并不只是女性没有政治权利，更直接的是来自封建体制的家制度。日本的女性首先需要改变家庭内部的男尊女卑的地位。

明治维新以后，特别是 1900 年以后女学校数量逐渐增加，但是，在教育上妇女所受到的限制仍然很大，学习内容不丰富。女性在教育上和职业上受到较多的性别歧视。初等教育方面，1886 年颁布的《小学校令》规定小学校分为寻常小学校（义务教育阶段 4 年）和高等小学校（2 年），寻常小学校一般是男女共学，高等小学校属于中等教育范围，只招收很少一部分女性学生。女性的中等教育包括四类，高等小学校、师范学校、实业学校和高等女学校。明治初期女性的中等教育主要以私塾学校为主，1886 年《师范学校令》发布之后，出现了培养初等学校教员的女子师范学校。1899 年明治政府颁布了《高等女学校令》，高等女学校主要实施普通教育和实践教育，有代表性的私立高等女学校有下田歌子创立的实践女学校（1899 年）、户板关子设立的户板裁缝学校（1902 年）和三田高等女学校（1916 年）。女子高等教育始于 1890 年的培养中等学校教员的女子高等师范学校，之后按照《专门学校令》成立了私立女子专门学校。1901 年成濑仁藏创建日本女子大学校之后，私立女子大学逐渐增多，例如圣心女子学院专门学校（1916 年）、东京女子大学（1928 年）、横井玉子创建的女子美术专门学校（1929 年）、鸠山春子设立的共立女子专门学校（1928 年）、津田梅子设立的津田英学塾（1933 年）等。

在初等教育中，男性小学生 4 年级以后就可以进入中学校，但是女孩子 6 年级毕业才有资格进入中等教育学校。女子中等教育中，知识学习不受重视，道德修身教育才是重点。英语、数学、博物、物理化学的授课时间仅仅相当于正常中学校的一半，修身教育的授课时间却是正常中学校的两倍，剩余时间全部是家务和裁缝。女性学生毕业之后不能进入普通的大学。高等教育中的所谓女子大学，实际上是专门学校（职业学校），并不存在真正意义上的"女子大学",女性进入大学的机会少之又少。

随着中日甲午战后和日俄战后资本主义的发展,日本职业女性逐渐增加。纺织工厂中的女工在1899年已经达到了21.5万人,不过这些体力劳动者没有得到平等对待,地位极其低微。20世纪初期到大正时代,日本女性的就业范围进一步扩大,出现了女邮局职员、女政府事务员、女银行职员、女记者、女教师、女店员、女电话接线员、女速记员和女打字员等。据1923年的调查,仅东京市的职业女性就达到43万人之多。① 不过,职业妇女的增加和普及并不能够实现女性的自立。原因在于,大部分女性就业的动机是补助家用,而不是自己的经济独立,她们往往一结婚就会辞职,而且职业女性的工资过低不足以支撑其独立。

同时,与城市的职业妇女和工厂女工相比,农村妇女在生活条件、劳动时间和劳动强度上都处于更为悲惨的状态。丸冈秀子曾在各地农村进行田野调查。她指出,20世纪30年代,农村女性的劳动时间是1天10—15小时,其中51%的导向是从事生产劳动,49%是家务劳动,5—7月则能达15—18小时,这还是中农妇女,贫农妇女更劳累。男人说"军队生活即是极乐世界",而农村女性则说"城市中的女工实在是懒惰"。残酷劳累的"女工哀史"在农民看来根本不足挂齿。② 丸冈秀子认为妇女问题的根源在农村,政党的指导理念缺乏对于农民实际生活状况的把握。"没有保护400多万的农村女性,就无法真正保护四分之一的工厂女性。不改善农村女性的生活状况就无法改善工厂女性的工作条件。"③

进入大正时期以后,妇女解放运动也逐渐兴起。妇女运动的代表团体主要有5个,分别是1911年成立的青踏社、1916年成立的友爱会妇女部、1919年成立的新妇女协会、1921年成立的赤澜会、1924年12月成立的妇

---

① 李卓:《日本近现代社会史》,世界知识出版社2010年版,第184—188页。
② 丸冈秀子:『日本農村婦人問題』,高陽書院1937年,14頁。
③ 同上。

女参政权获得期成同盟会。

上述5个团体的宗旨和指导思想亦有差异。青鞜社提倡破除旧道德、旧法律，挑战传统的婚姻观，做恋爱与婚姻自由的"新女性"。1919年，由平塚雷鸟、市川房枝组织的"新妇女协会"成立，协会举办演讲会，发行机关杂志《女性同盟》，收集请愿书以及捐赠等。"新妇女协会"在成立宣言中指出，要"为了获得作为妇女、母性的权利，与男性一起合作参与战后的社会改造的实际运动"。其纲领指出，"为了女性的能力的自由发展，促进男女机会均等。主张男女同权"。① 从第42次议会开始，"新妇女协会"多次递交要求修订《治安警察法》第五条的请愿书，但是一直被否决，直到1922年第45次议会才得以通过。新妇女协会受到社会主义女性团体赤澜会的批判，再加上内部对立、财政困难等问题，于1922年12月解散。赤澜会是山川菊荣、堺真柄、伊藤野枝、九津见房子等与社会主义同盟有密切关系的妇女成立的。赤澜会批判新妇女协会是"小资产阶级妇女运动"，主张推翻资本主义，建立社会主义。在普选运动高涨的影响下，1924年12月市川房枝、久布白落实组织的"妇女参政权获得期成同盟会"成立，宣称要基于政治绝对中立的立场，致力于获得妇女参政权。

1918年，以《妇人公论》为阵地，与谢野晶子、平塚雷鸟、山川菊荣展开了关于女性解放思想的论战。20世纪10—20年代出现了女性主义新思潮。平塚雷鸟、高群逸枝提倡"妇女中心主义的女性主义"思潮。他们继承早期女性运动的看法，认为女性最突出的特征便是母亲的身份，因此需要对妇女做特别保护。高群逸枝呼吁地方机构应为母亲提供服务，指责现存婚姻制度危害妇女。平塚雷鸟认为"母性保护"是"母性的权利"，是人的基本权利。与谢野晶子在《粘土自像》②中明确提出只有"经济独立"

---

① 「新婦人協会　綱領·宣言」（1920年3月28日），『女性同盟』第一号，1920年10月。

② 与謝野晶子：「粘土自像」，『太陽』1918年3月—9月。

才能实现女性解放,提倡欧美式的女性解放运动,以此避免陷入经济难以独立的依赖主义。在她看来,怀孕、分娩时期的女性正是因为要求得到国家特殊保护,即"母性保护"后,才被看作生殖奉献一般,依附于男性,这与奴隶道德无异,完全不值得提倡。山川菊荣则进一步把女性主义与社会主义联系起来,她认为女工受到性别和阶级的双重压迫,女工们必须联合起来反抗父权式统治即资本家的剥削,"推动经济制度革命,因为经济才是女性问题的真正症结"①。

综合而言,如何实现妇女解放,不同立场的人的观点存在很大差异。大正民主主义者们也分别从不同的角度出发对妇女解放问题提出了新的观点。

二 大正民主主义者的妇女解放论

大正民主主义者关于妇女问题的主张主要体现在以下四个方面。

第一,在家庭内部,男女人格平等。1915 年吉野作造发表了《妇女的政治运动》,表达了人格主义的女性观。"我基本赞成妇女属于家庭的这种观点。一些新女性主张脱离家庭的桎梏寻找'新世界',对此我难以苟同。妇女的天性就是和男性一起共建家庭,辅助男性、依靠男性,通过男性间接接触社会。"② 关于家庭内部的关系,吉野作造指出在家庭内部,妇女理应要求拥有对等的人格,实现男女人格平等。吉野作造认为妇女就应该协助丈夫经营家庭,以家庭为本位,批判青踏社的新女性论。他认为女性的本分是家庭,应该是良妻贤母,不过在家庭内部男女在人格上应该是平等的,女性不应该被要求一味服从男性。

---

① 山川菊荣:「与謝野・平塚二氏の論争」,『婦人公論』第 3 卷第 9 号,1918 年 9 月。

② 吉野作造:「婦人の政治運動」,『新女界』1915 年 5 月。

与吉野作造的立场相同，大山郁夫也主张家庭内部女性应该获得平等地位，否则，男性既不能获得真正的幸福，也不能实现真正的社会生活上的幸福。"男性为了自己把女性看作附庸品。在现代社会生活中，这种现象的恶果以各种形式表现出来。最终男性也不能获得真正的幸福。"① 大山认为真正幸福的社会生活建立在男女合作、男女平等之上。

第二，批判"良妻贤母"教育思想。首先，大山郁夫批判家庭教育中把女性作为商品的传统思想。他认为女子教育的关键是应该承认妇女的人格，使每个女性应该拥有"自我"的生活，然而当前的女子教育承担的角色是训练妇女埋没"自我"。"我国女子教育原则的'良妻贤母'把抹杀妇女的'自我'作为使命。女性成为真正意义上的贤妻、真正意义上的良母并不坏。但是，在成为贤妻成为良母之前，他们首先应该是人。换而言之，他们如果不是作为一个真正的人而存在的话，就绝不是贤妻也不是良母。良妻贤母主义的出发点是封建时代的女子教育方针，不重视其人格，而是把女性看作商品、看作手段。……女性成为了生育子女、满足丈夫欲望、维持社会组织的一种手段。……中产阶级在女儿出嫁之前，让女儿学茶道、插花和琴等，毫不顾忌女儿的才能和喜好，因为他们把女儿看作商品，这样做可以提高女儿的'销路'。甚至在那些歌舞会上，他们展示自己的女儿，就是为了向别人证明该商品质量的优秀程度。"② 大山郁夫批判良妻贤母的女子教育是培养贵妇人性和家庭劳动性的妇女，只把妇女看作商品无视其人格。其次，批判女子学校的教育思想。大山郁夫指出女校是各种保守思想的集中地，既源自国家教育行政上的保守方针，也源于把女性作为商品的传统教育思想。"这种以顾客为本位的教育方针，不仅存在于家庭甚至充斥于各种女校。女子学校教育只专注结婚这一教育，采用各种手段提

---

① 大山郁夫:「妇女の商品性と人格性——女子教育に関する一考察」,『婦人公論』1920 年 12 月。

② 大山郁夫:「教育上の迷信及び迷信破壊」,『我等』1920 年 10 月。

高学生的'销路'。"① 他指出学校的使命是培养学生的个性，但是女子学校的课程中没有任何关于社会现象的知识，因为对于作为商品的女性而言，社会知识实属多余而且有害。大正时期的女子教育、女流教育家构成的"生活改善会"也不过是完全肯定教育状况，根本无助于改变妇女的受奴役地位。他举例说："如果在女子学校中立志参与妇女运动，不仅不会得到母校干部的帮助，反而会遭到学校干部的劝阻。如果某校的毕业生立志成为演员，那么她首先就会被校友会除名。"② 大山郁夫批判女校教育压制了女性的创造性冲动，埋没了妇女的人格。同样，吉野作造批判"良妻贤母"的女子教育是"借良妻贤母之名磨灭妇女的独立人格"③，只是把妇女看作奴隶而已。

第三，对妇女获得选举权的不同立场。关于妇女选举权问题，民主主义者之间也存在分歧，主要有两种立场，分别以美浓部达吉和吉野作造为代表。美浓部明确指出妇女不应该具有选举权。他在《宪法讲话》中强调："认为选举权是天赋权利的观点完全是无稽之谈。……国会既然是国民的代表就应该反映社会现状。"④ 言外之意是，实际社会中，妇女在家庭和社会中的地位并不高，那么政治上自然而然也不应该有任何权利。他认为目前任何国家都没有赋予妇女选举权，日本的妇女不享有选举权也是无可厚非的。

与之相对，吉野作造的立场存在变化过程。在大正初期，吉野作造认为日本还没有达到赋予妇女选举权的程度，妇女没有直接参与立宪政治的空间，否认了妇女获得选举权的必要性。不过他认为女性政治地位的提高

---

① 大山郁夫:「婦女の商品性と人格性——女子教育に関する一考察」,『婦人公論』1920 年 12 月。
② 同上。
③ 吉野作造:「婦人の政治運動」,『新女界』1915 年 5 月。
④ 美濃部達吉:『憲法講話』,有斐閣 1912 年, 24 頁。

和享有参政权是一种历史趋势。"毋庸置疑，今后社会上独立的女性会增加，对现实和公共事务感兴趣的女性也会增加。其结果就是很多女性都不能够对政治的利害得失继续采取旁观的态度。……如果妇女们把政治看作是最高尚、最公正的活动，认为参与者都是最高尚的人，并用这种态度与其周围的人接触，可以间接发挥道德的影响力。……如果妇女了解立宪政治的善恶，知道政治的善恶如何影响我国国民的利益和国家兴亡，特别是了解今天选举问题的重大意义，那么妇女也应该用道德的力量，帮助完成立宪政治。"① 可以看出，吉野作造反对女性获得选举权，认为女性的作用是在实际生活中了解宪政的意义，对于家人、周围的男性产生道德的影响力，为选举和政治的公正化发挥作用。

随着第一次世界大战的爆发和世界形势的变化，吉野作造的女性参政权论在大战后发生了转变。他认为没有理由否认妇女应享有参政权，世界大战促使西方女性进一步走向社会，日本女性也应该努力提高社会地位。"这次战争为西方妇女的地位提升提供了难得的机会。战争的物质获益者是政治暴发户，精神获益者则是参战国的妇女。日本的妇女发现自己承担着日本社会命运的一半责任。"②

不过关于获取参政权的具体方法，吉野作造认为应该采用渐进主义，先实现男子普选，再实现妇女的参政权。他认为女性充分向社会展示其能力是获取选举权的捷径。"理论上，普选制度的确立应该伴随着妇女参政权的确立。实际上，最方便的是先实现男子普选，然后实现妇女的参政权。"③ 他批判了1924年12月成立的妇女参政权获得期成同盟会的做法，指出妇女参政权获得期成同盟会在主张参政权之前应该首先展示自身的社会实力，证明女性具有解决社会问题的能力，例如解决虐待女工问题等。"我也很想

---

① 吉野作造：「立憲政治の意義」，『婦人公論』1917年3月。
② 吉野作造：「戦後の要求に応じて立ち得るや」，『新女界』1917年7月。
③ 吉野作造：「普通選挙の話」，『婦人之友』1921年2月。

主张妇女具有选举权。但是我对妇女们的活动持有疑问。她们虽然开展了活动，但是没有独立能力去解决社会的实际问题（虐待女工问题和废除公娼问题）。"① 关于虐待女工问题，吉野作造在《工作两年没有剩下一分钱的女工》中指出："没有一个妇女团体挺身而出解决这一问题。……妇女团体应该在处理实际问题上做出令人尊敬的行动。"②

第四，妇女解放思想的分歧。如何实现真正的妇女解放？大正民主主义者分别持有不同的观点，其中最有代表性的是大山郁夫和长谷川如是闲。大山郁夫主要从两方面探讨了妇女解放问题。首先，女性只有获得经济独立后才能实现真正独立。女性要改变在家庭和社会上的隶属地位，首先要实现经济上的独立，无力的反抗无济于事。③ 大山认为女性解放运动必须以女性为中心，其核心是尊重妇女的人格，根本动力是妇女自身的觉醒，前提是女性实现经济独立。其次，妇女解放分为"个体解放"和"社会解放"，实现"社会解放"才是真正的妇女解放。"自古以来，我国妇女就受到旧家庭制度及传统妇女道德观念的束缚。近年来，随着社会生活的激烈变动，妇女的自由有了一定程度地提高，但是这种自由程度的提高并非真正的妇女解放。处于某种地位的单个女性按照个人意志突破旧习俗的束缚，这只是个人自由。'社会解放'才是真正的妇女解放，具体是指所有妇女从目前社会生活中的隶属地位中解放出来获得自由。"④ "暂且不论白莲女史⑤是否获得了真正的解放。……她摈弃了长时间束缚妇女的妇女道德，反抗

---

① 吉野作造：「米国に於ける婦人参政権の確立」，『婦人之友』1920 年 10 月。
② 吉野作造：「二年働き、一分も残らず女工」，『婦人公論』1926 年 4 月。
③ 大山郁夫：「婦人の商品性とその人間性」，『婦人公論』1920 年 12 月。
④ 大山郁夫：「婦人の個人的解放とその社会的解放」，『婦人公論』1922 年 12 月。
⑤ 1920 年华族柳原白莲与丈夫伊藤佐右卫门离婚而与宫崎龙介结婚的事件，在社会上引发了争议，史称"白莲事件"。

资产阶级文化，是一种个体的解放。"① 从上述引文可以看出，大山郁夫指出个体解放是拥有一定社会地位的妇女才能够享有的机会，社会解放才会对妇女阶层整体产生影响。前者不需要改变现有社会制度，后者才是对现有的社会制度的根本性变革。大山强调妇女解放问题的复杂性在于妇女的个体解放以社会解放为基础，没有社会解放，个体解放也只是局部的、暂时的。他指出妇女要求参政权的政治运动，以及各种慈善运动、和平运动和生活改善运动都是建立在肯定现行社会制度基础上的，其理论根据仍然是个人主义，难以实现真正的社会解放。可以看出，在1923年前后，大山郁夫在妇女解放问题上已经逐渐脱离了大正民主主义的立场，主张阶级对立，反对现行制度。

相比较而言，长谷川如是闲则主要从强调"社会＝生活"的立场阐述妇女运动。他指出，妇女运动分为前期和后期，前期是文化运动阶段，后期是社会运动阶段。文化运动阶段的参加者为上流社会和知识阶级，主张发展妇女教育，例如反对高等教育机关排斥妇女的旧习，主张设置女子大学等。这一阶段的主张还包括妇女应享有言论结社的自由、可以参加政治活动。长谷川认为这都是基于个人主义和自由主义的立场，主张女子的人格价值和权利。② 随着前期运动的发展，文化倾向逐渐转为经济倾向，文化运动转为社会运动。后期女性社会运动发生的背景是，近代资本主义的发展造成父亲和家庭长子沦为工资奴隶，失去了经济上的独立和作为家长的保护能力，家父长专权的家族制度崩溃，难以维持女性生活完全隶属于男性的传统家庭关系，女性必须依靠个人维持生计。对比女性运动的前期和后期，长谷川如是闲认为前期看似声势浩大，最终还是偃旗息鼓，后期女性社会运动才是建设现代女性社会的真正阶段。长谷川如是闲认为今

---

① 大山郁夫:「女性文化に対する一考察」,『婦人問題講演集』1922年9月。
② 長谷川如是閑:「婦人問題の進化」,南予文化協会編『南予夏季大学講演集』1924年10月,37—44頁。

后妇女运动的根本是建立在实际生活上的，虽然不华丽，却贴近生活、能够持久发展。

长谷川如是闲的另一观点是，女性解放的力量蕴藏在劳动妇女中。长谷川如是闲认为人类生活的根本是生产生活，女性解放的力量蕴藏在工厂内那些默默无闻、努力劳动的女工中。长谷川如是闲和大山郁夫的观点类似，认为女子应该从事社会工作，成为学者、政治家、法官，为社会做贡献。[①] 他举例说，青踏社的发起人如平塚明子等都来自富裕家庭，青踏社这一艺术团体虽然活动比较频繁，却一无所成，只能解散。青鞜社的妇女们虽然在时代思潮的推动下走出了家门，却发现仅仅依靠贵族的情操无法改变社会。女性运动者开始为走向社会准备实用知识，形成了推进大学教育、一般实业教育、特殊教育、中等教育的潮流。但是这些要求并不为社会所容忍，因为政治权力掌握在男性手中。由此兴起了女性获得选举权的政治运动，主张修改法律。长谷川指出关键在于劳动妇女要参与女性运动，工厂内那些默默无闻的努力劳动的女工才是最有力量的，徒有虚名的妇女反而是无力的。

综上所述，妇女问题包含由性别差异引起的所有社会现象，是父权社会中始终存在的社会问题。妇女问题根本上是人权问题，只要存在性别歧视，就永远存在妇女问题。在妇女解放问题上，民主主义者均认可男女的人格平等、反对良妻贤母教育，对于是否给予妇女选举权存在分歧。美浓部达吉反对给予妇女选举权。吉野作造则主张可以渐进地给予妇女选举权。长谷川如是闲和大山郁夫则认为，文化意义上的、富裕阶层的妇女运动的影响力十分有限，女性要获得解放必须实现经济独立、参与社会运动、解决实际问题、吸收劳动妇女参与其中。

---

① 長谷川如是閑:「批判の見地より見たる我国民性」,『解放』1921 年 4 月。

◇ 第二节 大正民主主义者的劳动问题观

一 大正时期的劳动问题状况

根据二村一夫的统计，明治以后日本的工人运动出现了三次高峰期，分别是中日甲午战争后的1897年、日俄战争后的1907年以及第一次世界大战后的1917年。特别是第一次世界大战结束后，罢工次数从1915年的64件增加到1917年的398件，参加者达到了5.7万人次。① 1917年工人运动激增的起因在于物价膨胀。《工厂监督年报》（第二回）指出，与1916年相比，1917年物价膨胀，米、麦、薪、碳的价格增长了50%。尽管工人工资也出现了较大幅度增长，有的增长30%或50%甚至100%，但是物价的暴涨幅度远远超出了职工工资的增长。② 这一时期，劳动者数量也大幅度增长。以1919年为例，5人以上的民营工厂的劳动者数量为161万人。此外，还有职工以外的人夫（9.3万人）、官营工厂劳动者（16.3万人）、矿山劳动者（46.5万人）、通信劳动者（11.5万人）、运输劳动者（57.8万人），以及5人以下工厂的劳动者，1919年的劳动者数量超过了300万人。③ 1919年罢工次数达到了497场，另外没有通过罢工而最终解决的劳动争议达到了1891件，参加人数共计33.5万人，是第二次世界大战之前的最高纪录。④

这一时期工人运动的最重要特征是工会在工人运动中逐渐发挥领导作

---

① 二村一夫：「労働者階級の状態と労働運動」，『（日本歴史18）岩波講座日本歴史』，岩波書店1975年。
② 社会局：『工場監督年報第2回』，社会局1919年，15、21頁。
③ 農商務省編集：『工場統計表：大正8年』，慶応書房1964年。
④ ［美］安德鲁·戈登：《现代日本史——从德川时代到21世纪》，李朝津译，中信出版集团2017年版，第245页。

用。在规模较大的劳动争议中都有工会参与指导,例如东京炮兵工厂争议中有小石川劳动会,东京 16 家报社制版工人争议中有革进会,足尾、釜山矿山争议中有大日本矿山劳动同盟会,东京市电争议中有日本交通工会等。

第一次世界大战结束后,普选运动、工会运动、《治安警察法》修订运动逐渐兴起。1920 年年初,各地相继成立了以工会为中心的普选促进组织。工人运动的社会影响力扩大,劳动问题成为社会舆论的关注点。

二 民主主义者的劳动问题观

民主主义者针对劳动问题也纷纷提出各自的观点,他们认可从人格平等的角度出发强调劳动问题的重要性,并且把解决劳动问题纳入民主主义的社会要求,认为劳动者是民主主义的推动力量。其观点具体体现在以下三方面。

(一) 解决劳动问题是实现人格平等的重要一步

劳动问题归根到底是如何保证劳动者作为"人"的生活的问题,这是文明发展的特征之一。吉野作造指出:"19 世纪文明的一大特征就是有灵性的人格的自由活动。然而,在人格各方面的自由发展中,唯有劳动问题被忽视了。"①"'保障作为人的生活'是劳动者的权利也是社会的责任。以往这一点都被忽视了,所以出现了劳动问题,这归咎于资本家。"② 对于资本主义制度下的不公平问题,他批判说:"如今我国的资本主义,哪怕是仅仅持有一点资本的人都非常有优势,并且日益膨胀,实属不公。如果能够平均这种不正常的高和不正常的低,估计所有人都可以轻松地生活,这才是

---

① 吉野作造:「国家生活の一新」,『吉野作造選集』第 1 卷,岩波書店 1995 年,221 頁。

② 吉野作造:「労働問題と人道主義」,『労働及産業新聞』1919 年 9 月 1 日。

社会的正常状态。"① 可以看出，吉野作造认为与选举权和责任内阁这些"政治形式"问题相比，关系到国民生活的实质性问题受到关注更值得高兴。② 吉野作造认可解决劳动问题的必要性及其社会意义，指出劳动问题的本质是资本主义制度下的不公平，保障劳动者作为人的生活是劳动者的权利。

大山郁夫也持有相同立场，认同保障劳动者作为人的生活是劳动者的权利。他在《劳动问题的文化意义》中提出："多数劳动者群体认为把各自的独立人格换成为数不多的工资是理所当然的。这种制度的延续是非常严重的问题。……劳动者被剥夺了依据'创造冲动'自由行动的机会，其生活中缺失了作为人的核心的爱、生的喜悦以及建设本能，仅仅作为一个个机械而生存。国民生活的最高形式是文化生活，对此我们不能视若无睹。"③ 从引文可以看出，大山郁夫从民众文化主义的角度出发，看重劳动者作为人的"创造冲动"，强调国民生活的最高形式是文化生活。他批判资本主义制度对劳动者的剥削，强调尊重劳动者的人格平等。

长谷川如是闲也反对资本主义制度之下把劳动者看作"工具"，导致劳动者日益机械化的状态。他认为"这种机械作用的结果是统治集团的生活越来越自由，相反，被统治阶级则成反比例萎缩"④。总体而言，重视劳动问题，反对资本家的过度剥削，强调人格平等是民主主义者的共同立场。

（二）民主主义与解决劳动问题有密切关系

民主主义者一方面从人道主义、人格平等的角度出发，强调解决劳动

---

① 吉野作造：「国際労働会議に関して」，『黎明会演講集』第 2 巻，大鎧閣 1919 年，113 頁。
② 吉野作造：「最近の感想」，『我等』1919 年 8 月。
③ 大山郁夫：「労働問題の文化意義」，『我等』1919 年 10 月。
④ 長谷川如是閑：「南猶夏季大学講演集」，『現代社会批判』，155 頁。

问题的重要性，另一方面也强调指出，民主主义与劳动问题有密不可分的关系。

首先，改善劳动者生活属于民主主义的社会要求。吉野作造在《民本主义者看劳动问题》①中，对民本主义和劳动问题的关系进行了如下论述："今天政治上使用民本主义的时候，包含两方面要求，一是单纯的政治要求，体现为建立责任内阁和扩大选举权，另一个是社会要求，即怎样改善国民生活的问题，其中包含劳动问题。"②吉野作造把曾经在民本主义论中提出的"绝对原则"即"政权运营的方法"的原则，称作"单纯的政治要求"，具体是指建立责任内阁和扩大选举权。他把具有协调意义的"相对原则"即"尊重个人自由"的"政治目的"，称作"社会要求"。

可以看出，吉野作造发展了民本主义，扩大了民本主义涉及的范畴。早期，吉野作造在民本主义论中主要讨论"政治要求"，即"纯粹政治形式的相关问题"；后期，吉野作造把"社会"视角积极纳入民本主义的理论框架中，把劳动问题作为民本主义的"社会要求"即"国民生活的相关问题"。

关于劳动问题的解决顺序，吉野作造从民本主义的立场出发，虽然提出不能忘记国民"精神生活的重要性"，但是仍然认为解决实际问题应首先解决经济问题。"民本主义者提倡民本主义的前提是面包问题不是唯一的根本问题，所以在讨论国民生活时，自然而然会讨论其精神生活。并且，理想的顺序是精神问题居首位，其次是经济问题。相反，实际顺序是经济问题居首位，其次是精神问题。即，首先保障国民的生活，再提倡道德和政治方面的民本主义。"③吉野作造区分了"理想顺序"和"实际顺序"，实

---

① 吉野作造：「民本主義者より見たる労働問題」，社会学研究所編『社会及国体研究録』第1回第7—9号，1919年9—11月。
② 吉野作造：「民本主義者より見たる労働問題」，社会学研究所編『社会及国体研究録』第1回第7—9号，1919年9—11月。
③ 吉野作造：「民本主義者より見たる労働問題」，社会学研究所編『社会及国体研究録』第1回第7—9号，1919年9—11月。

际上赞同优先解决经济问题。同样,大山郁夫也指出"真正的民主主义包括物质生活的公平分配,缩短劳动时间等要求"①。吉野作造和大山郁夫的立场一致,都认为"国民生活的相关问题"可以分为国民的"精神生活"层面和"物质生活"层面,前者包含教育的机会均等以及言论信仰的自由,后者是经济问题,是劳动问题的核心。

其次,劳动者是民主主义的推动力。美浓部达吉指出普选权是世界发展的必然趋势,"政治制度的变革往往伴随着实际社会势力的增长,社会势力的增长也必然体现为政治权利方面的要求"②。他强调劳动者的觉醒及其社会地位的提高是实施普选的主要根源,是实现社会方面的民主的推动力。

大山郁夫则更为彻底地指出:"民主主义精神的出发点和归结点都是民众。"③ 他认为,随着第一次世界大战后民主主义的范畴逐渐从政治要求扩大到经济要求,必然涉及劳动问题。"真正的民主主义包括物质生活的公平分配,缩短劳动时间等要求。但是真正的民主主义并不仅仅满足于经济的公平分配、劳动时间的缩减,这些只不过是保证社会成员各自精神生活上的自由发展和创造冲动不受阻碍的前提条件而已。"④ 大山郁夫曾经持有"愚民观",但是在"米骚动"后,受社会状况的影响,他的民众观逐渐发生了变化,"我无比信赖民众这个组织中的每个人的创作本能"⑤。关于劳动问题,他认为减轻、消除劳动者的悲痛和苦恼不仅仅是经济问题,也是人道主义的大问题。如果对此漠不关心,就背离了以民众作为出发点,以民众作为终点的民主主义精神。不可否认,美浓部达吉等民主主义者属于社会精英,但是在实现民主的问题上,已经意识到民主主义的实现离不开劳动

---

① 大山郁夫:「社会改造の根本精神」,『我等』1919 年 8 月。
② 美濃部達吉:『憲法講話』,有斐閣書房 1912 年,100 頁。
③ 大山郁夫:「知識階級と労働者」,『我等』1919 年 9 月。
④ 大山郁夫:「社会改造の根本精神」,『我等』1919 年 8 月。
⑤ 大山郁夫:「知識階級と労働者」,『我等』1919 年 9 月。

者，劳动者才是民主主义精神的归属点。

（三）"使劳动者成为文化创造者"——大山郁夫独特的劳动问题观

解决劳动问题具有重要的文化意义。民主主义者中大山郁夫对于劳动问题进行了最为深入地探讨，他在月刊杂志《我等》上，从1919年9月开始到1920年12月，连续刊登了5篇关于劳动问题的文章，分别是《知识阶级和劳动者》[①]《劳动问题的文化意义》[②]《作为文化要素的劳动者》[③]《劳动者和教育——官僚式教育的破产》[④]《劳动问题和教育问题的交错——劳动者在文化价值创造上的贡献》[⑤]。在上述五篇文章中，大山郁夫提出了独特的劳动问题观，认为劳动问题具有重要的文化意义。他指出，与劳动问题有利害关系的各个阶级都从各自立场出发，具体分析了工厂设备的改良、劳动条件的改善、工资制度的改革、劳动者的共同管理以及产业自治权等问题，"但是缺乏从国民文化的角度进行的综合性研究"[⑥]。

大山郁夫用民众文化主义作为其理论依据，强调必须把劳动者解放出来，并且使其有时间和精力用于创造、提高民众文化。"民主主义的直接要求是肯定劳动者的政治要求、经济要求和社会要求，其依据是民众文化主义。……改善劳动者群体的物质条件、使其日常生活更加安逸，如果仅仅以此为最终目标……如果不把劳动者解放出来的时间以及精力转移到创造、提高民众文化上，终将使劳动者成为今日的资产阶级，毫无意义。"[⑦] 大山

---

① 大山郁夫:「知識階級と労働者」,『我等』1919年9月。
② 大山郁夫:「労働問題の文化的意義」,『我等』1919年10月。
③ 大山郁夫:「文化要素として労働者」,『我等』1919年12月。
④ 大山郁夫:「労働者と教育—官僚式教育の交錯—破産」,『我等』1920年12月。
⑤ 大山郁夫:「労働問題と教育問題の交錯——文化価値創造の上に於ける労働社の貢献」,『我等』1920年1月。
⑥ 大山郁夫:「労働問題の文化的意義」,『我等』1919年10月。
⑦ 大山郁夫:「労働問題の文化的意義」,『我等』1919年10月。

郁夫认为"民众文化"即"国民文化",国家生活的理想是国民的思想生活和感情生活的综合,即通过发现和创造国民精神来提高国民文化。国民文化是脱离以往的贵族文化和资产阶级文化的民众文化。资产阶级精神和文化失去了曾经的进步意义,开始歧视民众。受剥削的人更需要政治权利。尽管如此,民众获取普选权的运动遭到特权阶级的妨碍,资产阶级和特权阶级持普选尚早论,反对工会运动等,赤裸裸地表现出少数集团的优越感和对其他阶层的歧视。① 大山郁夫明确强调民众生活问题的关键就是劳动问题,他强调自己的出发点和立场是民众文化主义,主张人是制度的创造者而不是制度的产物。

大山郁夫反驳了否认劳动者能成为文化创造者的观点。"尽管没有学问,但是劳动者具有顽强的信念和强大的勇气,比起那些以学识为招牌的知识分子,劳动者的声音更有力,因此劳动者拥有可贵的素质能够成为文化创造者。这些优越的素质源于劳动者的单纯、毫无优越感的社会地位。……人的平等是今后民众文化的新伦理基础。这种平等感正是劳动者阶级最容易接受的,有两种态度阻碍了这种平等感的接受,一是肯定资本家的优越感而自我贬低的态度,二是超出了平等感而对剥削自己的资本家的强烈仇视态度。这两种态度都与立足于人性的平等感相对立。……要真正实现劳动者的觉醒,必须积极培育、提高他们的自觉意识,如法律上承认劳动工会,废除《治安警察法》第 17 条。另外制定普选法和改革贵族院也都具有重要意义。"② 可以看出,大山郁夫主张劳动者是重要的文化要素,民主主义的政治要求有助于促进劳动者觉醒,有助于培养劳动者的平等意识。

从民主主义者的上述评论来看,他们认为劳动问题的主要责任在于资产阶级。在劳动问题上,民主主义者显然抛去了国家利益、国家目的等理

---

① 大山郁夫:「民衆文化の世界へ」,『我等』1920 年 2 月。
② 大山郁夫:「文化要素としての労働者」,『我等』1919 年 11 月。

念，完全站在劳动者的立场上。民主主义者承认劳动者阶层已经觉醒，这种觉醒会带来政治上的变化。民众在人格上是平等的，应该把劳动者看作平等的人、有创造性的人，而不是看作工具。大山郁夫更进一步认为民主主义精神的出发点和归结点是民众，劳动者将会成为重要的文化创造者。可见，在劳动问题上，民主主义者与统治者之间划清了界限，是明治以来知识阶层在劳动问题立场上的重要进步。

第三节 民主主义者的教育观

一 大正时期的教育状况及教育思想

关于大正时期的教育问题，饶从满有过精辟分析。"日俄战争后，针对'战后'教育应该如何发展，日本当时有两种观点：一种观点继续坚持明治维新以来的'富国强兵'路线，进一步强化'爱国心'教育；另外一种观点认为'强兵'已经落伍，主张日本应该成为与欧美先进各国并肩前行的'经济大国'并基于此展望日本的未来及教育发展。从1905年至1931年'九·一八事变'爆发前日本教育发展的实际来看，政府方面基本坚持前一种观点，而民间的知识分子则更多地倾向于后者。正因为如此，在这一时期，我们一方面可以看到明治《教育敕语》路线的延续和加强，也可以发现自由教育运动的革新潮流。"[①]

（一）"臣民教育"的延续和军国主义教育的加强

《教育敕语》自1890年10月颁布以后直到日本战败之前，一直影响着

---

① 饶从满：《日本现代化进程中的道德教育》，山东人民出版社2010年版，第172页。

整个国民的教育理念。《教育敕语》规定教育的目的是培养学生的国家观念和忠君爱国的道德。《教育敕语》颁布以后被供上圣坛,成为权力的象征。全国每一所学校里,凡举行任何典礼,都要对集会学生朗读一遍《教育敕语》,举行"捧读"仪式。

日俄战争后,在政治方面,民众要求民主的声音日益高涨,反对藩阀官僚政府的专制,主张实现政党内阁和男子普选。自然主义、个人主义和社会主义思想也开始在学校教员、学生中间传播。新的思想与专制主义的教育观念和国家主义教育体制产生了激烈的碰撞。为了打压自然主义、民主主义、社会主义思想的传播,强化思想统治,1906年,西园寺公望内阁的牧野伸显文部大臣发布了训令《关于严肃学生风纪一事》。"近年来,青年学子之间存在意志消沉、风纪颓废之倾向。有修学者安于小成或流于奢侈或烦闷于空想,忘却其本分,放纵奢靡、操行紊乱……各地频现极端社会主义者,采用各种手段教唆学生。若此藐视我帝国建国之本,扰乱社会秩序的危险思想在教育界传播,会动摇我教育之根基,危害国家之将来。从事教育者须留意警惕。"① 牧野伸显这一训令旨在取缔学生的非生产、非道德行为,严查学生阅读的书籍及其内容。"大逆事件"之后,政府对于社会主义思想的取缔更加严厉,内务省对于自然主义文学书籍、社会主义思想书籍的审查也更加严格,甚至禁止各学校图书馆对外借阅此类书籍。

1909年桂太郎内阁的小松原太郎为了防止民主主义、个人主义在教育界的传播,在文部省的直辖学校强行设置了修身课,要求学校教育必须致力于修身教育,按照《教育敕语》培养国民道德。

1912年的宪政拥护运动的参加者中有众多青年学生。对于青年学生民主意识的萌芽和成长,统治阶层感到了巨大危机,力图通过教育改革"涵

---

① 「訓令/文部省第1号/學生生徒ノ風紀振肅二關スル件」,『官報』1906年6月9日,273页。

养国家思想""培养充实国民道德"。1917年9月冈田良平设立了临时教育会议（1917年9月21日—1919年5月23日）。临时教育会议直属于总理大臣，向总理大臣提供咨询和建议。临时教育会议的代表主要是保守官僚、军阀代表、教育官僚。该机构一直延续到1919年5月，总共召开了30次会议。临时会议提出的改革构想一直影响到昭和初期的教育政策。1917年10月1日，寺内正毅首相在会议的训示中说："借此时机（欧洲大战）……宣扬国体之精华，涵养坚定之志操，确立自疆之方策，翼赞皇恩。国民教育之关键乃培养德行，启发知识，强壮身体，富有护国精神，培养忠诚臣民。"① 可以看出，临时教育会议继续坚持明治时期以来确定的教育理念，为了日本进一步发展帝国主义，培养忠于天皇国家的臣民。

1918年，临时教育会议发布了两份书面建议，《关于振兴兵式体操的建议》和《关于实现教育效果的一般设施的建议》。②《关于振兴兵式体操的建议》强调小学教育应该重视德育、塑造人格，灌输大和魂。为了预防"一朝有事"，必须实现"全民皆兵"。国民教育之外还应采用军队教育，小学教育增设兵式体操。《关于振兴兵式体操的建议》实施之后，小学教育中积极地展开了军国主义教育。《关于一般设施应该完成教育之效果的建议》强调："要改善学校教育的效果，必须同时改善社会状态。……欧美文物的引入妨碍了国民思想的统一，国民思想呈现颓废之气，耽于醇美之风。……必须基于建国之精神按照正义皇道应对世界大势，在教育政策上实现朝野一致。"③ 可以看出，该建议目的在于对抗第一次世界大战后日益

---

① 「臨時教育会議ニ関スル寺内内閣総理大臣演示」，宮原誠一等編『資料日本現代教育史』，三省堂，1974年，195頁。
② 「兵式体操ニ関スル建議」，宮原誠一等編『資料日本現代教育史』，三堂1974年，203頁；「教育ノ効果ヲ完カラシムベキ一般施設ニ関スル建議」，宮原誠一等編『資料日本現代教育史』，三省堂1974年，204頁。
③ 「教育ノ効果ヲ完カラシムベキ一般施設ニ関スル建議」，宮原誠一等編『資料日本現代教育史』，三省堂1974年，204頁。

高涨的民主主义思潮。面对俄国十月革命的胜利、日本西伯利亚出兵的失败、各类劳动争议和农民争议，统治阶层深感培养国民的国家主义思想的必要性，指出必须压制自由民主思想言论的传播，统一国家主义意识形态。

临时教育会议提出按照军国主义体制完善国民教育体系，形成"学校教育、青年教育、军队教育、在乡军人会"的教育体系。田中义一在其著作《欧洲大战的教育和青年指导》中指出："教育界以及中产阶级的思潮动辄偏离我国教育之根本，偏重欧美之学风或醉心于德意志模式，甚至以公立私立之区别来强调学校教育之不同，没有彻底贯彻'教育敕语'。中学以上尤其严重。这弱化了教育与军事的联系，偏离了国民皆兵的本意，与军队教育的根本方针背道而驰。"① 田中义一强调教育的最终目的是培养良兵，学校教育和社会教育特别是中等教育以及高等教育必须按照军队教育的目标来实施国民教育。大正后期，教育受到军部的干涉，教育的军国主义倾向越来越明显。1925年政府颁布并实施了《陆军现役将校学校配属令》②。尽管知识分子阶层强烈反对，高校学生们也组织了反对同盟，但是仍然没有阻挡这一逆流。1926年通过的《青年训练所令》③，强化了社会教育中的军事色彩。至此，军部确立了在学校教育、社会教育的主导地位。

（二）民主主义思潮的传播及大正自由教育

第一次世界大战后，在高涨的民主主义思潮之下，劳动者逐渐觉醒，各地劳动工会相继成立。由于物价膨胀，中小学教员依靠微薄的工资难以生存。教员们发起了要求提高薪资的运动，于1919年结成了日本教育组织"启明会"，之后各地教员工会纷纷成立。1920年，日本劳动学校成立，标

---

① 田中義一：『欧洲大戦の教訓と青年指導』，新月社1918年，72頁。
② 「陸軍現役将校学校配属令」，宫原誠一等編『資料日本現代教育史』，三堂1974年，221頁。
③ 「青年訓練所令」，宫原誠一等編『資料日本現代教育史』，三堂1974年，236頁。

志着教育和劳动者相结合。日本劳动学校力图启发劳动者认清阶级立场，鼓励劳动者团结起来争取权利。农村中的农民工会组织也开展了面向农民的教育活动。1920年以后，社会主义思想传播范围愈加广泛，在大学、高中、专门学校中社会主义思想研究团体相继成立。这种思潮也影响到了中小学校的儿童。文部省在《关于儿童的思想行为及训练调查》中指出："许多学生直接或间接接触现代思想，甚至许多儿童都知道如社会主义、民主主义、罢工、抵抗、劳动问题、普选、打破阶级、改造、自由平等、个人主义、民力涵养、社会风险和妇女问题等词汇。农村学生对于这些词汇还知之甚少，但是城市以及近郊地区的很多学生却都有所耳闻。"① 文部省在东京市某学校的调查中显示，基本理解上述词语的意义和部分理解其意义的学生占到了六七成。关于了解的途径，某高等小学的调查结果显示，通过学校了解的学生是599人，通过家庭的是280人，通过社会的是431人，通过报纸杂志书籍的是151人。② 文部省在中学和中学教员中也进行了类似的调查，结果显示，文部省对于中小学生的动向还算放心，但是却很担忧教员的思想倾向。③ 因此在1920年10月的全国师范学校校长会议上，中桥德五郎文相指出："必须防止近来外来思想对国民造成的恶劣影响。采取思想善导，拥护我国国体，实现国运的发展，致力于培养师范学生的忠君爱国之节操。"④

1920年前后，日本的教育界兴起了一场新教育运动，称为"大正自由教育"，旨在打破以往的"臣民教育"，倡导尊重儿童的自发性和个性的自由主义教育，改变以往的以教师为中心的教育方法而以以儿童为中心的方

---

① 文部省：「兒童生徒の思想行為並に訓練に関する調査」，久保義三『日本ファシズム教育政策史』，明治図書1969年。
② 同上。
③ 日本近代教育史事典編纂委員会編：『日本近代教育史事典』，平凡社1971年。
④ 同上。

法来革新教育。以直接实现理想教育为目的而设置的私立学校和府县师范附属小学出现了自由教育的实践。① 例如，山本鼎提倡的自由画教育、北原白秋引导的童谣运动、芦田惠之助提倡的"生活作文"教育，都是对以往的"臣民教育"的批判。但是，自由教育运动的空间十分有限。1924年，长野县松本女子师范附属小学校训导川井清一郎，由于受到自由教育运动的影响，在修身课上没有采用国定教科书，而是采用了《旧约圣经》《十训抄》《日本童话宝玉集》等。川井清一郎因此受到停职处分，最终被迫辞去小学教员职位。这种压制自由教育的行为在当地教育界引发了激烈争论。②

综上所述，大正时期的国民教育政策是基于培养学生的天皇制意识形态的国家至上主义，采用一切手段培养国民的忠君爱国道德，推进帝国主义的发展。反对这种文化教育政策的思想运动都被定性为"威胁国体紊乱社会秩序"，受到打压。③

二　大正民主主义者的教育观

大山郁夫在《教育的社会性と国家性》《大学的使命和其社会的意义》《我国教育界面临的一大紧急问题》④ 中，对教育问题进行了深刻分析，探讨了教育的性质、日本教育的传统和民主化教育。同样，吉野作造也指出

---

① 饶从满：《日本现代化进程中的道德教育》，山东人民出版社2010年版，第191页。
② 和崎光太郎：「大正自由教育と〈赤化思想〉——川井訓導事件とその周辺」，『信濃』第59卷第10号，2007年10月，1—18頁。
③ 頬家友富：『大正デモクラシー期の教育政策に関する位置考察』，跡見学園短期大学紀要跡見学園短期大学紀要11，1975年3月。
④ 大山郁夫：「教育の社会性と国家性——教育界当面の重大問題としての軍事教育計画—」，『我等』1924年11月；大山郁夫：『大学の使命とその社会的意義』，青潮社出版部，1923年7月；大山郁夫：「我国の教育界が直面一緊急問題」，『中央公論』1924年12月。

了日本教育思想的封建色彩。他们主要从五个方面批判了日本的教育问题。

(一) 政治家极端轻视教育

大山郁夫认为日本的政治家毫不关心教育的本质,只是功利地对待教育问题。他指出日本的政治家满足于现行教育制度、教育政策,完全不知悉未来教育的发展方向。一旦教育问题发展为政治问题,他们就把责任推给文部省,正如他们把军事问题推给陆海军当局就置之不理一样。大山认为师范教育问题、延长义务教育年限问题、干涉学校戏剧问题以及军事教育问题等,都牵扯到教育的本质,政治家们却把这些问题都推给文部省内的官僚教育家来解决。相反,当教育问题卷起波澜时,如增设高等学校、学校级别升格等,因为牵扯到地方利益等各种利害关系,政治家们就异常活跃。大山郁夫进一步指出,对于那些本质上与教育毫无关系的问题,政治家们却常常以教育做挡箭牌。他举例说,很多政治家持普选尚早论,主张国民缺乏政治教育进而反对普选,但是却未考虑也不会考虑如何改革目前的国民教育。[①]

(二) 批判官僚主义教育观

大山郁夫批判文部省流行的教育思想是官僚主义教育观。他指出,政治家极端轻视教育问题,而历代文部大臣也都是无能傀儡,这一现象的根源是明治初期建立的国民教育制度。大山郁夫以护宪三派加藤内阁中的文相冈田良平为例指出,加藤首相本身具有执拗的官僚气质,企图向元老、枢密院、贵族院妥协,于是从贵族院中挑选了官僚气十足的冈田良平。他认为冈田良平的教育观本质上就是官僚主义教育观,自冈田上任以来反复干涉学校教育,否定一切新的教育理念。原本在第一次世界大战以后,教

---

① 大山郁夫:「教育の社会性と国家性——教育界当面の重大問題としての軍事教育計画—」,『我等』1924 年 11 月。

育的民主化逐渐兴起，自由教育、创造教育逐渐萌芽。冈田良平的官僚主义教育观直接打击了新萌芽的教育理念。官僚主义教育观的突出表现就是重视军事教育，在教育政策上强调军国主义色彩。官僚式教育越有效，学生的个性越萎缩，创造力停止，自发性转变为盲从性。大山郁夫认为尊重个性的教育精神蕴含着深刻的社会意义。尊重个性的社会生活在人类生活史上发挥了重要的社会功能，具有重要社会价值。官僚主义教育观完全无视这一点，从功利性、政略性的角度出发给学生的精神生活套上了枷锁。在枷锁之下，自由教育、个性教育、创造教育都只能流于口号。[1]

（三）教育制度的内在矛盾

教育制度的进化离不开政治制度的变革。政治方面，肯定现有国家制度的官选法学者和道德学者等提出的政治学说并未吸收人道主义，而是德意志的全能国家主义学说和日本宫廷史家的历史记录的恣意推断的混合物。尽管明治以后卢梭、边沁、密尔、斯宾塞等个人主义政治学说在日本的资产阶级间也曾有过传播，但是这种传播仅限于民间的议论，日本的统治阶层绝没有产生共鸣也不可能产生共鸣。大山郁夫分析指出，明治维新以来日本的统治者为了使日本成为近代资本主义国家，效仿西方帝国主义政策，他们的官僚意识使他们成为"警察国家主义"的信奉者，而不是文化国家思想的主张者。因此，日本的教育界并没有在西欧各国的近代教育学说的影响下形成自由教育、个性教育、创造教育和民主化教育的风气和基础。

明治时期以来的教育存在两个相互矛盾的因素，"德育"和"智育"，两者的理念完全不同。前者的目的是在国民中间普及封建时代遗留下来的传统道德观念，本质上要求国民盲目地绝对服从现有权威及秩序。与之相

---

[1] 大山郁夫:「我国の教育界が直面一緊急問題」,『中央公論』1924 年 12 月。

反，后者主张学生通过学习自然科学知识和社会科学知识，变得更加理性。无论是多么低程度的"智育"，都要教育学生学习解释因果关系，掌握分析方法，具有批判意识。从这一意义而言，前者不允许问"为什么"，而后者的出发点就是"为什么"。大山郁夫指出这种内在矛盾的国民教育制度，既是国际国内政治环境使然，也是明治官僚政府的功利主义政策的产物。维新前后，为政者们感受到来自外国资本主义的压迫，为了把日本培养成近代资本主义国家加入国际竞争，把各种"实学"引入学校课程。日本能够在较短时间内，在原本的农业国框架之外加上了近代工商业国的外衣，跻身为"列强"的一员，无疑要归功于"智育"的作用。但是大山断言，这两种教育方针终究会产生冲突，甚至相互抵消，因为"德育"和"智育"分别采用培养国民道德观念和尊重实学的教育方针，在本质上是不兼容的。前者的核心是培养国民道德观念，对内，为了维护官僚教育家们提倡的"醇美风俗"发挥了重要作用，如今为政者以及保守派又利用"德育"来防止社会动荡引发的各种社会思潮的传播；对外，"德育"也起到了不可替代的作用，因为以国民道德为核心的德育衍生了诸多思想产物，如盲目的爱国心、爱国主义精神、对外的猜疑心、对异民族的仇视心理和领土扩张欲望等。这些思想产物在战争时期自不必说，就是平时也会把国民的注意力转向显在或者潜在的国际战争上。大山郁夫举例说，1923年关东地震之后，多数民众潜意识中对异民族的仇视情感暴露无遗。另外，"智育"推崇的尊重实学的精神也产生了较好的社会效果，日本在医学、理、化、工等方面都实现了前所未有的进步。

大山郁夫总结指出，按照初等、中等、高等的教育阶段来看，越是高等程度的教育，"智育"的比例就越高；与之相反，越是初等程度的教育，"德育"的色彩就越浓。小学教育阶段被看作"德育"最重要的阶段，奠定了国民道德观念的基础。他说，原本小学教育是向学生们传授知识和技艺的宝贵时期，但是在国民教育制度之下，小学教员们的最大使命是向学童们灌输国民道德观念。国民道德观念的基础是无批判地服从现有权威和秩序，盲目尊重传统和旧习，因此小学教员们提出的一切创意、新方案和新思想都被禁止，其教学内容丝毫不能脱离国民道德观念的轨道。小学教员的职务是保守而不是进取，是追随而不是创造，是模仿而不是发明。

（四）批判"国家教育"挤压"社会教育"的空间

教育本身有助于有个性的社会生活的发展，在任何社会中都应该开展教育。教育不是国家出现之后才出现的，而是伴随人类社会生活的出现而出现的。在国家出现之前，教育没有采取学校教育这种形式，而是在人类社会的各种共同体中，例如家族的、邻居的以及其他所有的劳动接触中进行的，是一种非形式主义的、自然的、隐蔽却又实用的教育。大山郁夫把这种非形式主义的、自然的、实用教育称为"社会教育"，把在国家内部由统治阶级推进的教育称作"国家教育"。统治阶级从功利的目的出发利用或控制教育，设立教育机关，进行"国家教育"，教育上的国家性逐渐显现。国家制度之下也存在社会生活，存在社会生活的地方就存在"社会教育"。

大山郁夫认为日本"国家教育"的核心是国民道德观念，致力于培养学生的帝国主义精神或军国主义精神，一切官僚主义教育思想都属于"国家教育"范畴。但是教育原本具有社会性，即使教育的国家性被无限强化，教育的社会性仍然存在。每当教育的社会性倾向出现抬头时，会立刻遭到来自"国家教育"的打击而萎缩。大山批判冈田良平文相对于"社会教育"的压制最为露骨，甚至是强制的。例如，禁止学校演出戏剧，拒绝新的教育理念，强化师范教育的方针等，在学校开展军事教育计划则到达了其压制社会性教育的顶点。

（五）批判军事教育

1924 年 5 月文部省发布了《陆军现役将校武官制度》，并要求各学校立即执行。《陆军现役将校武官制度》第一条规定："向官立或公立的师范学校、中学校、实业学校、高等学校、大学预科、专门学校、高等师范学校、临时教员养成所、实业学校教员养成所或官立补习学校教员养成所派属陆军现役将校，陆军现役将校执掌上述学校的男性学生的教练。"①

对于这种公然干涉教育的自由和独立性的行为，民主主义者和教育人士进行了激烈抨击。吉野作造和大山郁夫针对军事教育计划的批判主要分为以下四点。

第一，军事教育属于封建教育，损害教育的目的。吉野作造指出，"教育目的是使人生的各个方面都实现圆满发展"，"现在提倡军事教育，更让人担心会损害教育的趣旨"。② 他强调说，军事教育属于封建教育，封建教育方针是一种"战时教育"，"就是假定现在是战时，一切教育方针的出发点都是这一假设"。③ 战时教育要求牺牲了个人性格的圆满发展，而且社会发展也变得畸形。吉野作造认为，"用艺术才能所做出的贡献与拿着刀剑的奉公不分仲伯"，军事教育牺牲了个人的圆满发展，导致社会畸形，属于封建教育，与教育目的背道而驰。

第二，军事教育损害教育的独立性。吉野作造批判说，"目前我国军人阶级固陋偏僻、不通晓世界大势，排外性侵略主义色彩浓厚"④，军事教育

---

① 「陸軍現役将校学校配属令」，宮原誠一等編『資料日本現代教育史』，三堂 1974 年，221 頁。
② 吉野作造：「封建的教育方針を排す」，『主張と閑談』（第 5 輯）、文化生活研究会、1926 年，202 頁。
③ 同上。
④ 吉野作造：「国民教育の独立」，『二重政府と帷幄上奏』，文化生活研究会 1920 年，219 頁。

会使教育成为军事的牺牲品，因而应提倡国民教育的独立性。大山郁夫指出，陆军现役将校制度这种军事教育计划实质上是陆军省占领学校教育的一部分，会损害教育界的独立性。他激烈地抨击了文部省的软弱，指出军事教育计划是陆军省强加给文部省的行为，文部省应该从教育的独立性出发断然拒绝，但是冈田良平文相不但没有拒绝，反而鼓吹是文部省的建议。在大山郁夫看来，军事教育计划的实施会使教育界陷入不可挽回的局势，目前学校中已经有了士兵体操教育，即使还有必要在中学程度之上的诸学校实施军事教育，也不应该由陆军省派遣现役将校，因为学校课程是国民教育体系的一部分，属于文部省管辖的范畴，应该按照文部省确立的标准来选拔教员。

第三，军事训练与学校教育背道而驰。大山郁夫提出质疑，陆军省派遣的现役将校是否具有在学校中担任军事教员的资格呢？现役将校具有军人的职业意识，又称"军人精神"。关东大地震后的许多事件已经证明，军人对学术和思想采用一种不理解、盲目轻视的态度，而这种盲目轻视的态度正是构成"军人精神"的必要因素，因此从教育的观点来看，现役将校担当学校的军事教员存在很多弊端。学生生活的团体训练与军事训练在目的和性质上完全不同，从根本上说，学生的团体训练的目的是培养学生的自治协作行为，提高生活效率，而军事训练是培养完全的服从精神，两者性质不同，因此学校没有任何理由实施由军人指导的军事训练。

第四，日本的教育急需自由教育而非军事训练。大山郁夫指出，学生从小学教育到大学教育都受到各种束缚，逐渐失去其活泼自由的精神和创作意识。为了改变教育现状，必须允许学生的个性发展、自由发展，开展自由教育、个性教育和创造教育，即把"社会教育"从"国家教育"的压迫中解放出来。这不仅是教育的使命，也是现代国际环境之下保证国家生活安全的必然要求。然而军事教育无视这种要求，力图进一步扩大"国家教育"，缩小"社会教育"的自由活动范围，这是对教育的巨大威胁。军事教育的根本精神是绝对服从，与自由精神无法兼容。

从上述论述可知，民主主义者从政治和教育的关系出发，重点抨击了日本政党政治下，教育独立性受到挤压以及错误的教育方针。民主主义者主张教育的独立性，反对教育的军国主义倾向。大山郁夫批判了加藤内阁对教育的轻视和文部省官僚的教育思想，担忧军事教育计划会进一步磨灭学生的创造性、自由精神和批判精神，主张扩大"社会性教育"，把学生从"国家性教育"中解放出来。他分析了明治以来日本的教育体制中的德育和智育的矛盾关系，指出以国民道德观念为核心的德育虽然曾对国家发展产生过推动作用，但是也使国民越来越支持军国主义。同时大山指出，所谓自由教育、个性教育、民主化教育都只局限于智育的范围之内，丝毫没有触动而且也无法动摇德育的根基。

美国教育家华虚朋（Carleton Washburne）的观点从另一角度证实了民主主义者的观点。华虚朋于1931年来到日本，全面调查了日本的教育状况，指出："日本通过与西方世界接触，表面上发生了翻天覆地的变化，但是构成日本文化的根基却是一成不变的。皇族、天皇以及国民的神道思考方式一直是日本人的生活和思想的特质。虽然我们很难想象，但是如今神道思考方式仍然是日本教育的核心，即使是理应持有最进步教育理念的指导者也不例外。虽然日本也在培养学生的国际观念和国际道德精神，但是，期望国际观念和国际道德来取代国家主义的爱国心，或者是让国家主义的爱国心衰亡，是一种妄想。这种国际观念不过是为了使日本国民能够团结一致，能够在其他国家面前保持日本的荣誉和威信，所以无论采用任何西方模式如美国的教学形式、道尔顿制或设计教学法等，日本的教育根基仍然是保守的，教育的目的在于延续日本的现行制度即天皇制。"[①] 综上所述，大正民主时期的教育整体上延续了明治时期以来的忠君爱国的教育路

---

① 华虚朋：「天皇の知ろしめす日本の教育」，相沢熙『日本教育百年史談』，学芸図書出版社1953年。

线，其教育的核心、教育理念仍然是维护国体的国家主义教育。与大正民主时期的政治、文化的进步相比，国民教育特别是初等教育和中等教育上都没有发生本质的进步，带有浓厚的封建性、后进性。而大正民主主义时期，虽然出现了自由教育，民主主义者也意识到了教育问题的内在分裂和矛盾并进行了批判，但是无论是官僚军阀政府还是政党内阁都对教育界进行了严格的思想控制。国民教育中的军事教育色彩不但没有减弱，反而进一步加重。国民的思考方式仍然是视天皇制为神圣不可侵犯之神物的皇国臣民思想。国际观念、国际道德、个人主义、自由主义、民主主义、社会主义均没有构成国民的思想内核。这体现了大正民主主义并未在国民中间普及，没有成为国民思想的主流意识。普通民众没有充分理解民主的内涵，没有成为民主思想的主流阵地也是大正民主主义迅速退潮的原因之一。

◇◇ 第四节　言论自由问题

　　言论自由有狭义和广义之分，前者指通过语言来表述各种思想和见解的自由，后者包括言语自由、出版自由以及新闻自由。"言论自由"理念是古典自由主义的重要组成部分，英国学者弥尔顿、思想家约翰·洛克分别从理性、个人自然权利的角度提出了言论自由的主张。英国学者约翰·密尔在1859年出版的《论自由》一书中全方位阐述了言论思想自由的理念。他认为充分展现个人智慧对于社会文明发展有巨大推动作用，指出宗教和封建专制主义严重危害社会文明，呼吁不受钳制的思想言论自由。密尔主张，言论自由是个人自由的外在表现。在思想自由导向真理的过程中，论辩成为去伪存真的关键环节。大正民主主义者深受密尔的自由观的影响，在"森户事件"发生后，他们都坚决反对原敬内阁的言论镇压。由于国家主义者的反复干涉，大山郁夫、长谷川如是闲、① 吉野作造②和美浓部达吉③都先后遭受过笔祸事件。

一 "森户事件"的背景和经过

第一次世界大战结束以后，社会舆论出现了巨大变化。当时的政治家意识到标榜民主主义的必要性，因此无论是什么立场，都会声称"民主""民本"，有点类似于第二次世界大战刚刚结束之后的日本。宪政会的干部滨口雄行在1919年1月5日的《东京日日新闻》上指出，"德国在战败后官僚主义、武断政治应该会不断衰退，应逐渐树立民本主义的思想理念。现在民本主义的大潮流正在风靡世界"④，这体现了当时政治家们的共识。许多官僚学者们的论调也开始出现变化。上杉慎吉从1919年开始在报刊上鼓吹普通选举制度。大庭柯公指出："上杉慎吉在《中央公论》上发表的文章中，突然主张'我国政党应该坚决立即实现普选'，实乃新

---

① 1918年8月26日，《大阪朝日新闻》刊登了抗议寺内内阁的言论镇压的报道，其中出现的"白虹贯日"一句发展为笔祸事件。村山龙平、鸟川素居、长谷川如是闲、大山郁夫都被迫离开了大阪朝日新闻社。

② 1924年2月，吉野作造辞去帝国大学教授的职位进入东京朝日新闻社后，3月至4月，他在《大阪朝日新闻》《东京朝日新闻》发表了文章《枢府和内阁》，从政权运营的角度否定天皇亲政观，认为天皇的顾问机构枢密院"已经失去作为顾问机构的必要性"。这一主张招致了枢密院相关人士的不满，引发了笔祸事件。吉野作造最终被迫从朝日新闻社辞职，才免于被起诉。

③ 1935年美浓部达吉的"天皇机关说"受到菊池武夫、井上清纯和三室户敬光等人的攻击。右翼团体帝国在乡军人会与贵族院、众议院的右翼势力相呼应甚至组织了"机关说扑灭同盟"，攻击美浓部达吉。1935年9月美浓部达吉被迫辞去贵族院议员职位，并且《宪法撮要》《逐条宪法精义》《日本宪法的基本意义》3本书被禁止发售。1936年，美浓部达吉遭右翼团体的枪击，受了重伤。

④ 浜口雄幸：「当来三大问题」，『东京日日新闻』1919年1月5日。

年论坛之一大惊喜。"①

面对这一社会形势,原敬内阁在意识形态政策上采取了双重标准。对于与政友会的政治经济利益相关的运动如普选运动采取了不干涉主义;而对于与政友会的组织利益关系薄弱的意识形态采取了压制政策。也就是说原内阁的意识形态的自由化政策完全从政治利益的观点出发,一方面为了壮大政友会的势力,把所有的组织利益都引入到党的路线中;另一方面,对不利于扩大政友会势力、不利于组织利益的意识形态则采用了冷淡、残酷的打压政策。

1920年1月,东京大学助理教授森户辰男在《经济学研究》上发表了《克鲁泡特金的社会思想研究》。这遭到以上杉慎吉为中心的东京大学校内国家主义团体"兴国同志会"的攻击,东大经济学部教授会决定回收杂志。以平沼骐一郎为首的检察院声称森户辰男和编辑大内兵卫违反了《新闻出版法》第42条,以"紊乱朝宪罪"起诉了二人。具体理由是克鲁泡特金是著名的无政府主义者,森户辰男在文章中介绍克鲁泡特金的无政府主义思想,是企图批判国家、颠覆国家。

"森户事件"引发了民主主义者关于言论思想自由的危机感以及对大学自治的思考,学者中间掀起了拥护森户辰男的运动。1920年2月7日早稻田大学文化学会发起了联合演讲会,2月10日以福田德三、吉野作造为中心的黎明会也举办了题为"研究以及发表的自由"的演讲会。主要的演讲者及其演讲题目是福田德三的"言论自由的发展"、桑木严翼的"研究和批评"、木村久一的"思想的自由"、佐佐木惣一的"大学教授研究的局限"、大山郁夫的"社会科学的研究的自由"、吉野作造的"危险思想之辩"等。这些演讲内容都收入在黎明会的机关刊物《黎明录》第二卷第四辑中。大山郁夫、长谷川如是闲等在《我等》第二卷第二号和第三号中编辑了特刊,

---

① 大庭柯公:「新春論壇の片影」,『我等』第1卷1号,1919年4月。

刊登了长谷川如是闲的《关于大学中研究的自由》《大学教授的不见识》，第三号中刊登了长谷川如是闲的《森户助教授笔祸事件的逻辑解剖》①、大山郁夫的《关于社会科学研究的自由》、吉野作造的《言论自由和国家干涉》。另外，山本实彦创办的杂志《改造》在 1920 年第二卷第二号以"森户教授问题批判"为题发行了专刊，刊登了长谷川如是闲、神户正雄、大庭柯公、山本实彦等的文章。《中央公论》1920 年 2 月号刊登了吉野作造的《无政府主义的新解释》，同年 3 月号上刊登了吉野作造的《和一位检察官的对话》，该文章从司法角度批判了政府在"森户事件"上的行为。《中央公论》1921 年 4 月号还刊登了吉野作造的《批判言论压迫和使用暴力》②。吉野作造、佐佐木惣一、安部矶雄、三宅雪岭、高野岩三郎作为特别辩护人和中央法律咨询所的星岛二郎一起参加了 1921 年 1 月 30 日的法庭辩论。最终，森户辰男被判监禁 3 个月，罚款 70 日元，编辑大内兵卫被判监禁 1 个月，罚款 20 日元。

二　大正民主主义者的批判观点

民主主义者非常关注"森户事件"，并进行了积极的抗争，他们批判混淆国家与社会的一元论国家观，批判政府干涉言论自由的行为，强调尊重研究的自由和大学自主性。其主张具体体现在以下三方面。

（一）区分国家与社会，批判一元论国家观

国家和社会有明确的界限。吉野作造指出，几个民族或单个民族在长期历史中形成的共同生活体叫作社会而不是国家。共同生活体如果由国权这一强制组织统治，才叫作国家。国家不过是人类共同生活的形态之一，

---

① 長谷川如是閑:「森戸助教授筆禍事件の論理的解剖」,『我等』1920 年 2 月。
② 吉野作造:「言論の圧迫と暴力の使用を難ず」,『中央公論』1921 年 4 月。

用通俗意义上的国家解释来看待学问上的国家论述是错误的。① 吉野作造强调，从学问上，无政府主义的国家否认观不是否定共同生活。国家主义者以否认共同生活为借口把无政府主义看作危险思想，从概念上混淆了国家和共同生活的区别。

一元论国家观是错误的国家观。② 吉野作造提出，"一元论国家观把强权作为统治我们共同生活的唯一原理"③，共同生活秩序必须而且只能通过力量来统治，认为权力越强大越好。一元论的国家观的典型体现就是"富国强兵"，尽可能强化权力组织，无限制地扩张权力，以保障共同生活的安全。一元论国家观认为，为了实现富国强兵必须强化物质基础，学问的独立和言论思想的自由居于其次，因为言论思想的自由会弱化强制组织，应该加以干涉和取缔。

吉野作造主张无政府主义思想，持多元论国家观。多元论国家观认为"维持共同生活秩序的统治原理有多种，权力、道德、习惯以及其他都可以，命令和服从这种形式上的权力关系并不具有绝对高的价值"④。吉野作造认为共同生活的统治原理不仅仅是权力，强制和权力都是较为低级的，更高级的是以自由的思想和平等的人格为基础来维持共同生活秩序。吉野作造指出不把强制看作唯一原理的观点才是真理，无政府主义思想否定国家、批判国家的动机是促使共同生活更加安全、牢固，绝不是危险的。

长谷川如是闲也同样是在区分国家与社会的基础上，批判了政府的取缔行为。国家主义者批判森户辰男的依据之一是"大学作为国家机关，应

---

① 吉野作造：「言論の自由と国家の干渉」，『我等』1920 年 3 月。
② 同上。
③ 吉野作造：「封建的教育方針を排す」，『主張と閑談』（第 5 輯），文化生活研究会 1926 年，202 頁。
④ 吉野作造：「言論の自由と国家の干渉」，『我等』1920 年 3 月。

该研究国家所必需的学术,不应该允许研究否定国家的哲学或科学"①。长谷川如是闲质疑说:"国家是否有资格规定科学和研究的范围呢?进步的国家制度都是部分采用了社会主义和无政府主义的原理,既然这对生活、生存有用,就是必需的学问,值得研究。即使这种研究在现在的日本而言是否定国家的研究,只要这种研究有利于研究理想的社会,就有研究的必要性,享有研究的自由。"② 长谷川肯定了森户辰男的无政府主义研究的必要性。

（二）主张国家行为与言论自由的绝对对立

国家主义者批判森户辰男的依据是《新大学令》第一条:"大学是教授国家所需学术理论以及应用,并以研究其奥妙作为目的。"针对这一点,大山郁夫指出:"真理探讨和研究自由如影随形、相伴而生。无论研究自由受到何种压制,都无法进行真理探讨。如果研究自由受到限制,无论其理由,都应该力争取消这种限制,这是从事真理探讨的学者的使命。"③ 对此,吉野作造指出形成文化的条件之一是自由的精神活动,过度强化国家组织不但弱化共同生活而且妨碍文化的发展。相反,不执着于强制组织,反而有利于共同生活,推动文化的发展。吉野作造指出,言论思想的自由方面无须任何国家行为,国家最好袖手旁观。国家主动去创造文化或者是强化某种文化属性的积极行为,不值得提倡。国家需要取缔妨碍精神生活自由的行为,铲除言论自由面前的荆棘,除此之外,国家不应该再有其他的积极行为,这样才能保证思想言论在完全自由的状态下发展。对于政府担心的所谓"危险思想的泛滥"问题,吉野作造指出"危险思想"仅仅是停留在思想层面时,绝对不存在危险。如果把思想作为手段时,就超出了思想的

---

① 河西秀哉:「〈大学自治論〉の展開:長谷川如是閑を中心として」,『京都大学大学文書館研究紀要』第 7 号,2009 年。
② 長谷川如是閑:「森戸助教授筆禍事件の論理的解剖」,『我等』1920 年 2 月号。
③ 大山郁夫:「研究の自由と研究発表の自由」,『新小説』1920 年 2 月。

范围，理应从行政上加以取缔。他认为纯粹的危险思想应该用思想去进行战斗，而不是应该采用外部威胁或者扑灭手段。只有在思想言论的自由状态下才能够摒弃危险思想。行政权、司法权的介入只能导致伪善、迎合以及阿谀奉承，起不到任何作用。

长谷川如是闲以社会有机体论和社会进化论为前提，把国家相对化，强调社会的价值。对于"森户事件"，他认为这不仅是压迫"学问的自由"，而且是阻碍社会的进化。[①]

（三）大学具有独立性

森户辰男被起诉的另一个依据是"可以研究，但是不能宣传"。长谷川如是闲指出，从大学的学问自由的角度出发森户辰男的研究可以发表。大山郁夫指出，近代民主精神的要求之一是一切文化价值都应该实现社会化。学术的社会化包含学术研究成果的社会化和学术研究机会的社会化两个方面。前者是指学术研究成果不专属于研究者个人或某个特殊团体，而是作为一般社会的共同所有物向社会公开。后者是指扫除普通民众接触学术研究机会的各种障碍，这一要求的最彻底表现是按照众多社会改造论者所提倡的那样，小学教育到大学教育都对外开放，实现教育上的"门户开放"。学术进步离不开研究自由，研究发表的自由也是研究自由的一个方面。[②]

大山郁夫批判了东京帝国大学经济学部教授会的应对办法。他指出大学具有独立性，尊重、拥护研究的自由和研究发表的自由是大学的使命，帝国大学教授的这种意识很薄弱。"森户事件"是政府对研究自由的干涉，大学却没有进行任何抗争。尽管目前的法律制度为大学的抗争留有余地，

---

① 河西秀哉：「〈大学自治論〉の展開：長谷川如是閑を中心として」，『京都大学大学文書館研究紀要』第 7 号，2009 年。

② 大山郁夫：「社会科学における研究の自由」，『我等』1920 年 3 月。

帝国大学却没有采取任何反抗措施。①

与大山郁夫的观点相一致，长谷川如是闲批判帝国大学没有以"研究的自由"为盾牌去对抗，放弃了大学赖以生存的基础。某些国家主义人士指出，大学是研究国家所需要学术的国家机关，应该禁止否定国家的哲学或科学的研究。长谷川反驳说："经济学部教授会按照文部省的要求回收杂志，从一开始就放弃了主张言论思想的自由、研究的自由和抵抗的权利，是毫无见识的做法。"②

从上述分析可见，吉野作造明确了国家和社会的范畴，批判了处理国家和社会关系时过于重视国家组织的一元论。他指出政治的目的在于保证人的自由，为了保证言论思想的自由应该排斥国家作为的干涉。吉野强调尽管无政府主义有弊端，但是学问上的无政府主义不会对共同生活造成威胁，因此应该尊重学问研究的自由。

三　大正民主主义者言论自由思想批判

首先，毋庸置疑，言论自由是国家和政府科学决策和民主决策的重要前提，是维系一个国家政治生活不断趋向文明和进步的关键因素。由于原敬内阁在言论自由问题上采取双重标准，政府对于猖獗的右翼言论听之任之，只着力打击民主思想和左翼思想，所以民主主义者在"森户事件"发生后，反对政府的言论镇压，这无疑具有进步意义，有利于为左翼思想争取舆论空间。

然而，我们在肯定民主主义者言论自由观点的积极意义的同时，还必须要考虑言论自由的边界与限度问题。民主主义者没有恰当说明言论自由的限度，导致其支持言论自由的观点既缺乏说服力，也没有切实可行性。

---

① 吉野作造：「言論の自由と国家の干渉」，『我等』1920 年 3 月。
② 長谷川如是閑：「森戸助教授筆禍事件の論理的解剖」，『我等』1920 年 2 月号。

民主主义者只是片面强调了言论自由是现代公民的一项权利，忽视了这一权利背后应该体现权利主体的责任和伦理内涵。

同时，民主主义者认为言论自由方面无须任何国家行为，这一观点也是错误的。强调言论自由并不是说国家在言论方面完全的消极不作为，因为如果国家在言论散播方面完全的缺席、不在场，那么势必会出现强势社会群体的言论以压倒性优势对社会弱势群体的言论自由构成侵犯甚至践踏。自由不是任性，以国家的绝对放任行为来理解言论自由恰恰是从根本上侵害了言论自由。① 适当的国家干预和政府管控，是言论自由得以保证的必需。为了防止言论个体不顾道德界限与法律责任进行非法煽动或犯罪教唆，言论自由背后应该是一个国家和政府在处理个体与个体之间、个体与共同体之间边界关系的审时度势和理性把控。国家对社会生活共同体中产生和传播的各种言论的调整必须在严格的法治框架范围之内，能够确保各种有益于国家共同利益的言论得到积极培育和成长。

其次，民主主义者强调学术自由和大学自治权这一观点，也是深受西方学术传统的影响。学术自由的思想作为现代大学经典理念之一，源于欧洲中世纪大学，19 世纪在德国近代大学得到确立。德国现代大学教育改革的奠基人如威廉姆·洪堡是继承了中世纪哲学和古希腊哲学的精华，使学术自由成为一种制度形态，此后，这种办学理念也广受大正民主主义者的重视。

当然，学术自由是追求真理的先决条件，没有学术自由就无法发现和验证真理。但是，学术自由与学术责任是相伴相生的，学术自由本身不是一种绝对的自由，它也有自己的边界。学术自由也要受到一定法律规范的制约。

需要批判的是，民主主义者只是片面强调学术自由的权利，但是没有兼顾履行社会责任也是学术自由的内在要求。第一，自由同时包含着责任，

---

① 韩升、刘晓慧：《言论自由及其边界的政治哲学反思》，《吉首大学学报》（社会科学版）2019 年 3 月。

责任是自由逻辑的必然延伸。大学本质上是自由与责任的对立统一体。大学就其学术属性而言是自由的，就其社会属性而言则是受限的。第二，自由是具体和现实的，自由的价值也是有条件和限度的，责任的泛化意味着不承担责任。第三，学术自由是在担当育人责任、知识责任、服务社会责任、道德责任等使命下的有限自由，当自由超过一定的限度时，反而会摧毁学术本身，导致社会失范。

所以，不存在完全超脱于现实国家和社会的学术自由，学术自由与国家目标在互利共生中获得合法性，学术自由是在担当育人责任、知识责任、服务社会责任、道德责任等使命下的有限自由，当自由超过一定的限度时，反而会摧毁学术本身，导致社会失范。大学的真正价值在于它在"学术自由"与"社会责任"的双重使命之下，不懈地为现实社会的持续发展提供思想的源泉。

◇ 本章小结

本章具体围绕妇女问题、教育问题、言论自由问题以及劳动问题，探讨大正民主主义在社会文化方面的思想。明治时期以来，日本在政治方面的近代化与自由民主化有目共睹，但是在妇女解放问题上并未有实质性进步。明治政府依然保留了一夫多妻制和封建的夫权，公娼制度以及由此引发的人口买卖问题也没有得到解决。妇女在教育、职业以及政治权利上饱受歧视。大正民主主义者虽然并没有反对"良妻贤母"的女子教育理念，但是主张在家庭内部男女应该具有平等地位，改变把女子看作商品和手段的封建女子教育。

以原敬内阁为代表的政党内阁在言论自由问题上采取双重标准，纵容右翼言论，严厉镇压民主主义、社会主义思想。大正民主主义者强烈反对政府的"思想善导"行为，倡导学术研究的自由，为左翼思想争取了生存空间，具有一定进步意义。但是，必须批判的是，民主主义者没有明确言论自由权利背后的主体责任，认为言论自由应该完全排斥国家行为，这种观点有很大的片面性。

在教育方面，大正时期的文化教育政策延续了明治以来保守的教育方针，仍然是继续培养基于天皇制意识形态的国家至上主义，采用一切手段培养国民的忠君爱国道德。对此，大山郁夫进行了深刻透彻地分析，批判了加藤内阁对于教育的轻视和文部省官僚的教育思想，指出学校教育的军事化会磨灭学生的创造性、自由精神和批判精神，应该扩大"社会性教育"，把学生从"国家性教育"中解放出来。但是同时，大山郁夫通过分析明治以来日本教育体制中的"德育""智育"之间的矛盾关系，指出以国民道德观念为核心的"德育"虽然对国家发展发挥过一定作用，但是"德育"衍生出来的思想产物却导致了国民对于国际战争的关注。

对于第一次世界大战后日益高涨的劳动运动，民主主义者纷纷提出各自的主张。从人道主义、人格平等的角度出发，认可劳动运动的社会历史意义。大山郁夫提出更为进步的观点，认为民主主义的出发点和归结点就是民众。占据民众大多数的是劳动者，劳动者由于其特殊地位，更容易接受平等的民主理念，因此劳动者是民众文化的重要因素，解决劳动问题具有文化意义。这种对于劳动问题的积极立场也是大山郁夫后来走向马克思主义的因素之一。

第四章

大正民主主义的国际政治观

第一次世界大战造成了巨大的经济损失和人员伤亡。第一次世界大战以后，美英等西方国家的学者开始深刻反思战争的起因和根源，特别是如何才能避免和防止大规模战争的爆发。在英国和美国产生了被概括为"自由国际主义"的新思想。自由国际主义者相信"人民"对于和平有明显的利益和渴望，在一定条件下民主政权会让这些利益和愿望成为现实。[①] 自由国际主义从两个方面对第一次世界大战的灾难加以诊断，并给出了两个解决方法，首先，推行民主政治体制，即自由民主制的宪政体制以及民族自决原则。其次，改变以往的国际关系的无政府状态，建立一种新的国际关系的制度结构，即国际联盟。学者们以理性主义为指导，提倡以道德为准则，认为健全国际法和国际公约可以确保和平，并在此基础上建立国际安全组织，最终建立起一种和平稳定的国际秩序。新的国际政治环境也引发了日本国内知识分子等社会精英的响应。民主主义者关心国际政治的动向，提出了"国际民主主义""国际协调主义"的理念，思考日本的外交政策，并从各自的着眼点提出了具体的外交策略。

---

① [英] 克里斯·布朗、克尔斯滕·安利：《理解国际关系》（第三版），吴志成等译，中央编译出版社2010年版，第29页。

◇第一节　民主主义者关于第一次世界大战后的国际政治认知

一　"国际民主主义"的提出

"国际民主主义"这一概念是吉野作造于1919年在《六合杂志》上发表的文章《从帝国主义到国际民主主义》①中提出的，他的解释是"国际民主主义指民主主义精神体现在国际社会或者国际关系上"，"主权国家在国内政治和国际关系上贯彻自由平等的精神"。

在《从帝国主义到国际民主主义》中，吉野作造认为19世纪是帝国主义时代，经过巴黎和会，帝国主义逐渐转向国际民主主义。他认为巴黎和会是以国际民主主义作为基础的新世界的开端，并从历史的角度总结了国际民主主义的形成和发展，分析了国际民主主义的发展前景。"政治上的民主主义是指在国内消除人和人之间的差别，至少消除人为的阶级差别，建立自由平等的关系。这种自由平等的理念，虽然尚不完善，但是十九世纪，在国家内部的个人关系上得以实现，但是在国际关系中，自由平等的价值被践踏。通过这次战争，国际民主主义会得到充分发展。……我们认为最重要的不是国际联盟的形式，而是其精神基础。如果形式上成立了国联而缺乏精神基础，终究无法达成目的，面临破裂的命运。"②

从引文可以看出，1919年1月18日，在巴黎凡尔赛宫召开的战后协约会议令吉野作造充满了希望和期待。吉野作造对国际联盟发挥国际协调的

---

① 吉野作造：「帝国主義より国際民主主義へ」，『六合雑誌』1919年6月。
② 同上。

作用寄予了一定希望,并指出国联的精神基础就是国际民主主义。从上述可见,吉野作造认为19世纪是帝国主义时代,随着第一次世界大战结束、巴黎和会召开,国际协调主义、国际民主主义时代即将到来。巴黎和会之后,国际关系逐渐转向以国际民主主义为基础的自由平等的关系,是相互信任、相互协调的新型国际关系。在第一次世界大战刚刚结束,国际上和平思潮盛行的影响下,吉野作造的国际政治观带有一定理想色彩。不过"国际民主主义"这一提法并没有得到日本国内学者和报界媒体的响应,吉野作造自己后来也没有再使用这一概念。

二 "国际协调主义"前景及日本的对策

目前学界经常采用"对美协调""协调外交""协调主义"等概念来界定大正时期原敬内阁的外交政策和币原喜重郎推行的外交政策。不过,笔者通过检索日本国会图书馆的文献发现,上述词在原敬内阁时期(1918年9月到1921年11月)几乎没有出现在报刊舆论中,在1923年以后才陆续见诸各类评论文章中。可以说,大山郁夫在1919年发表的《国际生活上的新纪元和日本政治的将来》中较早地提出了"国际协调主义"的国际关系论,其中指出:"国际协调主义是民主主义在国际上的外在表现,国内民主主义和国际民主主义是不可分割的。"①

首先,大山郁夫着眼于国家性质,指出国际协调主义的基础是新国家主义。第一次世界大战以后,国家至高无上的观点受到质疑,但是新国家主义受挫,国际社会上,旧国家主义仍然占上风。大山郁夫指出:"旧国家主义基于国际猜疑,相反新国家主义则建立在国际理解的基础上。前者的

---

① 大山郁夫:「民族主義と国際主義——その講話会議に於ける曲折」,『我等』1919年3月。

归宿是征服性帝国主义，后者的归宿是国际协调主义。"① 但是对于今后国际协调主义的发展前景，大山郁夫并不乐观。他分析了日、英、法、美的动向后，认为国际社会仍然存在以强凌弱的现象。"巴黎和会中，旧国家主义的基础即国际猜疑非常盛行，而新国家主义的基础即国际理解却非常匮乏。……一直自诩为和平主义和人道主义的践行者英、法、美也开始实行马基雅维利主义。"② 大山郁夫指出，威尔逊③总统所提出的"十四点和平计划"，虽然具有进步意义但隐藏着很多保守因素，甚至巴黎和会后的国际社会仍然是保守主义占上风。他认为，虽然第一次世界大战后形成的新国家主义力图突破旧国家主义的壁垒，实际上旧国家主义的基础却非常牢固，新国家主义势力受挫，被迫与旧国家主义妥协。大山郁夫曾经期望大战会淡化各国国民的国家观念，相反，他认为第一次世界大战后各国国民的国家观念更加强烈，巴黎和会虽然一定程度上改善了国际关系的现状，但没有从根本上消除旧国家主义。

其次，大山郁夫分析了"国际协调主义"的制度保障——国际联盟（以下简称"国联"）。他原本对国联寄予希望，期待国联能够为国际协调主义提供制度保障，但是他后来意识到这不过是"半途而废"的联盟，国联无法保障永久和平。"我们在国联的条约中也看到了筹建者们力图改善现状的努力，因此我们认为，国联条约在某种程度上能够防止爆发战争。但是我们追求的不是这种半途而废的联盟，我们希望的是实现国际之间的永久亲善，促进各国民众精神的自由发展。我们认为，至少应该设置国际陆海

---

① 大山郁夫：「国際生活上の新紀元と日本の政治の将来」，『中央公論』1919 年 1 月。
② 同上。
③ 伍德罗·威尔逊（1856—1924），美国政治家和政治学家。早年从事教学和研究工作，1910 年步入政界，1912 年当选美国第 28 任总统。在任期间，提出了"新自由""世界和平纲领""十四点和平计划"等主张而闻名于西方。第一次世界大战结束后，威尔逊在美国国会发表演说，提出了订立和平条约、公海航行自由、贸易平等、裁军、成立国际组织等原则，并且对战后欧洲的边界做出了安排，史称"十四点和平计划"。

军,废除各国的征兵制度,建立具有有效制裁手段的强制仲裁制度。加入联盟的条件是,参加国必须具有民主主义的政治组织。如上所述,联盟条约缺乏彻底防范爆发战争的有效机制。对这一点,我国的某些阶级却感到非常高兴。……报纸上充斥着军国主义言论。"① 可以看出,大山郁夫认为国联没有设置国际陆海军,也未建立具有有效制裁手段的强制仲裁制度,缺乏彻底防范爆发战争的有效机制。

再次,尽管对于国际协调主义的发展前景并不乐观,大山郁夫仍然强调日本应促进国内的政治和社会生活的民主化,加入"国际协调圈",顺应国际协调主义。"在今后的国际关系中,官僚专制统治的国家至少从精神上要顺应国际协调主义。我国政治中存在的阀族专制、元老干涉、野蛮的选举法和忽视民意的议会制度,非民主主义的教育和军人外交的现状,都是落后于时代的具体表现。……如果日本不消除这些落后因素,不加入国际协调圈,会被作为革命之前的德国。……如果被排除在国际协调圈之外,我国国民会为此蒙受莫大的物质损失。如此,我国终将失去既得的世界地位,错失背负世界使命的机会。对我国国民而言,这也是一种精神损失。……在对美、对华和对俄外交上,必须消除这些国家对我国持久的根深蒂固的误解。"② 从引文中可以看出,大山郁夫认为如果被排斥在国际协调圈之外,日本的国家利益会蒙受重大损失。他担心日本会重蹈第一次世界大战之前的德国的覆辙,被国际社会所孤立。"国际社会把我国称为第二个德国。我国近年来的对华外交和西伯利亚出兵等方面引发了世界的怀疑。"③ 而实际上,日本在第一次世界大战期间大肆在中国扩大侵略权益,

---

① 大山郁夫:「民族主義と国際主義——その講話会議に於ける曲折」,『我等』1919 年 3 月。
② 大山郁夫:『現代日本の政治過程』,改造社 1920 年。
③ 大山郁夫:「国際生活上の新紀元と日本の政治の将来」,『中央公論』1919 年 1 月。

已经开始受到欧美列强的孤立。在巴黎和会和华盛顿会议期间,日本的国际立场颇为孤单。①

同时,大山郁夫希望借助国际政治的变化,促进国内政治和社会生活的民主化。他指出:"君主政体和共和政体都是民主政治,均立足于尊重民意这一根本原则。……参与国际联盟的前提条件就是参加国是民主政府,国际联盟的精神基础是国际民主主义。……我国要加入国际协调圈,必须在政治方面实现民主化。这似乎是外来压力,而实际上是我国政治的内在要求,是我国的国民精神以及完善我国君主立宪制的要求。因为我国向美国、加拿大和澳大利亚提出消除种族歧视的要求,我国自身也应该加快政治的民主化进程。我国政治民主化的最大动力源于国民精神的发展和国民生活的丰富充实产生的自然要求。因此,除了政治之外,教育、产业和其它社会生活都应该实现彻底的民主化。"② 从上述阐述可以看出,大山郁夫强调加入国际协调圈是日本融入国际社会、消除世界对日本的误解、获取经济利益的最好手段。他认为要加入国际协调圈就必须促进日本国内的民主化,这既是迫于外来压力,也是日本国民精神发展的自然要求。大山郁夫主张国际协调主义的初衷有两方面,对外是为了维护国家利益,包括保持国际地位和获取经济利益,对内则是促进政治民主和社会民主的发展。第一次世界大战以后,第一届政党内阁原敬内阁奉行对美国协调的外交路线,并极力维护日本在第一次世界大战中的既得权益。不难看出,大山郁夫的主张与原敬内阁的外交方针基本上相一致。

三 关于帝国主义的不同认知

从世界历史的角度而言,"帝国主义"一词开始时"被人们骄傲地用来

---

① 臧运祜:《近代日本亚太政策的演变》,北京大学出版社2009年版,第86页。
② 大山郁夫:『現代日本の政治過程』,改造社1920年。

指称英国对它曾经控制或仍然控制的地区的文明做出的贡献,即它建立的法制、议会机构、有公共责任感的合理的文官政府以及对人的价值和权利的坚定信念"①。只是从霍布森之后,由于他和其他人的道德批判及其广泛影响,加上当时从世界各地到英国本土出现的越来越多的反抗资本主义列强侵略压迫的情绪和斗争,"帝国主义"才逐渐成为以强凌弱、以大欺小的同义词。

第一次世界大战之后,民主主义者关于帝国主义、军国主义的认知存在分歧。吉野作造在《从帝国主义走向国际民主主义》中指出"帝国主义就是侵略主义"②。他指出:"一国的统治权影响到其他民族或其他国家,并且这种影响不是来自对方的请求,而是借助武力向外拓展本国的势力范围,所以帝国主义就是侵略主义。尽管这不是'帝国主义'一词的本意,但是今天普遍使用的'帝国主义''军国的帝国主义'和'帝国主义的军国主义'都是侵略意义。"③ 可以看出吉野作造对于帝国主义的性质已经有明确认识,不过他并没有进一步指出日本的对外政策是否属于帝国主义,以及日本是否应该放弃帝国主义。

与吉野作造的观点不同,美浓部达吉明确表示民主主义与帝国主义可以兼容。他在《近代政治的民主倾向》中指出:"'民主主义'往往被作为'帝国主义'的反义词,特别是这次战争号称是'民主主义'与'帝国主义'的对决。因此这两种主义被理解成完全相反的思想。这有失恰当。'帝国主义'是关于应该施行何种政治的方针,'民主主义'是关于如何施政的主义,换而言之,前者是施政方针的问题,后者是政治组织的

---

① 王逸舟:《西方国际政治学:历史与理论》(第三版),上海人民出版社 2018 年版,第 36 页。
② 吉野作造:「帝国主義より国際民主主義へ」,『六合雜誌』1919 年 6 月。
③ 同上。

问题，两者可以兼容。"① 对于第一次世界大战之后的国际局势，美浓部达吉指出，一方面民主主义的发展势头得到强化，会继续兴盛下去，同时军国主义也绝不会衰退。英美等其他协约国的军国主义势力在第一次世界大战后会逐渐加强，德国和奥地利等国家的民主主义势力会有所增长。可以说，美浓部达吉实质上肯定了日本可以对内实行民主主义，对外实行帝国主义。

◇第二节 吉野作造的满蒙论

民主主义者中吉野作造关于中国的论述最多。关于吉野作造的中国观，中日学界都有了较多的研究成果和积累，也存在一些分歧。究竟吉野作造的对外思想是否是非帝国主义或是反帝国主义呢？他的中国论又具有什么思想特质呢？本节通过分析吉野作造的满蒙论，透视民主主义者对华外交立场。

一 获取在华权益手段论

"辛亥革命爆发、清王朝逊位前后的中国内乱政局，被日本认为是实施其大陆政策的最为有利的时机。这期间，日本迅速与俄国勾结，以第三次日俄密约（1912 年 7 月 8 日）延长各自在南、北满洲的分界线，并划分了各自在内外蒙古的势力范围。与此同时，日本加速向中国东北和内蒙古地

---

① 美濃部達吉：「近代政治の民主的傾向」，『太陽』1918 年 6 月 15 日。

区进行扩张，形成了所谓的满蒙问题。"① 日本为了确保并独占其通过中日甲午战争和日俄战争得到的在华权益，对外声称满蒙地区是日本生存和安全不可欠缺的条件，甚至要求国际社会尊重日本在该地区的特殊利益。整体而言，吉野作造肯定日本攫取在华权益，特别是强调不能放弃满蒙特权，他反复论述的是获取对华权益时的手段。

（一）在"合适时机"提出"合适要求"——积极地对华侵略

吉野作造论述对华问题一直强调要在"合适的时机"提出"合适的要求"。他在1916年编辑出版的《满蒙》一书中指出，当下是获取满蒙利益的大好时机，"经营满蒙的好时机已经到来"。② "通过去年春天缔结（1915年6月8日）的日支新条约③，日本巩固了十年以来关东地区租借地和南满

---

① "支那"，又写作"脂那""至那"，古代佛教经典对中国的称呼。在明治维新特别是中日甲午战争以后，日本国内舆论故意采用"支那"一词来表达对中国的污蔑、鄙视甚至仇视的态度，是含有极大侮辱性的词。中华民国正式建立后，日本国内却长期拒不称其正式国号而轻蔑地呼为"支那"。日本使用"支那"一词，还服务于分裂中国的野心。1930年，南京国民党政府以拒收外交公文对日本表示抗议后，日本政府才算同意在致中国的外交公文中称呼正式国名。为了体现所引用文献中的语义，本文在引文中保留原文中的用词，没有进行修改。以下类同。参见臧运祜《近代日本亚太政策的演变》，北京大学出版社2009年版，第63页。

② 吉野作造编：『満蒙』，民友社1916年，3頁。

③ 中方称之为《民四条约》。1925年5月25日袁世凯政府与日本政府签订。《民四条约》由《关于南满洲及东部内蒙古之条约》、《关于山东之条约》及另附的十三件换文组成。这些条约及换文的内容主要有：①在山东，日本不仅得以继承德国的一切利权，还得到中国政府关于山东内地或其沿海岛屿一概不租让于外国等许诺。②在南满，日本得到延长租借地及铁路期限、其臣民得任便居住、往来并经营农工商业及租用土地等权利。③在东蒙，日本得到其臣民与中国人合办农业和附属工业等权。④汉冶萍公司可与日本资本家商定合办，中国不将该公司充公、收归国有或使其借日本以外的外资。⑤在福建，中国政府答应不允许外国在沿岸地方设造船所、军用贮煤所及海军根据地，也不借外资自办。《民四条约》的签订后，日本侵略势力在满蒙、山东得到巩固和扩展，在华中华南也有所增进。

铁路附属地的根基，从此能够在广大的满蒙地区雄飞雀跃，与邻邦支那共享其福利，共同确保东洋的和平，这是一个大好契机。在满蒙地区，我国经历了两大战役，也丧失了数万名同胞的宝贵生命，最终得到了相应利权。尽管如此，除铁路沿线及租借地之外，我国还没有得到相应的经营利益。我们应该借鉴以往的情况，奋勇直前改变这一现状。"① 可以看出，吉野作造的主张与当时日本政府的对华政策一致，借欧洲各国忙于战争，大肆扩展在中国的权益。这是典型的对华侵略主张。

第一次世界大战给日本一个在亚洲扩张的黄金机会。日本与英国于1911年第二次修订了《英日同盟条约》。1914年8月，日本以英国同盟国身份参战，到该年年底，日本军队已经掌握了德国在中国山东的所有权益，包括胶济铁路及青岛军港，德国在太平洋的岛屿亦落入日本手中。1915年大隈重信首相与外务大臣加藤高明向袁世凯政府提出"二十一条"要求。"二十一条"概括了日本当时对华政策的全部内容，力图使中国变为日本的殖民地。

我们再看吉野作造的主张："这次战争的结果是日本在支那的势力范围日益扩大，以胶州湾为依据占据了山东铁路，从而深入支那内地，与满洲铁路一起形成了统治北方整体的局面。欧洲列强在这次战争中无暇东顾，德国的在华势力几近覆灭，只剩下英、俄、法国的势力。英国忙于恢复和提高国力，难以在东亚投入更多的精力。……因此，今后日英同盟有利强化我国在支那的经营。……我们应该在合适的时机、合适的场合，提出合理要求，从而扩张我国的势力范围，借助武力扩张势力范围并不明智。目前支那尚未瓜分完毕的利权是铁道的铺设权和矿山的开采权等，一旦有这样的好时机，我们应该斟酌思考周围的情况，采取最为敏捷积极的行动和一切手段。"② 不难发现，吉野作造认可日本在第一次世界大战期间获得的在

---

① 吉野作造編：『満蒙』，民友社1916年，3頁。
② 同上。

华权益,并且赞同利用欧洲各国在华势力的削弱趁机占据更多的在华权益。同时,他特别重视铁道的铺设权和矿山的开采权等,认为一旦有这样的好时机,应该斟酌思考国际社会的状况,采取最为敏捷积极的行动和一切手段。

吉野作造提出满蒙经营的"时机到来"是在1916年,正是他大力提倡民本主义,主张实施宪政的时期。他在1916年1月《中央公论》上发表了《论宪政的本义及实现其有终之美的途径》,提倡立宪制度,主张两党制和扩大普选权。在满蒙问题上,他认为这是经营满蒙的好时机,他的主张和日本政府的对外宣传口号相一致,即"与邻邦支那共享其福利,确保东洋的和平",认为满蒙权益是日本在甲午战争和日俄战争付出了巨大代价之后应该得到的利权。在"合适时机"提出"合适要求"的思想方针一直贯穿在吉野作造的满蒙论和对华观中。

(二)获取在华权益不宜招致"欧美各国的反感"——注重侵略手段的隐蔽性

除此之外,吉野作造指出获取在华利益时,必须注重与欧美的协调外交。他认为获取在华利益时不仅要考虑日中关系,还应该处理好与其他国家的关系。他指出,"我们必须做到,在向支那提出某种要求时不会招致欧美各国的反感,因为当今的对支外交,不仅仅是与支那之间的外交,同样受欧美各国意志的影响。……不过需要注意,我们不应该提出一些无用的、不急迫的要求,以免招致支那的反感。我们的要求必须是按照当时的情况,提出最小限度。我自己认为,这次要求(对华'二十一条')基本上是最小限度的要求,是日本的生存所必需的。"①

吉野作造认为今后的满蒙经营必须改变侵略性的态度和武断的交涉方法,避免招致中国的反感和欧美列强的怀疑。"我认为必须要采取稳健公平

---

① 吉野作造:『日支交涉论』,警醒社书店1915年,16页。

的手段，得到支那的同意。……对于前年 5 月份，加藤外相推进的日支交涉的具体内容，我非常赞同。但是对他的交涉方法，我持有怀疑。无论如何，不应该采取侵略性的态度。我国应该始终坚持亲善的关系，使支那愉快地出让权益。然而我国的态度往往是侵略性的，经常遭到其他列强的猜疑，也使支那人异常敏感。本野外相在前一内阁时期的对支行动，既遭到了邻邦支那的反感，又导致列强的误解。我们应该改变以往的侵略态度，在获得支那人好感的基础上，不招致他国猜疑的前提下，逐渐发展在支那的利权。当然，我不赞成应该随意增减日本国民提出的对支那要求，也不赞同由于支那的愤怒和外国猜疑，我国就撤销所提出的要求，我只是认为必须改变提出要求的态度。"① 可以看出，使中国"愉快地"出让权益，避免遭到列强猜疑和中国人的反感是吉野作造对华政策观的本质和核心。吉野作造反复强调侵略手段要隐蔽、要温和，他的最终目的仍然是在华建立殖民地，获取更多侵略权益，这与日本的军国主义者并无二致。

1917 年 11 月日美两国签订了《蓝辛石井协定》，根据该协定，日本会尊重中国独立，同时答应不妨碍美国商业利益进入中国，赞同实施"机会均等""门户开放"政策，美国则承认日本在中国东北有"特殊利益"。吉野作造认为迄今为止的对华政策主要拘泥于"国防的角度"——满蒙问题，忽视了经济问题、文化问题等这些更加基础、重要的方面。他认为从国防角度看，日本的满蒙权益已经得到美国的承认，实现了目标。但是，"我国以往的对支政策拘泥于国防角度，其弊害是忽视了满蒙之外的方面。另一弊端是，放任其他国竞相争夺专属势力范围。……必须与支那建立经济联系。为此，首先需要与支那整体建立联系，仅仅得到满洲和山东省形成局部联系，这无济于事。……最理想的是把整个中国都变成日本的势力范围"②。既要获取更多的利权，又要小心不招致"欧美各国的反感"，可以说

---

① 吉野作造：『我国の東方経営に関する三大問題』1918 年 7 月，选集 8，294 頁。
② 同上。

吉野作造的对华政策论与原敬内阁的对美协调外交方针基本一致。通过与欧美列强保持良好关系，攫取更多在华权益，以达到侵略企图。

通过分析吉野作造提出的获取在华权益的手段，可以看出，本质上，吉野作造赞同并支持日本侵略中国东北、蒙古地区的意图，并且主张把整个中国作为日本的势力范围。只是他认为采用隐蔽的手段和方法更有利于达到日本的侵略企图。可以说，在对华政策上，民主主义者与日本的军国主义者并没有本质区别。这其实是近代西方民主一贯的罪恶，对国内民众倡导平等、自由、权利，在面对殖民地民众时，则丝毫不提平等、自由，只考虑如何获取更多的侵略利益。

（三）"支那保全论"的实质——日本的"门罗主义"

目前关于吉野作造的中国观，国内学界存在不同的立场。如果仅仅抽取吉野作造的部分观点，容易造成误读。例如，他在《日支交涉论》指出："支那应该脱离当今的贫弱状态，拥有自我保护、自我独立的实力。……对支政策的根本理想是支持支那，相互提携，共同作为东洋强国，为世界的文明进步做贡献。保全支那的领土问题是上述大政策的一小部分。保全支那的领土、促使其独立是我国对支政策的根本。"[①] 这种观点往往被看作吉野作造提出的"殖民地保全论"的依据，甚至进而把吉野作造的观点理解为反对日本的帝国主义、军国主义政策。但是仔细阅读其前后的论述，我们会发现，吉野作造这一主张的前提是"为了日本的利益，应该采取何种政策？毋庸置疑，最好是把支那整体都作为日本的势力范围。类似美国在大陆采取的'门罗主义'，日本在支那也应该采取'门罗主义'"[②]。

本质上，吉野作造的观点与日本在华建立殖民地的目的相一致，只是吉野作造更重视手段和方法的现实可行性。他主张日本应该采取"门罗主

---

① 吉野作造：『日支交涉论』，警醒社书店1915年，220页。
② 同上书，221页。

义",不过由于各国在华势力范围早已划定,"日本现在主张'门罗主义为时已晚。况且当今日本的政治状况和道德的发展与中国是同步的,即使提出新的'门罗主义',中国民众也未必响应"。①吉野作造提出如果不能把整个中国作为日本的势力范围,则最有利于日本的局势是中国本身具备自我保护、自我独立的实力,免于成为其他国家的势力范围。"以长久的目光去看待支那……有人担心强大的支那会对日本造成威胁。为了保障日本的安全,应该使支那永远处于贫弱状态。这种观点看似对日本有利,实际上却令人担忧。古往今来,任何强盛的国家都是与强国接壤的。强大的邻国警醒本国不可大意。日本在东洋不存在强敌,支那的强大能够给日本提供他山之石。支那的强大不仅不会对日本构成威胁,而且能够鼓舞日本国民的士气,振奋日本国民的精神,因此应该欢迎支那的强大。支那永远保持弱国的状态,终究会导致日本民族的堕落。……他们并非是无能民族,应该抛开目前的一起一伏的具体事件,以整体观念看待其前途。日本以往的对支政策完全忽视了支那将来的发展。极端而言,大家甚至会认为支那将来会破产,因此趁机占据一切好处。西原借款②就是其中典型的例子。实际上,这最终是我国的失策,因为我国过于低估了支那的前途。"③从上述论述可以看出,吉野作造一方面丝毫没有忽视获取日本的在华利益,主张与各国相互竞争,在中国确立利权。

另一方面关于中国的前途,他认为中国改变贫弱状态有助于日本的发展。"各国竞相在支那内部培养势力,划定势力范围。今后支那允许外国自由进入的领域会越来越少。……自由活动的区域也会锐减。我国也不得不

---

① 吉野作造:『日支交涉论』,警醒社书店1915年,221页。
② "西原借款":日本1918年向中国提出的借款计划,目的是进一步保证日本在华特殊利益。其推手是西原龟三,属于寺内正毅一派。该借款表面上由日本私人银行提供借款,用来帮助中国实施各种经济计划,例如兴建铁路。事实上该笔借款是用来支持段祺瑞进行内战,打击其他军阀对手,而日本借此换取在山东及东北的经济利益。
③ 吉野作造:『我国の東方経営に関する三大問題』1918年7月,选集8,294页。

在支那划分专属的排他性势力范围。由于各国竞相扩张势力范围，支那将来是否符合我们的期待，能否成为独立自主的国家，我们不得而知，为此我们必须未雨绸缪。"① 可以看出吉野作造在对华问题上的表述和心态有时候是前后矛盾的，既支持中国改变目前的状态，又担心中国有可能无法实现独立自主，故而趁机占领更多的势力范围，以免落后于其他国家。

但是纵观前后，我们可以看出吉野作造仍然是为了扩大日本的在华利益，并没有否定对华侵略。他反复强调"合适的时机""合适的场合"提出"合适的要求"。他从历史主义和发展变化的角度出发，强调获取对华利益、满蒙利益时要重视手段的有效、合理和实际可行性，他强调用协调外交的手段进行殖民地侵略，因此既不能把吉野作造看作非帝国主义，更不能认为是"和平主义的使者"。实际上，吉野作造在 1918 年中已经明确指出了兼顾军国主义与民本主义，必须在和平主义的理想之下推行军国主义，军国主义手段必不可少。他的对华政策手段论正是这种思想的体现。企图由日本独占在华权益、注重侵略手段隐蔽性、积极对华侵略，正是吉野作造提出的满蒙政策论的主要核心。这种观点与他针对国内倡导的民主化改革形成了鲜明对照。他的民主主义论仅限于日本国内，对外则完全是帝国主义的立场。

二 吉野作造针对郑家屯事件上的日本对华外交的批判

（一）郑家屯事件经过

辛亥革命前后，日本为了达到侵略东北三省的目的，于 1916 年策划了"满蒙独立运动"，豢养和操纵蒙古叛军巴布扎布收罗 5000 余人，以"反袁复清"为由（尽管此时袁世凯已死）于 7 月 1 日出兵南下。洮辽镇守使吴

---

① 吉野作造：『我国の東方経営に関する三大問題』1918 年 7 月，选集 8，294 页。

俊升在突泉阻击巴布扎布，击毙500多名叛军，吴俊升亦身负重伤。巴布扎布在突泉受阻后，8月逃窜到辽宁、吉林两省。奉天督军张作霖急派二十八师阻击。8月12日，巴布扎布在郭家店受到二十八师阻击，连遭惨败。日军见巴布扎布受挫，急忙派大尉福生田到二十八师调停，借口战斗距铁路线太近，阻止二十八师追击巴布扎布。8月13日，盘踞在郑家屯的日本守备队借郑家屯发生的一件瓜果之争，向驻郑家屯的二十八师挑起事端，制造了震惊中外的"郑家屯事件"。

1916年8月13日下午3点左右，一个家住郑家屯、卖药兼做当铺商人的日本人吉本喜代吉在街上买鱼时，卖鱼童以其给价太低不卖（又说，因卖鱼童误将瓜子甩到吉本衣服上），吉本喜代吉大怒，打了卖鱼童。恰逢驻郑家屯的二十八师冯德麟部骑兵团士兵路过，便上前劝解。吉本喜代吉转向中国士兵动武，遭到回击后负伤，奔到日本领事分馆的警察派出所告状。日本驻郑家屯领事分馆警察派出所巡查河赖松太郎，带吉本前往辽源镇守使署，当时恰巧镇守使及交涉员都不在署内。接着，河赖松太郎来到二十八师骑兵团驻地，向该团长官提议会谈，欲强行闯入，被门岗士兵所阻止。河赖和吉本又到日军军营求援，松尾中尉率领日兵多人与二十八师骑兵团驻地的约300名的中国军队发生冲突。此次冲突导致中国军队死5名、伤3名，日军死12名、伤5名。

8月29日，大隈重信在内阁会议中通过了《郑家屯事件解决案》，驻华公使林权助于9月2日向中国外交总长提交了"解决案"。内容分为两部分，第一部分是日本政府要求中国政府的事项（日本要求事项）：（1）严罚二十八师师长；（2）有责任之军官悉行免黜，对直接指挥者处以严刑；（3）严饬驻东三省南部及东部内蒙古之中国军队，此后不得再有挑拨日本军队或日本人民之任何言动，并由该处地方官以此项命令布告周知；（4）承认日本政府为保护及管束居留于驻东三省南部及东部内蒙古之日本臣民，于必要地点派驻日本警察官，中国于东三省南部增聘日本人为警察顾问。第二部分是中国政府自愿提出并声明的事项（中国自愿事项）：（1）驻扎东三省南部及东部内蒙古之中国各军队，聘用日本军官若干名为顾问；（2）中国士官学校聘用日本军官若干名为教习；（3）奉天督军亲往关东都督署及奉天日本领事馆谢罪；（4）对于被害者予以相当之慰藉金。日本提出的八项要求，特别是"日本要求事项"第四项与"中国自愿事项"第一、第二项，即军事顾问、军校教习和警察方面的要求，与在 1915 年被中国拒绝的"对华二十一条"第五号中所包括的内容相比，有过之而无不及。很明显，日本大隈内阁企图利用这种规模极小的中日两军纠纷，打开对华政策的新局面。中国政府拒绝了聘用日本军事顾问、聘请军校教习以及日本派驻警察三个要求。最终日本取消这三方面要求，双方达成协议。

（二）吉野作造的立场及对日本各方态度的批判

郑家屯事件发生后，吉野作造发表了两篇长文来表达其意见——《论郑家屯事件及我国对满蒙政策》[①] 和《我国对满蒙政策和郑家屯事件的解决》[②]。吉野作造认为郑家屯事件本身起源于一件极小的事情，但是从中日亲善的大局来看，绝不应该低估它的重要程度，郑家屯事件使原本发展顺利的中日关系再次蒙上了阴影。综合其观点主要如下。

1. 郑家屯事件是大隈内阁对华外交的失败

"满蒙论"的主要观点认为，在整个中国范围内，日本都可以按照"机会均等""门户开放"的原则站在与列强各国平等的基础上共同瓜分利权，但是，唯独满洲和蒙古地区除外，在该地区日本拥有特殊权利。日本不仅要求中国承认而且也企图要求列强各国承认日本在满蒙地区的特殊地位。换而言之，日本可以失去整个中国但必须确保在满洲和蒙古的势力范围。

---

① 吉野作造：「鄭家屯事件を論じて我が対満蒙策に及ぶ」，『東方時論』1916 年 10 月。

② 吉野作造：「我が対満蒙政策と鄭家屯事件の解決」，『東方時論』1917 年 3 月。

在满蒙，不仅满足于经济利权，也要求政治利权。

吉野作造明确承认自己是满蒙论者，赞同大隈重信内阁提出的要求，认为保护满蒙地区的特殊地位是日本帝国政府的责任。郑家屯事件无疑是确保日本在满蒙地区的特殊地位的一个好时机，日本内阁不应该采取如此大的让步。吉野作造指出，日方所提要求中，中国军队聘请日本武官、中国士官学校聘任日本教习、允许日本警察驻守满蒙地区这三条都是必要条件。中国以"有损体面"拒绝了上述要求后，吉野作造批判说："如果支那真心重视其体面的话，就应该迅速提高国力、实现自立，通过自身力量实现国家统一，并且确保外国人的生命安全。那样，支那的所谓体面论或许能够得到外国人的尊重。然而今天，无论如何体面论都是无意义的。支那应从大局出发，尽快向日本妥协。"他认为，从保护日本侨民的安逸幸福这一现实问题来看，尽管体面对于支那来说非常重要，但是日本也无法顾虑这一空名问题。吉野也否认了日本力图借助郑家屯事件扩大在华政治利权的企图。"有人声称这次日本的要求是对满蒙的企图。这完全是污妄之言。这完全出于保护日本侨民安全的需要。"① 可以看出，吉野作造一方面说日本根本不存在对满蒙的企图，日本所提要求完全是出于保护日本侨民安全的需要；一方面他又批判日本内阁做出了重大让步，错失"郑家屯事件"这一难得的好机会。"驻守奉天的将军前往旅顺向日方道歉、日本军民在支那得到礼遇、处罚有责任的支那士官等，无助于日本帝国的实际利益，对于日本国民的利害也没有丝毫影响。宁可放弃全部上述要求，也必须设法保留教官的聘任、军事顾问的聘任、警察的驻留这三条。但是在这一重大问题上，我内阁却完全让步，只是处罚第二十八师团长，处罚支那的几名官吏，对日本毫无益处，舍弃了实际利益只落得一个空名。……郑家屯事件是日本对华外交的失败。"② "分析郑家屯事件的利害得失，我认为该事件

---

① 吉野作造：「我が対満蒙政策と鄭家屯事件の解決」，『東方時論』1917年3月。
② 同上。

的解决和目前内阁对国内所宣布的对支政策特别是对满蒙政策,相去甚远。寺内正毅首相在组阁之前就是满蒙论者,而外相本野一郎作为积极的满蒙论者,曾经反复向政府提出相关建议。在1月23号的会议上,本野一郎外相说,日本在支那以及地区拥有特殊地位,特别是在南满洲以及内蒙古东部地区。日本在满蒙地区的特殊地位,是付出了巨大牺牲和努力的结果。……日本帝国有义务保护这种权利以及利益。帝国的权利和利益也应该得到支那的尊重。这是支那应尽的义务。正如帝国政府所希望的那样,如果支那力图与日本保持亲善关系,必须采取和帝国政府同样的态度和方针,否则无法实现两国的亲善。"① 从上述引文可以看出,吉野作造一方面说日本根本不存在对满蒙的企图,日本所提要求完全是出于保护日本侨民安全的需要;另一方面他又批判日本内阁做出了重大让步,错失"郑家屯事件"这一难得的好机会,指出日本实际所获权益与对外宣称的内容并不相符,谴责日本政府舍弃了实际利益,甚至说"郑家屯事件"是日本对华外交的失败。显然,他的说法是前后矛盾的。

作为政治学者、法学者,吉野作造应该深知中国军队聘请日本武官、中国士官学校聘任日本教习、允许日本警察驻守满蒙地区是对中国主权的侵害。但是,吉野作造却指出,与日本侨民的实际利益和生命相比,中国的"体面"只是空名,毫无意义,中国的"体面"需要中国的国力强大之后才能有资格谈及。吉野作造与日本官方的口径相同,企图以"郑家屯事件"为机扩大日本在满蒙地区的权益,却反复强调"保护侨民",全然不顾及日本所提要求侵犯了中方的主权。吉野甚至指出因为中国现在国力衰弱、四分五裂,所以必须接受日方的要求。可以看出吉野作造的观点充斥着以强凌弱的帝国主义对外侵略思维。

---

① 吉野作造:「鄭家屯事件を論じて我が対満蒙策に及ぶ」,『東方時論』1916年10月。

2. 吉野作造对日本国内各方反应的批判

第一，新闻界的反应偏狭、不谨慎。吉野作造首先批判了日本报界的做法："这一报道见诸日本的报纸之后，朝野上下一片激愤，没有调查原因和结果就纷纷指责日本帝国遭受到了巨大凌辱，国家的体面受到了伤害，绝不能够就此罢休。在此之后，日本民众举行演讲会，向政府提议，掀起了一股反抗的潮流。主张要求支那赔偿，并借机在满洲树立日本的强硬立场。中日之间屡屡发生此类事件。往往在事件发生时日本的舆论非常不谨慎、偏狭。我认为首先应该查明事实，在没有了解事实之前就批判支那的怠慢，并要求以此为机会解决满蒙问题是一种非常不谨慎的做法。"① 吉野作造批判了日本的舆论界不了解实际情况而随意指责中国，误导日本国民，新闻界的行为无助于解决满蒙问题。

第二，日本在满蒙地区的部分行为极为短视。吉野作造认为日本参与蒙匪运动、帮助清朝复辟、违背世界大势，不仅不会成功反而会遭到中国的猜疑。日本也会为此付出人员和金钱等无谓的牺牲，注定是一场悲剧。"蒙匪运动实际上是一种清朝的复辟运动。……这次运动的主要人物是巴布札布，他号称'大清扶国军征南总司令兵马大元帅巴布扎布勒布王'，背后势力是清朝覆灭以来占据旅顺的肃亲王。……据我所知，日本与蒙匪以及宗社党的关系复杂，当袁世凯在位的时候，以拯救民国财政的名义没收了以肃亲王为首的清朝皇族在满蒙的私有财产，因此肃亲王企图夺回其私有财产，而肃亲王周边的日本人也参与其中。当时正值袁世凯称帝，天下大乱，该运动趁机而起，很快转变成拥立肃亲王在满蒙建立独立清朝帝国的复辟行为。"② 吉野作造指出干涉满蒙问题不应该超出必要限度："我们不应该过多干涉支那问题。然而唯独满蒙问题，我国很多人都牵扯其

---

① 吉野作造:「我が对满蒙政策と郑家屯事件の解决」,『东方时论』1917年3月。
② 吉野作造:「郑家屯事件を论じて我が对满蒙策に及ぶ」,『东方时论』1916年10月。

中，但是，也绝不应该超出其必要程度。……在满洲的日本侨民得到了政府默许，过度地参与了这一运动。……如果有助于世界大势的发展，有助于开发支那，可以原谅某些过度干涉。但是宗社党运动完全违背世界大势，无论是对于支那还是日本，都是一种落后行径。……日本为此付出人员和金钱等无谓牺牲，注定是一场悲剧。"① 吉野作造预言说，在满蒙建立独立帝国的阴谋及清朝复辟的行为与世界大势背道而驰，根本不可能成功。

第三，日本军方行为不合时宜、鲁莽。吉野作造指出："今年 3 月至 4 月，我去满洲一带旅行的时候，关于军队在支那地区的蛮横态度已经有所耳闻。这次日本军队干涉蒙支两军的休战，又突出体现了我国官僚的蛮横态度。假如考虑到支那军和蒙古军的作战会威胁到我国铁道安全，我国军队应该事先和双方进行交涉。然而最初当蒙匪靠近铁路线时，我国军队采取了袖手旁观的态度。当蒙军处于劣势被支那军包围后，我国军队以威胁到铁路安全为由提出停战要求。蒙军立即答应，而支那军队却没有答应。日本军队的这种行为是一种不稳妥的行为。……国内部分人士认为，此次蒙匪事件是由于日本人引发的支那境内的政治暴动。类似于今年 5 月 5 日，发生在上海的'军舰夺取事件'。这两起事件对南北双方的支那人，造成了众多麻烦，也引起了支那人对日本的疑心。"② 他认为日军协助蒙匪的行为，不仅不合时宜，而且造成了金钱和生命的损失，遭到了中国民众的怀疑，是满蒙经营的败笔。

第四，外务省受制于军部，军人掌控外交。他重点批判了外务省的做法："在我国对支那政策上，外务省受到了军阀的掣肘。支那问题相关的各种外交政策的制定者不是外务省而是陆军省和参谋总部，这实在是一大奇

---

① 吉野作造：「鄭家屯事件を論じて我が対満蒙策に及ぶ」,『東方時論』1916 年 10 月。

② 同上。

观。日本的军人在军队内部，在上司面前唯唯诺诺，像猫一样毫无骨气，然而对于外部人员却是盛气凌人，甚至影响内阁的决策。这导致我国的对支外交如果得不到军队支持，就会难以推进。这些既无外交知识又无外交见识的军人统治外交，其危险性可想而知。"① 吉野作造认为，既无外交知识又无外交见识的军人控制外交存在很大风险。外务省仍然毫无主见，无法遵循既定外交方针不能自由调动军队，日本的对华外交难以回归正常轨道。

可见，吉野作造在第一次世界大战结束前后对华政策观并没有发生本质变化，其根本立场是一致的。他赞同日本维持和强化在满蒙的经济、政治地位，寻找合适机会占有更多的铁路铺设权和矿产等实际利益。与其他满蒙论者不同的是，他主张改变侵略性的态度和方法，以"亲善"的名义，"使中国能够愉快地让步"。② 可以看出，吉野作造的批判矛头指向日本的"交涉方法"和"态度"，其对华政策观根本上是支持日本的对华侵略。吉野作造与政府内部的外交路线的分歧并非是支持或反对帝国主义，分歧在于采用"缓进"还是"急进"的帝国路线。吉野作造主张"缓进"的帝国主线，"协调主义"的侵略手段。

三　北伐革命时期吉野作造的满蒙论及对华政策论

1927 年 4 月 20 日陆军大将田中义一组阁，并一直兼任外相。田中义一是山县有朋的继承人，曾在民国初年策划过"满蒙独立运动"，并且力主出兵西伯利亚。他批判币原外交的软弱性与消极性，主张对华采取积极政策

---

① 吉野作造：「鄭家屯事件を論じて我が対満蒙策に及ぶ」,『東方時論』1916 年 10 月。

② 吉野作造：『我国の東方経営に関する三大問題』1918 年 1 月，选集 8, 294 頁。

和强硬外交，因此被称为"田中外交"。1927年6月27日至7月7日，田中义一召开了第二次东方会议。这次会议的参加者，除外务省及陆海军省、大藏省的部局级官员外，还有日本驻华公使芳泽谦吉，驻上海总领事矢田七太郎，奉天总领事吉田茂，汉口总领事高尾亨，关东厅长官儿玉秀雄，关东军司令官武藤信义，朝鲜总督府警务局长浅利三郎等人。相对于第一次东方会议确立的扶植奉系军阀以维护满蒙权益的方针，在第二次东方会议所决定的对华政策中，分裂满蒙乃是其核心。①

北伐革命前后，华北、东北地区接连发生了几起政治事件，首先是"郭松龄倒奉"事件。郭松龄是张作霖的得力战将，在1922年的第一次直奉战争和1924年第二次直奉战争中都为张作霖立下赫赫功劳。1925年11月，郭松龄发动了反张作霖的倒戈事件。日本高度关注这一倒戈事件，唯恐其满蒙利益受损害，出兵帮助了张作霖。同年12月郭松龄兵败被杀，日本史称"满蒙动乱"。1926年国民政府为了统一全国打倒各地军阀开始了北伐战争。国民革命军所向披靡，先后打败了吴佩孚和孙传芳的主力军，矛头直指奉系军阀张作霖。1926年5月日本借口保护山东境内的日本权益和日本侨民出兵山东。1928年4月和5月日本再次两度出兵山东，制造了"济南惨案"。1928年6月日本关东军策划了"皇姑屯事件"，炸死了张作霖。吉野作造一直密切关注满蒙地区的动向，先后发表了《满洲动乱之对策》②《满洲动乱后之问题》③《对支政策批判》④ 等。

（一）北伐革命之后吉野作造的满蒙论

首先梳理吉野作造在上述三个事件上的主要观点。

---

① 臧运祜：《近代日本亚太政策的演变》，北京大学出版社2009年版，第90页。
② 吉野作造：「満洲動乱の対策」，『中央公論』1926年1月。
③ 吉野作造：「満洲動亂その後の問題」，『中央公論』1926年2月。
④ 吉野作造：「對支政策批判」，『中央公論』1928年9月。

首先，关于郭松龄倒奉事件，反对日本帮助张作霖。吉野作造虽然承认目前日本在满蒙的特殊权益与张作霖有密切关系，但是不主张日本出兵帮助张作霖。他列出了两方面原因。第一，日本在满蒙的特殊利益既有通过条约规定获得的，又有在张作霖的暗示或默许下享有的。有的特殊利益缺乏道德依据，甚至有的权益难以公然表明，所以依靠张作霖获得的满蒙利益无法长久维持。第二，维护日本帝国利益的最有利方法是，既不主动放弃满洲的特殊利益，又坚持币原喜重郎提出的"内政不干涉主义""协调外交"的方针。吉野作造认为1925年举行的"北京特别关税会议"中，日本首先同意了中国恢复关税自主权的要求，这体现了日本政府对华政策开始具有一致性，会获得北洋政府的好感，也能够向中国民众展示公平诚实的形象。即使"在这一方针之下满洲利益遭到致命打击，也不应该改变协调外交的分针"①，因为"固守旧的利权只会造成我们的衰落，而且会影响将来获得更多利益"②。

其次，反对出兵山东，认为不宜采取过激行动。第一，出兵理由不充分，时机不合适。吉野作造指出虽然按照中日之间的条约规定，日本拥有出兵的权利，但是必须考虑时机、方法和范围。"保护侨民"这一理由并不充分，会埋下隐患。"日本发生动乱的时候，支那以及太平洋彼岸的美国也为保护本国在日侨民向日本出兵，该如何处理？我们也会无法拒绝支那和美国的出兵。"③ 第二，日本应该顾忌国际道义，与西方国家采取协调一致的措施。"支那得到了世界大多数国家的同情，……西方国家都已经把北京、天津等地的妇女儿童安置在了安全地点。"④ 第三，出兵山东会使蒋介石政权陷入不利境地。吉野作造指出，"半开化国家"的外交最常出现的就

---

① 吉野作造：「對支政策批判」，『中央公論』1928年9月。
② 吉野作造：「満洲動乱の対策」，『中央公論』1926年1月。
③ 吉野作造：『支那時局の正確観』，選集9，1927年7月。
④ 吉野作造：『支那出兵に関して』，選集9，1927年7月。

是脱离常规的"愚民暴动",而"愚民暴动"的最大诱因就是外国出兵。"出兵山东"会使国民党陷于不利境地。"目前最容易使蒋介石政权陷入窘境的口实是'勾结日本人'……因为在当今中国,民众最讨厌的国家就是日本,所以利用排外情绪很容易煽动民众激愤。从我国的立场出发不应该再使蒋介石陷入不幸境地,否则形势会对共产派有利。……我对支那国民党持有几分同情,我认可蒋介石等是唯一代表国民党的正统势力,所以我们应该隐忍,帮助邻邦国民实现其志向。"①

可以看出,吉野作造反对出兵山东,一方面考虑实际利害关系,认为出兵理由不充分,时机不合适,另一方面认为日本应该顾忌国际道义,与西方国家采取协调一致的措施。他还考虑到了要支持蒋介石政权。郑家屯事件时,吉野作造反复强调为了保护侨民必须允许日本派驻警察等要求。这次同样是保护侨民,吉野作造的对华态度发生了部分改变,变为了强调坚持"协调外交"的方针,不宜采用过激手段,要看重长远利益。不过,他批判的只是日本政府的对华手段和外交方针,他对华态度的本质并没有变化。

(二)"皇姑屯事件"之后的满蒙政策论

张作霖被关东军炸死之后,吉野作造认为日本所面临最大的政治问题并非是日本内阁的更替,而是张作霖失势后的满蒙对策。② 吉野作造分析了张作霖死后,日本在满蒙政策上陷入的两难境地。他认为如果以日本在满蒙的特殊地位为借口,防止骚动范围扩大,应该强迫奉天军队解除武装,以免遭受南部革命军进攻。实际上,解除奉天军队的武装几乎是不可能的,日本会陷入进退维谷的境地。为了避免北伐战争推进到满洲地区,日本武力阻止南方革命军的话,就会背负偏颇、不公正的骂名。假如为了保持理

---

① 吉野作造:「国民党正系と共産派」,『現代憲政の運用』1927年5月。
② 吉野作造:『張作霖の没落と満蒙問題』,選集9,1928年7月。

论上的公正，就不能够维护日本在满蒙地区的权益。因此，他认为必须慎重考虑如何处理这一问题。

奉清朝遗孤建立傀儡政权和鼓动张学良率领东三省独立的办法都是不可取的。吉野作造否定了这两种做法。首先，日本奉清朝遗孤建立傀儡政权的企图，违背历史潮流，必然失败。"日本企图奉前清朝遗孤，建立独立国家，实际上不符合历史发展趋势。我们必须认识到满蒙政策受到国际局势的影响。"吉野作造的观点实际上是批判田中内阁力图分裂满蒙的外交方针。其次，他对张学良率领东三省独立的可能性表示怀疑。"援助奉天令人费解。……退一步说，即使田中内阁的对支政策合理，劝张学良率领东北三省独立的理由是什么呢？张学良是否接受日本的建议，维持东三省的独立与国民政府相对抗呢？假如张学良的实力不够，需要我帝国给予多大的物质援助，才能实现这一目的呢？如果无法确定上述两种情况，田中内阁究竟是为何提出上述要求呢？"① 吉野作造从实际的获益角度指出，没有必要付出过大的牺牲来维护东三省的安定。援助奉天的做法，有可能付出巨大牺牲却得不到足够的特殊权益。

吉野作造指出国民党政权终究会把满蒙地区纳入其版图。"南方国民革命军北伐力图统一中国。毫无疑问，在不久的将来，满蒙必然会被统一到民国之内。我国在满蒙的统治即将结束是毫无疑问的，这只是时间问题。无论谁代替张作霖成为霸王，这个人的使命都是防止满蒙的混乱，等待时机把满蒙归还给中央。"吉野作造从历史发展的角度出发，已经看到了满蒙地区和中央政权的政治统一是必然趋势。可以看出，以吉野作造为代表的大正时期的精英知识分子的立场，与盲目扩张的军部的做法是有区别的。

日本应该改变外交方针，关注中国国内的新势力，舍弃在满蒙地区依靠张作霖获得的短期权益。他指出："基于形势变化，我国所采取的应对政

---

① 吉野作造：『対支問題』，日本評論社 1930 年。

策，具体如下。第一，一直以来，日本只是关注邻邦支那的旧势力，无视新势力。今后日本必须改变我们过去的外交方针，客观看待各种势力。第二，我国经常借口支那国内的动乱和不安定要求特殊的自卫权。随着形势的变化，日本应该主动舍弃所拥有的部分既得权益。无论如何，都不肯舍弃既得权益，就无法建立新的亲善关系。……支那和日本将来的关系，不应该在现有约定基础上，而应该归于白纸状态，重新思考两国的利害。"① 可以看出，吉野作造认为，中国国内的政治势力已经发生了变化，日本应该与新的中央政府合作，改变以往的支持地方军阀割据的做法。第一次世界大战以后帝国主义列强对于中国的殖民统治策略发生变化，日本应该采取协调一致的方针，不能自行其是。

日本在第二次直奉战争以及北京政变、五卅运动、郭松龄事件、"四·一二"政变等重要事件上，固然存在着军部与外务省之间的"双重外交"现象，但是币原外交的"不干涉主义"原则被否定了。日本对华政策实际上是干涉的方针，维护日本在华"正当"权益是其宗旨。② 对于这一时期的日本满蒙政策，吉野作造是持批判态度的，他反复强调应该遵循币原外交，否定田中外交的积极对华政策和强硬手段。

分析吉野作造在郑家屯事件、北伐革命期间的立场和观点，可以看出，他主张利用一切有利时机扩大在华权益，反对军部的鲁莽行为，主张把侵略手段隐蔽化，加以伪装，才能获得更多的在华权益。大正民主主义者的做法正如美国社会、文化评论家欧文·白璧德曾经批判的那样，"很可能一个民主国家对自己的感觉是理想主义的，但在实践中是帝国主义的"③，他

---

① 吉野作造：「支那形勢の変」1928年7月，『現代憲政の運用』，一元社1930年，453页。
② 臧运祜：《近代日本亚太政策的演变》，北京大学出版社2009年版，第87页。
③ [美]欧文·白璧德著：《民主与领袖》，张源等译，北京大学出版社2011年版，第192页。

们对内支持民主改革，对外立场与帝国主义者如出一辙。我们从吉野作造的满蒙政策论能够明显看出，他的对华立场与日本的国家主义、法西斯主义是一致的。这种隐蔽手段下的侵略主义更应该警惕和批判。

◇◇第三节 大山郁夫的对外政策观

日本学者藤原保信把大山郁夫的思想变化进行了阶段划分。① 在大约1917年前这一段时期，大山郁夫主张"参政权行使上的机会均等主义"，倡导政治的民主主义，着力促进国民的政治参与意识的觉醒。1919—1920年这一时期，经过俄国革命、"米骚动"、第一次世界大战结束这一系列的事件后，日本社会环境发生了剧烈变化，大山郁夫的立场也逐渐变化，从主张政治领域的民主主义扩展到经济、社会、文化领域，理想主义色彩较为浓厚。在1921年前后，他开始批判自己的理想主义，倡导"制度的改造"优于"人心的改造"。1923年他明确表明接受"马克思派的社会主义的唯物史观"，否定自己曾经提倡的民本主义，从社会主义的立场出发，"进一步尝试推进无产阶级的解放运动战线"，站在被统治阶级的立场上阐发阶级对立的意义，逐渐展开对资本主义社会的批判，否定帝国主义与民主主义的协调。

受上述思想变化的影响，大山郁夫的对外政治观也存在明显的时代特征。在1921年之前，他主要倡导"文化国家主义"，认可国家在对外交往中军事力量的重要性，但并不主张军事力量一元论。他重视对外政策中的文化因素，强调民族主义。在1921年以后，大山受到马克思主义的影响，开始站在无产阶级的立场批判资本主义的侵略性质。本节拟主要考察大山郁夫在1923年之前的对外认识观。

---

① 藤原保信：「解題」，『大山郁夫著作集』第3卷，岩波書店1987年，445頁。

一 "文化国家主义"理论下的对外政策观

虽然一般而言,"文化在国际关系中的地位长期不被看重"①,但是,大山郁夫对于民族、国家、政治学的阐释都非常重视文化因素。吉野作造主要从国家制度的角度论述民本主义,大山郁夫则侧重于国民精神和意识。②大山郁夫始终关注文化在国家思想、民族主义以及对外殖民政策中的作用。在本书第二章已经提到,大山郁夫认为国家是力量和道德的结合,认可国家在对外交往中军事力量的重要性,但并不主张军事力量一元论。他以德国为范本提出了"文化国家主义",认为"文化国家主义"是国家这一共同体的象征。"文化国家主义"的具体内涵是指"国民的共同文化","国民文化是国家结合的基础,是国民在共有的形而下以及形而上的统一环境中如历史记忆、共同的荣辱、喜好等之中形成的国民思想感情"。③他在1916年写作的《军事的文化国家主义》中指出,现代国家应该以文化为主而以力量为辅,文化是国家的目的,力量是其手段。④ 在对外关系上,大山郁夫提出对华政策应该重视"文化扩张",批判军人干涉外交。

首先,对华政策应该重视"文化扩张"。大山郁夫对比了欧美与日本的对华政策的不同,批判日本只忙于攫取实际利益、轻视文化扩张。"日支亲善的根基既不是经济设施也不是武器供给,而是文化的谅解。因此日本国民必须反省除了获得利权之外,还应该思考在支那扶持文化事业。欧美各国除了在支那攫取实际利益之外,还通过教育、宗教等扶持支那的文化事

---

① 邢悦、詹奕嘉:《国际关系:理论、历史与现实》,复旦大学出版社2008年版,第17页。
② 福井みどり:『大山郁夫に於ける政治的デモクラシーと「文化国家主義」の提唱』,國士舘大學政經論叢1994年第1号。
③ 大山郁夫:「軍国的文化国家主義」,『新小説』1916年4月。
④ 同上。

业。然而我国国民却只专注于获取实际利益，没有为发展支那的文化做任何贡献。我国的政治家在日本国内完全埋头于扩充军备，对于本国文化的发展尚不热心，遑论在其他国的文化扩张。"① 他主张日本在对外政策上应该改变武断的军国主义做法，重视扶植在华文化事业。大山郁夫批判日本自明治维新以来采取的崇尚武力、轻视文化的对外政策，认为应该发挥文化因素在对外扩张中的重要作用。当然明治以来，这种主张日本在对华政策中注重文化因素、淡化武力因素，认为文化、文明才是对华政策的根本之策、长久之策的观点并不罕见。例如，福泽谕吉和冈仓天心等也提出过文化因素在对外政策中的重要性。不过一直到第二次世界大战结束，武力始终是日本对华政策的主要手段。

其次，批判"军队万能主义"，反对军人干涉外交。大山郁夫认为日本的官僚思想中存在着"军队万能主义"，日本官僚政治家不是让军队在外交中发挥作用，而是让外交为军队服务。大山郁夫与吉野作造一样，承认军队具有重要性，认为"我国在远东地区具有特殊使命，必须保有相应的军备"。但是他反对官僚思想中的"军队万能主义"。他指出："国民精神自由活动是国家生命活力的源泉。埋头于扩充军队而堵塞了国民精神的畅达通道，无疑是本末倒置。……我国国民多年来受到普鲁士主义即军队万能主义的影响。军队万能主义造成国民教育的形式主义、秘密外交主义，② 使国

---

① 大山郁夫：「官僚思想の解剖」，『大学評論』1918 年 3、4 月。
② 参见邢悦、詹奕嘉著《国际关系：理论、历史与现实》，复旦大学出版社 2008 年版，第 230 页。为了与第一次世界大战后以主权国家为主体的现代外交相区别，近代欧洲外交一般被称为早期外交。此时的外交有如下特点：一是精英主导。外交基本上有国王、大臣和出身贵族家庭的外交人员主导。二是秘密外交。秘密外交到今天尚不能完全禁绝，但已经失去了合法性，如今若有国家的秘密外交被曝光，在国际社会便成为过街老鼠。但是在 100 年之前，外交谈判却经常秘密进行，甚至连外交条约的内容也不对外公开。在很长一段时间内，平民百姓甚至中产阶级和政府的中低层官员都不清楚本国外交的过程和内容。三是双边外交。在第一次世界大战之前，多边外交的次数很少，外交主要以两个国家之间的直接谈判为主。

民缺乏对国家理性的信赖，不了解世界的时代精神。"① "在对支和对俄外交上，日本国内针对军人干涉政治的批判和不满日益加剧。……日本部分军人叫嚣向西伯利亚出兵，引发国际社会的猜疑，激起了俄国国民的反感，美国却趁机逐步占据了在西伯利亚的经济地位。日本官民应该利用与俄接壤的便利条件与美国竞争，但是竞争并不意味着出兵。……美国已经明白对外扩张的方法绝不只有武力这一个手段。如果没有能力进行和平竞争，今后就不能够维持一等国的地位。所谓大国国民并不是擅长战争的国民。"②《明治宪法》以及明治以来的政治结构造成了日本独特的军政关系。"这种军政关系事实上就是军队的单方面独立。政府被分成两部分：军事与民事。"③ 虽然文官政府对于军事领域无从置喙，但军人却可以凭借他们的政治影响，很容易地将权力扩张到文官政府的民事领域当中。尽管在理论上，日本的双重政府分别在截然不同的领域发挥各自功能，但实际上却是文官被排除于军事事务之外，而军方在民事领域发挥着重要影响。军方的正式权威与非正式影响都扩展到外交与内政政策之中。显然，大山郁夫与吉野作造都看到了日本在军政关系上存在的弊端及危险性。他们批判"军队万能主义"实际上是批判日本的军人在除了军事之外的所有领域日益施加的影响。这种影响已经扩展到外交领域，造成日本国民不了解世界形势，不了解国际政治的发展方向。

总体而言，我们在评论大山郁夫的对外政策观时需要看到，在成为马克思主义者之前，大山郁夫支持日本的侵略扩张，只不过源于特殊的国家观，他主张在对外扩张侵略时要重视文化因素，反对只依靠武力而忽视文

---

① 大山郁夫：「官僚思想の解剖」,『大学評論』1918 年 3、4 月。
② 大山郁夫：「出兵の経過を顧みて日米の対露外交を批判す」,『大学評論』1918 年 9 月。
③ ［美］塞缪尔·亨廷顿：《军人与国家：军政关系的理论与政治》，李晟译，中国政法大学出版社 2017 年版，第 117 页。

化侵略的政策。同时，大山郁夫与吉野作造一样，反对军部干涉外交，主张文官政治掌握外交主导权。

这从另外一个角度也说明，近代历史上，所谓的西方民主在对外政策上都是帝国主义的一种附庸，日本大正时期的民主主义也不例外。作为民主主义者，美浓部达吉、吉野作造、大山郁夫都毫无例外地支持日本的对外扩张侵略，他们所提倡的民主只限于国内政治的改良。所以，有的观点认为，由于大正民主主义失败所以日本走向了军国主义、对外扩张的道路，这种观点是完全错误的。上述观点没有看到民主主义者支持对外侵略扩张这一本质立场。我们既不能忽略大正民主主义在促进国内政治改革方面的进步性，也要批判其支持对外侵略的立场。

二 大山郁夫在民族主义问题上的悖论

随着第一次世界大战的爆发，在世界范围内兴起了民族主义和民族自决主义。大山郁夫认为民族主义的根本目的是实现"民众精神"的自由发展。"民众精神"的自由发展对内要求民主主义，对外体现为国际上的民主主义即国际协调主义。大山郁夫在1917年7—11月在《大学评论》上连载的《民主主义的政治哲学意义》中，指出民主主义是世界大势，日本必然实现民主主义，"民族主义和民主主义的并行进步"才是"现代世界的政治趋势"。

第一，民族主义和民主主义的并行进步才是"现代世界的政治趋势"。大山郁夫对"民族"和"民族主义"的含义进行了阐释："共同文化生活是共同的历史、共同的传统、共同的荣辱感情、共同的艺术观以及道德观，共同的记忆和理想的综合。在共同地理单位拥有共同文化生活的居民团体称之为民族。"① "民族主义是各民族为了发展其独特的文化生活，排除一切外来干涉，在特定区域内，作为独立的生活团体而生存，是人性的自然表露。"②

民族主义的主要内容和根本目的是实现"民众精神"的自由发展。对外，民族主义意味着本民族的政治独立；对内，民族主义意味着要求实现民主主义。大山郁夫指出民族主义是民族历史的产物，民族主义最终落脚在民主主义上。"某一个特定民族排斥其他民族的干涉，必然结果是该民族在内部也同样不允许某一个特殊阶层的专制。因此，民族主义对内主张自由主义，在国际上倡导协调主义。不过，阻碍民众精神自由发展的最大障碍是国内存在特权阶级以及国际关系不稳定。……民族的独立和国内民众获得解放在保护'民族共同文化'这一本质上是一致的，都是民主主义。"③他认为，民族主义的目标是实现该民族的文化生活的发达，因此必须以政治民主主义和社会民主主义作为出发点。

可以看出，大山郁夫采用了一个特殊的逻辑，他用自己提出的"民众精神"这一概念统一民族主义和和民主主义，强调国内民主主义的发展顺应第一次世界大战后兴起的民族主义大趋势，应该大力提倡民主主义。还要指出的是，"国际协调主义"是大山郁夫在第一次世界大战后提出的，但是这种概念在他的文章中只是昙花一现，后来并未再过多涉及。究其原因，国际协调主义作为一种理想化的外交政策，不可能与大山郁夫作为民主主义者所支持的对外侵略政策相兼容。

第二，民族主义问题上的"日本特殊论"。大山郁夫没有脱离日本的国家利益提倡民族主义。虽然他指出民族主义意味着本民族的政治独立，认

---

① 大山郁夫：「デモクラシーの政治哲学的意義」，『大学評論』1917 年 11 月。
② 大山郁夫：「民族主義と国際主義——その講話会議に於ける曲折」，『我等』1919 年 3 月。
③ 同上。

为"民族自决主义是当今国际环境下,最具有可行性的、与民族理想最接近的主张。"① 但是却否认朝鲜和中国等国家民众的民族自决权,主张将这些民族"完全和大和民族实现民族融合","与我等信仰共同的文化、讴歌共同的传统,成为同一民族。我等期待这些民族的融合早日实现"。② 在民族主义成为历史潮流的状况之下,大山郁夫讴歌大和民族对朝鲜、中国的民族同化,赞同日本对朝鲜和中国的侵略,体现了大山郁夫在民族主义问题上的"日本特殊论"。在《民主主义的政治哲学意义》的开篇,大山郁夫援引黑格尔的观点,指出与"西洋诸民族"相比,"东洋诸民族"具有宿命论的倾向,适合当"服从者"而不适合做"改革者",难以成为民主主义的担当者。③ 大山郁夫认为亚洲是劣等的、落后的,而日本已经是一等国,已经"脱亚入欧",不同于东亚其他各国。

我们不难看出,大山郁夫的思想中存在着明治时期以来日本思想界形成的"日本特殊论",他重视文化因素的思想与明治时期日本知识分子中流行的文化侵略政策观有一脉相承之处,认为"文化的威力大于武力"。这种文化侵略的观点也在后来受到日本政府的重视。1923 年,日本帝国议会通过了《对支文化事业特别会计法》,利用庚子赔款等在华开办研究所等学术研究机构、设立图书馆和医疗团体等,由此日本政府迈开了对华文化侵略的步伐。

三 马克思主义影响下的国际政治观

在 1920 年以后,受高涨的劳动运动的影响,大山郁夫逐渐放弃了"知

---

① 大山郁夫:「民族主義と国際主義——その講話会議に於ける曲折」,『我等』1919 年 3 月。
② 大山郁夫:「デモクラシーの政治哲学的意義」,『大学評論』1917 年 11 月。
③ 同上。

识阶级的中立立场","所谓知识阶级的中立立场是对资产阶级有利的。采取这种态度的人士已经无意识地成为资产阶级的助手。支持劳资协调主义的人表面上稳健公正,实际上是为资产阶级代言,肯定资本主义经济"。①到了1923年他明确表明接受"马克思派的社会主义的唯物史观",否定自己曾经提倡的民本主义,从社会主义的立场出发,"进一步尝试推进无产阶级的解放运动战线",②站在被统治阶级的立场上主张阶级对立的意义,逐渐展开对资本主义社会的批判,否定帝国主义与民主主义的协调,他的主要观点体现在以下三方面。

第一,巴黎和会是资产阶级的会议,仅仅是经济的和平。大山郁夫开始利用唯物主义和马克思主义社会学理论,分析巴黎和会中未能贯彻新国际主义的原因,利用阶级斗争的观点阐释国联的性质。"民族意识和阶级关系是现代国家在内政和外交上的最重要因素,两者在世界政治中时而并行时而交错。……某种意义上,世界大战是英国和德国的产业争霸战。……为什么新国家主义没有在巴黎和会上充分体现出来呢?因为巴黎和会的各国代表并不代表各国民众,而是代表本国资产阶级。本质上,巴黎和会是资产阶级的利益基础上的经济产业会议。"③ 大山郁夫认为巴黎和会不过是经济利益的协调而已,并没有实现真正意义上的政治层面的国际协调,其本质是经济和工业的讲和会议。各国的大资本家头脑中的国际协调主义与各国民众要求的国际协调主义毫无关系,巴黎和会完全背离了人道主义的要求。巴黎和会下的"和平"是基于国际猜疑基础上的旧国家主义,支持这种旧国家主义的贵族、军阀以及财阀仍然掌控着国际政治。这种旧国家主义及其支持者目前取得了实质性胜利。大山认为"国

---

① 大山郁夫:「社会思想に於ける理想主義の弱点」,『新小説』1922 年 8 月。
② 大山郁夫:「早稲田の学徒に与ふ」,『改造』1927 年 3 月。
③ 大山郁夫:「現代政治に於ける民族と階級との関係」,『中央公論』1923 年 3 月。

家"这一词完全变成了资产阶级的同义词,"国家"从来不代表全体国民的利益。

第二,民众才是国际协调主义的支持者。大山郁夫指出:"国际协调主义的支持者是各国觉醒的民众。……二月十四日,威尔逊总统在巴黎和平委员会上宣读的《国际联盟条约》是极其不彻底的,遭到了国际协调主义赞成者的抨击。如果巴黎和会继续无视各国民众的要求,而是按照统治阶级的意志来推进,终将在世界上引发动荡。"①"日本的代表者,关于海军军备比例问题、军备限制问题以及其他远东问题,都完全听从英、美的要求。英、美两国代表在所有事情上都采用了一种毫无阻碍的协调主义进行疏通,这也是华盛顿会议之下的资产阶级的机械式的人生观。我国的民众从资本帝国主义的立场出发,认为日本代表的态度是屈辱,但是,在这种会议上的所谓日本代表实际上是只代表日本的资产阶级,只能采取这种态度。日本的代表在支那问题上采取强硬的态度,也是出于同样的原因,即资产阶级的机械式的人生观。"② 大山郁夫逐渐采用马克思主义的理论来分析国际政治,并把这种国际政治上的侵略因素归罪于资本主义的本质。资产阶级因为其机械式的人生观,无法真正推行国际协调主义,只有民众才是国际协调主义的支持者。

第三,"资本主义必然走向侵略主义"。大山郁夫认为如果放任不管,资本主义必然走向侵略帝国主义,这根源于资本主义的本质。"资产阶级从军国主义的立场出发,不仅信赖国家万能主义而且崇拜英雄主义。他们中间完整地保存着原始社会崇尚武力的旧传统,他们的信条是'国家即力量',挖空心思寻找借口,使民众认可增强本国武力的必要性。其中听起来非常合理的借口是'国家地域的限制与人口的无限增长之间的矛盾'。……

---

① 大山郁夫:「現代政治に於ける民族と階級との関係」,『中央公論』1923年3月。

② 同上。

今天的日本军国主义表现为大亚洲主义，声称武力增强，国家就会不断变强，貌似很有道理，然而我们仔细思考会发现它只对了一半。当武力自身极度膨胀时，就会在其内部发生分裂而导致崩溃。可惜，军国主义者对另一半事实一无所知。不止今天，自古以来亦如此。"[1] "德国帝国主义的覆灭足以证明军国主义的危险性。然而德国的战胜者法国又重蹈覆辙，真是一种奇妙的缘分，或许是恶缘。事实上不仅仅是法国正在实行军国主义，当今世界上所有资本主义国家都或明或暗地在某种程度上推行军国主义。这是因为，资本主义始终是和国家主义相结合的，并且以该国家的武力作为其最后的堡垒。如今，法国正以一种特殊的形式推进其军国主义。众所周知，法国所依赖的军国主义已经给国民造成不安和恐惧。水能载舟亦能覆舟。"[2] 资本主义特别是近代资本主义建立在大规模生产的基础上，必然要求获取和保障海外的市场和原料产地。由于国内产业获得空前发展，资产阶级积累了大量资本。这些资本在国内得不到有效利用，促使本国政治家向国外投资，用金融来征服未开发国家或半开发国家，向全世界扩张势力范围。帝国主义政策是近代资本主义制度的必然产物。如果资本主义不受约束，必然会朝侵略性的帝国主义发展，这是其自身的特质。

大山郁夫总结了明治时期以来日本的对外政策，并对之后的发展趋势做出了预测。他认为作为曾经的世界政治中心，欧洲大陆强国的影响力逐渐衰退。第一次世界大战的战胜国法国也没有在国际政局上起到决定因素。意大利在战争中背叛了三国同盟加入了国联，但是对战后所获利益心存不满。当今世界政治中心已经远离了欧洲世界。大西洋彼岸的美国成为了最高地位的强国。"日俄战争是我国的帝国主义和俄国的世界政策之间的冲突。日俄战争是日本在明治维新时期萌芽的帝国主义政策、国家主义进化的必然结果。之后，日本的对支、对西伯利亚的政策，部分军国主义者至

---

[1]　大山郁夫：「強国の弱点」，『我等』1922年3月。
[2]　大山郁夫：「国際政局の進展」，『我等』1922年3月。

今仍持有的大亚洲主义梦想,都是国家主义发展变化的产物。但是,这种产物受到世界审判的日子终究会到来。"① 通过上述分析可见,大山郁夫对待国际关系的立场和观点已经与民主主义者有了显著区别,已经转变为了马克思主义者。这种转变无疑是与大正民主主义者模糊的国际关系立场的一种决裂。

随着从民主主义者转变为马克思主义者,大山郁夫的对外政策观也发生了彻底转变,从支持日本的对外侵略转而从根本上反对日本的帝国主义政策,认为这种对外侵略源于资本主义的本质,必然遭受失败。这种根本性转变说明,民主主义者由于本质上赞同帝国主义政策,在对外政策上实际上纵容了右翼法西斯的甚嚣尘上。

第四节 长谷川如是闲的国际政治观和对华政策论

与大正民主主义的其他代表人物不同,长谷川如是闲的国际政治观比较独特。他从文明论和功利主义的视角出发,批判了日本的亚洲政策。他认为中国的近代化、民族主义兴起以及国家统一是历史发展的趋势,主张日本把以领土扩张为主的领土主义转变为追求经济利益的外交方针。长谷川如是闲指出,第一次世界大战之前的殖民地经营往往伴随着领土侵略的方式。第一次世界大战之后,欧美列强的帝国主义政策发生变化,逐渐转向以追求经济利益为主,因此日本也必须告别领土扩张主义,放弃满蒙地区。第一次世界大战之后欧美的侵略形态开始发生变化,日本却仍然固守鸦片战争时期的帝国主义路线。长谷川如是闲批判日本的统治者静态地把

---

① 大山郁夫:『政治の社会的基礎:国家権力を中心とする社会闘争の政治学的考察』,同人社書店1923年,405頁。

握中国，低估了中国的近代化和民族主义的发展。

一　国家主义批判

正如井上哲次郎所苦恼的那样，包括大正民主主义者在内的近代日本的思想家们亟须解决两个问题，对内是如何处理"主权者天皇"和"民主主义""民主政治"之间的关系，对外是怎样看待侵略主义和国际协调主义的关系。长谷川如是闲离开大阪朝日新闻社之后，在《我等》创刊号上发表了长篇文章《从〈大阪朝日〉到〈我等〉》，明确表示将采用和平的、理论斗争的方式。他进行理论斗争的首要对象是"固陋的国家主义"。所谓"固陋的国家主义"是指基于"我国是唯一、绝对至上的信念……从这种信念出发认为国家具有超越各种社会集团利益的独一无二的道德价值。这是一种超国家主义的、强权的、排外主义的国家观"。他指出"固陋的国家主义"存在内外两方面的危险性，对内"威胁国家的安宁和国家生活的和平"，对外会使日本在国际社会中"陷入物质孤立、精神孤立"的境地，最终导致日本走向"否定国际协调主义的军国主义"。

与吉野作造、大山郁夫等相类似，第一次世界大战以后，长谷川如是闲开始提倡新的政治目标，即在国内确立民主主义制度、国际上维持世界和平。他认为民主主义制度的基本条件是扩大国民参政自由、实现社会平等，在此基础上促使国民生活稳定，承担维持国际和平的责任，他认为阻碍日本国内民主思想发展、民主制度建立和稳定的最大因素是官僚政治家和官僚学者提倡的国家主义思想。长谷川如是闲指出，"国家主义思想认为普通民众的个性尊严对国家生活有害无利"。但是无论是当时还是现在看来，与这种国家主义思想相对抗，力图把民主主义、国际和平思想渗透到日本民众中的工作是极其困难的。因为官僚主义者们一方面批判自由主义和民主主义已经落后于时代，一方面批判主张社会政策和社会改造的人们，鼓吹社会主义是危险思想。显然，国家主义思想已经包含了与后来的德国、意大利的反民主主义、反社会主义的法西斯思想相一致的思想要素。

二 第一次世界大战之后的国际政治观

与其他民主主义者相同，长谷川如是闲也曾经对国联寄予希望。然而从第一次世界大战之后国际政治的动向来看，以维护国际和平为宗旨的国联很快就暴露出帝国主义性质。长谷川如是闲洞察到国际政治的反动倾向，发表了《协约国的联盟破坏》（《我等》第1卷第2号）。在文中，长谷川如是闲分析了各国设立国联的初衷和意图。第一种是以英美为代表的西欧民主主义国家的立场。英国首相劳合·乔治、美国总统威尔逊宣称第一次世界大战是英美文明国家与德国的野蛮行为的斗争，是道德斗争。他们主张通过设立国联，用道德来约束国家，弱化国家的自我中心主义、国家主义和军国主义。在国内，通过对政治组织和社会组织进行非资本主义化改造来满足社会主义者的要求。这反映了欧美国家力图促使国家向福利国家发展的倾向。第二种是日本、德国和意大利等国家的立场。他们主张对国家进行道德性约束不现实，道德性约束会弱化国家的自我中心思想，应试图通过其他手段来实现国家主义。第三种是各社会主义国家和各国的社会主义者认为这次战争并非是道德战争，充分体现了资本主义的性质，国联无法彻底阻止战争，这是由其资本主义的性质所决定的。

通过分析国联，长谷川如是闲认为二三十年以后，国际关系的主流是西欧民主主义，还存在国家主义、法西斯主义及社会主义三种发展方向。[①]长谷川如是闲赞同第三种立场即社会主义，坚决反对国家主义和法西斯主义，担忧西欧民主主义的走向。他认为西欧民主主义国家在创设国联时变

---

① 田中浩：『長谷川如是閑研究叙説』，未来社1989年，40—60頁。

得越来越现实化，带有了危险性倾向。例如，英国首相劳合·乔治从当初的无赔偿主义转化为复仇主义的赔偿主义。日、法、意等国反对取消征兵制度，英、美两国对日、法、意的主张逐渐妥协。国家主义、军国主义以及势力均衡主义得以残留下来，以至于日本的国家主义者把这种状态解读为能够继续贯彻国家主义，并且朝更危险的方向去解读。后来发表的《国联条约》证实了长谷川的担心。长谷川指出，第一次世界大战之后的世界不是道德性的倾向，而是逐渐退变成生理的、力量为主的倾向，尊重自由、平等、正义这种抽象的普遍性原理的人道主义陷入沉默。① 不能够寄希望于西欧民主主义国家的政府首脑和统治阶级，而应该依靠民众来守卫民主主义和国际和平。他指出："战后各个国家不得不采用和平主义，既有物质原因也存在道德上的理由。因为这次战争中，任何国家都不能够仅靠一部分阶级力量，而是得到了人民的协助才得以取胜。然而战争结束后，这些国家却完全没有兑现保障人民的社会生活的诺言。各国都需要改变基于国家主义、军国主义和帝国主义的国家行为。"② 长谷川认为要实现一国的民主主义、确立国际和平，主体应该是人民大众。他指出日本与英美各国存在较大差距，西欧各国经过第一次世界大战的教训，国民意识觉醒，正在努力改变以往的国家主义。然而日本的国家主义的影响力依然强大。③

对第一次世界大战以后国际关系变化的认知决定了思想家的国际政治观和国内民主主义观。长谷川如是闲认为第一次世界大战以后，西欧各国的国际政治观发生了本质变化，然而日本仍然固守旧的国际政治观，致使日本逐渐被国际社会孤立。他认为，日本毫无自觉地参加了大战，因此战争结束后，日本不能够理解西欧各国组建国联的初衷，仍然认为人道主义是空虚的，以军国主义和国家主义为口号，坚持军国主义的、专制的、传

---

① 長谷川如是閑：「人道主義の沈黙」，『我等』第 1 卷第 6 号，1919 年。
② 長谷川如是閑：「戦後の国家目的」，『我等』第 1 卷第 11 号，1919 年。
③ 長谷川如是閑：「西侯と〈日本的孤立〉」，『我等』第 1 卷第 12 号，1919 年。

统的内外政策。① 这种保守的国际政治观与日本的国内政治观密不可分。第一次世界大战以后西欧各国国民意识觉醒，各国之间不仅重新看待宪政问题、资本主义的经济政策和外交政策，而且也意识到解决社会问题的必要性。然而日本却没有理解这一点。日本的民主主义是半民主主义，名目上是立宪国家，实际上是专制的武力国家。② 从上述观点来看，长谷川如是闲针对第一次世界大战后的国际政治，主张放弃武断的侵略主义和军国主义的殖民政策，提倡建立基于人道主义的国际关系。在国内政治方面，他强调实现社会层面上的民主主义的必要性。

如上所述，长谷川如是闲主张要实现民主主义的扩大和确立，必须反对阻碍其发展的国家主义、军国主义。他认为国民被强迫信奉绝对主义国家观的根源在于资本主义制度。帝国主义、军国主义和侵略主义的思想基础都是国家主义。各国国内民主主义制度的确立是维持国际和平的先决条件。

三 20世纪20年代的对华政策观

第一次世界大战以后的日本亚洲政策，核心是满蒙政策，即企图侵略中国的东北和蒙古地区。③ 日本帝国主义的亚洲政策自从"太阁"征伐朝鲜以来，特别是明治维新以后，采取了一贯的基于军事征服的领土主义，如征韩论、侵略中国台湾、兼并朝鲜等。长谷川如是闲指出第一次世界大战之后，这种军事征服基础上的领土主义被迫修正，④ 曾经采取鸦片战争这种

---

① 長谷川如是閑：「人道主義の沈黙」，『我等』第1卷第6号，1919年。
② 長谷川如是閑：「満鉄事件の必然性」，『我等』第3卷第4号，1931年。
③ 長谷川如是閑：「日本資本主義の大陸制作と島国政策」，『批判』第2卷第9号，1931年。
④ 長谷川如是閑：「労働の対立と民族の対立」，『我等』第7卷第6号，1928年。

领土侵略主义的西欧列强逐渐转换为资本主义的方法，即商品和资本的输出。军部力图把满洲从中国分割出去的领土主义能否维持？① 在山东出兵之后，长谷川如是闲的对华政策批判主要围绕日本的满洲政策，他主张"支那大陆的政治统一如同美利坚合众国的形成一样，是极其自然的"②，无论是谁都没有理由反对中国的统一。

1921年11月到1922年2月，华盛顿会议召开，与会各国签订了《九国公约》，确立了在中国实行"门户开放、机会均等"的原则。通过华盛顿会议，列强重新划分了在远东和太平洋地区的殖民地和势力范围，确立了各国之间的协调机制。日本获得了在山东的权益，中国提出的废除对华"二十一条"的要求没有得到承认。但是随着劳动运动的高涨和苏联对中国革命的支持，1923年3月，北京政府发表了废除"二十一条"的声明。长谷川如是闲认为这种条约废弃行为企图打破帝国主义列强形成的国际秩序，"尽管大战后，否定帝国主义开始形成一种新的国际秩序，尽管在今天是空想状态，明天未必就是空想"。③ 长谷川如是闲的国际政治立场前后一致，他支持第一次世界大战后出现的国际民主主义这一新的国际秩序，批判日本的侵略性大陆政策。

长谷川如是闲对日本对华政策的评论主要是在1920—1933年提出的。最初他主要关注中国的产业发展，他认为"近代产业组织的发展是近代思想的社会依据"④。因此他并不过于看重中国的政治混乱状态，而是强调社

---

① 長谷川如是閑:「帝国主義と民政党の分裂」,『我等』第10卷第7号, 1928年。

② 長谷川如是閑:「支那分割—支那国家の統一と分割」,『改造』14 (11), 1932年。

③ 转引自錢昕怡:「1920年代における長谷川如是閑の中国革命論」,『同志社法学』56卷7号, 2005年。

④ 長谷川如是閑:「支那の将来に対する思想的根拠と産業的根拠」,『太陽』29, 1923年。

会发展的趋势和规律。根据新美贵英的总结，20世纪20年代长谷川如是闲关于对华政策的主要观点有四个方面。第一，中国的近代化是局部性的，但是正在向整体渗透。尽管目前中国由于近代化的不均衡性造成了军阀割据、思想混乱，但是预测中国将来的局势时应该着眼于长远的发展趋势。第二，中国的近代化伴随着产业的形成和资本主义的发展，近代化促进了民族主义的兴起，如果日本继续维持满蒙权益则必然会成为中国的敌人。第三，从历史、经济的观点来看，中国的统一是必然趋势。分割中国领土建立殖民地的对华政策难以持久。第四，日本应该效仿英美国，采用以贸易和投资为手段追求经济利益的外交政策，放弃扩大领土、增加人口的外交方针。①

上述第一点和第二点是1928年日本第二次出兵山东时，长谷川如是闲提出的主张。1928年以前，他认为无法通过政治解决军阀割据和思想混乱的对立问题，必须等待中国的资本主义产业的发展。他对中国政治持乐观预测，"日本只看到中国当前的军阀割据状态，忽视了支那本身的社会进化阶段，犯了根本性错误"。1928年之后，长谷川如是闲着眼于文明和世界的发展趋势提出了第三、第四种观点。他认为从历史趋势和经济联系上看，满洲必然会被中国统一。日本继续维持满蒙权益会成为中国民众的敌人。英美列强逐渐转变为新帝国主义，即通过贸易和投资获取经济利益，而日本仍然固守"旧帝国主义"。② 他指出，"大英帝国都已经不认为国威、国权具有最高价值，而是以实际利益为导向制定外交方针"。英国分别在1925年把澳门，1927年把镇江、汉口和九江等租借地归还给中国政府。他批判日本的山东出兵，强调当某一国发生内乱时，在这一国家的外国人理应保持中立，回避战乱，"日本如果企图与支那建立近代国家关系，对待支那内乱

---

① 新美貴英：「長谷川如是閑の小日本主義」，『社学研論集』2006年8月号。
② 長谷川如是閑：「支那大陸における外国の運命」，『思想』86，1928年9月。

的态度应该和对待美国发生内乱的态度保持一致"①。

当时关于日本对华政策的主流观点是以松冈洋右为代表的主张，认为干涉中国才符合日本的国家利益，但是对外应宣称是帮助中国实现近代化。"日本希望支那早日成为近代国家……日本诚心诚意援助支那。……张政权不仅在满洲各地采取一切不正当方法压迫日本，而且把日本塑造成侵略国家，从幼儿园到大学都进行彻底的抗日教育，向原本纯真的第二国民灌输日本是不共戴天之仇的观念。"② 在整个1910—1930年的近二十年中，由政府内部到外部，日本外交路线的主要分歧并非支持或反对帝国主义，他们所讨论的只不过是"缓进"或"急进"的帝国路线。前者主张与其他国家合作，特别是英国、美国及中国三个国家，后者则主张以独行其是的政策来解决各种矛盾。从上述引文可以看出，松冈洋右代表的观点不是反省日本而是指责中国，批判中国的抗日教育和排日情绪。

总体而言，长谷川如是闲关于对外政策的观点，深刻体现出理想状况和现实的纠葛。一方面，他认为国际合作与世界和平需要一个类似国联这样的机构，另一方面，他又对国联的实际活动不满，批判国联受制于大国的专制，不能公平处理问题。③ 一方面，他不主张与美国发生矛盾冲突，但是又因为美国通过了排日移民法案和美国在中国问题上的态度，主张日本需要积蓄国力与世界各国竞争。④ 这既可以说是理想与现实的冲突，也可以看作民主主义在对外政策上会优先国家权益，所谓的平等、自由只能是赋予国内民众的，国外民众则不可以享有这些权利。西方民主的双重标准和虚

---

① 長谷川如是閑:「支那に対する我が軍事行動——済南事件に対する反省」,『改造』10（5），1928年10月。
② 松岡洋右:『東亜の大業』，教学局1940年，24頁。
③ 長谷川鉞次郎:『世界を背景とせる日本現代史』，慶文堂書店1925年，264—265頁。
④ 同上书，339—340页。

伪性在日本大正民主主义者身上也表现出来，这无疑是需要我们揭露和批判的。

◇本章小结

十七八世纪的市民革命阶段最重要的课题就是各个国家的国内民主主义思想制度的确立和完善，社会契约论的精神没有扩展到国际问题。第一次世界大战之后在日本以及世界其他国家，亟须解决的根本问题是如何协调国内民主主义和国际和平之间的矛盾。不过，对于国内民主主义的确立和国际和平的关系，世界各国之间并没有达成共识。国联终究是列强之间获取、扩张和争夺利益的场合。在大战结束之后，不到十余年，各国再次兴起了军备竞赛，甚至主张国际主义的社会主义国家也不例外。

1910—1930年的日本对外政策与其内政的情况相似，外交基本目标与战略顺序虽然大致上有一定共识，但仍掩盖不住分歧点。主流政党及其他精英都热切支持建立一个海外帝国，他们极力争取日本与西方列强地位的平等，不过在亚洲，他们则以为日本的地位应较列强优越，因此不断促使西方承认日本在亚洲的特殊利益。在这个外交总目标上，他们与军方及报界作者看法大致相同，但无论政界还是军方内部，在实行方法上均有很大纷争。其中，争议性最强的是下面几个相互关联的问题。首先，日本若要在中国谋求经济及军事利益，是与欧美列强合作还是自行其是？其次，自辛亥革命推翻清政府后，新生的中国共和政府正风雨飘摇，地方政权都不买新中央政府的账，日本究竟应支持中央政府与之合作，还是与反对中央、与被称为"军阀"的地方军人讨价还价？①

---

① ［美］安德鲁·戈登：《现代日本史——从德川时代到21世纪》，李朝津译，中信出版集团2017年版，第280页。

民主主义者在对外政策上的主张也各有侧重。比较保守的是美浓部达吉，他主张民主主义和军国主义可以兼容，国家主义是最好的民主主义，完全继承了明治末期以后日本知识界流行的二元论的观点。吉野作造一方面提倡国际协调主义、国际民主主义是世界发展的潮流，日本应该加入国际协调圈，另一方面，他在满蒙问题、对华问题上坚持维护日本的满蒙权益，只是需要改变侵略的态度、武断的手段和不合时宜的行为，同时认为要改变短视的对华政策，实施统一的对华外交政策，才能确保日本的长远利益。大山郁夫在成为马克思主义者之前，强调国际主义和国家主义的协调，从民主主义者转变为马克思主义者之后，他明确反对军国主义。长谷川如是闲坚持"原理的思考""自由、平等、和平的市民自由"的价值，贯彻其"言论战"的行为主张，从自由和平等这种普遍的社会原理出发，批判了日本的国家体制以及国家主义。长谷川如是闲指出，军部法西斯不仅破坏国内民主主义，还会破坏国际和平，长此以往，民主主义会被国家主义、资本主义、帝国主义完全吞噬。

总体而言，大正民主主义者受到20世纪20年代前后兴起的自由国际主义思想的影响，一方面主张在国内推进民主政治体制的建立，也希望国际联盟能够为实现国际和平发挥作用。另一方面，民主主义者也基本赞同日本为了攫取国家利益，采取对外扩张的、侵略的大陆政策。大正民主主义者的对外立场与日本的军国主义、法西斯主义有同质性，这实际上容纵了对外侵略扩张思想的猖獗。西方民主主义在对内政治和对外政策上的双重标准在日本大正民主主义思想中也清晰地表现出来。

第五章

大正民主主义的衰退及流向

从历史上看,"人民追求民主的努力并不是连续的"①。在19世纪末20世纪初出现的世界范围内的民主化浪潮之后,② 不少民主国家都出现了权威政治思想的回潮。大正民主主义的退潮可以看作民主的倒退,其退潮的原因是多方面的。总体而言,政党内阁成立之后未能有效解决国内各种日益激化的社会问题,民众逐渐对政党政治失望、厌恶。大正民主主义的代表人物中,大山郁夫转向马克思主义,长谷川如是闲转向更为彻底的自由主义,吉野作造因为受到笔祸事件的牵连也失去了以往能够发挥舆论领导作用的阵地。再加上关东大地震之后,政府实施的一系列思想压制措施使思想界的言论空间日益萎缩。各种右翼极端民族主义团体日益猖獗。在上述多种因素的作用下,大正民主主义不可避免地走向了衰退。

◇ 第一节 大正民主主义的衰退及原因

一 大正民主主义的衰退

1922年4月,《明星》杂志上刊登了吉野作造的一篇文章,名为《因为

---

① 佟德志:《在民主与法治之间》,人民出版社2006年版,第123页。
② [美]塞缪尔·亨廷顿:《第三波:20世纪后期民主化浪潮》,刘军宁译,上海三联书店1998年版,第11—26页。

民主主义成为夹板》。在文中，吉野作造讲述了一段他的尴尬经历："有一次，在我演讲即将结束的时候，几个衣冠不整的青年来到会场后面，大声说道：'吉野作造这家伙，都现在了居然还在讲民主主义！'其实我那天讲的不是民主主义。因为我曾经提倡过民主主义，就被认为是民主主义的'专卖店'，除了民主主义之外别的一窍不通。一旦倡导了民主主义，再讲其他问题就会被认为是'变节'，这实在让我很头疼。当然我并不因为自己是民主主义的信徒而觉得羞愧。我现在在集体生活上和某些理想上仍然信奉民主主义，也执着于政治制度上的民主主义。"①

岛崎藤村在《迎接大正14年》中从另外一个角度为吉野作造的尴尬经历提供了脚注。"我认为曾经风靡一时的民主主义的声音应该在我们同胞中建立扎实的基础。如果民主主义的基础是民众发自内心的呼声和自觉的话，那么这一声音不会就这么早早地沉寂下去。为什么我们没有对民主主义怀有持久的热情呢。……如果我们对待社会问题也如同夏夜的烟花般匆忙，那么问题只是作为问题在我们面前滑过而已。当今的社会思潮开始形成一种反动之势，从一个极端到另一个极端。我担心，这种反动思潮是一种狭隘的、顽固的保守思想，不能保护培养我们内心中好的一面。"② 这篇文章是岛崎藤村为了回顾关东大地震而写的，其中指出大正民主主义过早地沉寂下去，并且社会思潮形成一种"反动"态势，走向另一个极端。

笔者从日本杂志报道索引集成数据库③中分别以"民本主义""德谟克拉西""民主主义""马克思主义"为检索词，检索了1905—1935年刊登在日本的各类杂志上的文章数量（参考图1至图5）。从图1至图5可知，论

---

① 飯田泰三：『批判精神の航跡—近代日本精神史の一稜線』，筑摩書房1997年，201頁。
② 島崎藤村：「大正14年を迎えふ」，『東京朝日新聞』1925年1月21日。
③ 日文名称为："雑誌記事索引集成データーベースザックラプラス"，检索日期：2014年1月20日，网址：http://info.zassaku-plus.com/。

述民主主义的文章数量的最高峰是在1918—1919年；1923年由于受关东大地震的影响，相关文章数量降到谷底；1924—1925年随着第二次"护宪运动"以及《普通选举法》颁布，数量又有所回升。而从1922年开始，涉及社会主义、马克思主义的相关文章骤然增多。到1925年之后，受欧洲兴起的社会民主主义的影响，探讨社会民主主义的文章数量也逐渐增多，在1930年达到顶峰。这些检索结果一定程度上体现了大正民主思潮的变化趋势。大正民主思潮在1919年达到一个高峰，之后开始衰退，到了1924—1925年已经基本陷入低潮。就在1924年，大正民主主义的核心代表人物吉野作造，因为探讨枢密院和内阁的改革问题，而被认为是违背舆论规定，遭遇"笔祸事件"，被迫从朝日新闻社辞职。

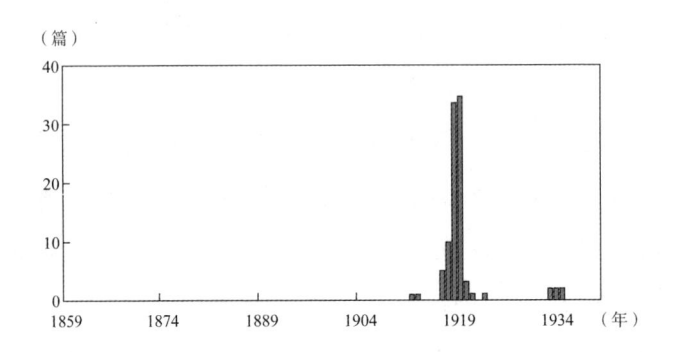

图1 以"民本主义"为关键词的检索结果

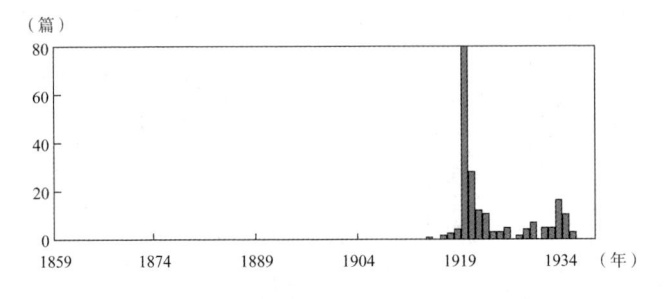

图2 以"デモクラシー"为关键词的检索结果

第五章　大正民主主义的衰退及流向

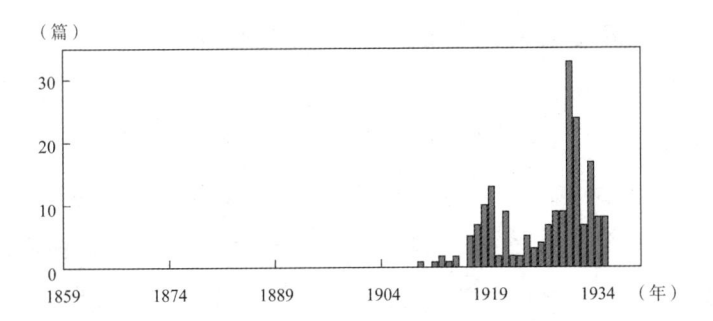

图3　以"民主主义"为关键词的检索结果

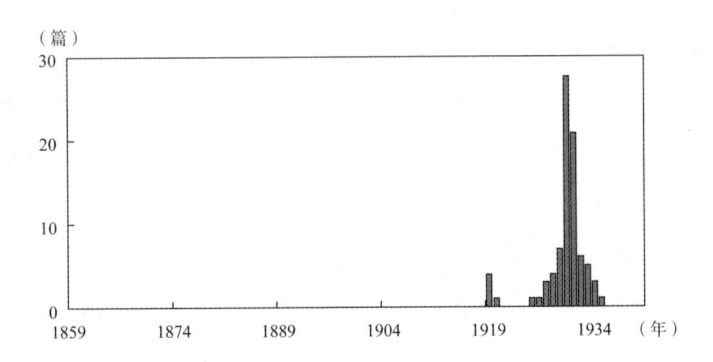

图4　以"社会民主主义"为关键词的检索结果

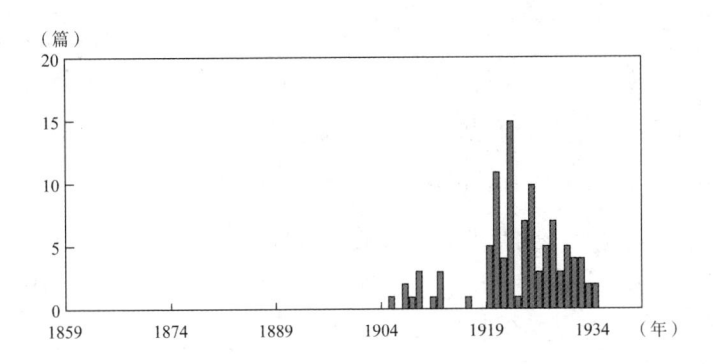

图5　以"马克思主义"为关键词的检索结果

二 大正民主主义思想衰退的社会历史原因

"回顾西方民主由远及近,由弱而强的发展历程,我们发现,伴随这一过程的并不是对民主政体迷信式的崇拜;恰恰相反,人们越是了解民主,民主头上那些曾经耀眼的光环却越显暗淡。"[①] 大正民主主义衰退的最直接起因是政党政治实现之后,民众对其逐渐失望、厌烦,"进而由厌烦转为冷淡,进而憎恶议会政治,最后否认议会政治"[②]。

(一) 民众对政党政治的失望及厌恶

1918 年,备受民众期待的政党内阁终于实现。政党政治的出现是大正民主主义的一项重要成就,按照明治精英的宪法设计,议会只不过扮演极为有限的角色。政党掌握权力后,它要与党外人士妥协合作,具有理想的政治家便批评政党为了攫取权力,不惜出卖人民。这种批评不但来自新闻界及学术界,亦来自社会大众。政党内阁存在的种种问题持续成为人们关注的焦点。政党内阁不仅没有激发民众对于民主的热情,反而让民众看到了其存在的种种弊端。

1. "平民宰相"和政党内阁的"背叛"

1918 年原敬为首的政友会组阁,这被誉为是政党内阁的开端。原敬是盛冈人,既不是明治维新的元勋,也不是藩阀出身,甚至也没有爵位,因此原敬能够成为首相具有特殊意义。当原敬内阁成立时,民众寄予厚望,称之为"平民宰相",可惜民众的期望很快就转为了失望。

第一次世界大战末期,"战争景气"过热导致物价暴涨,寺内内阁因为

---

① 佟德志:《在民主与法治之间》,人民出版社 2006 年版,第 124 页。
② 吉野作造:「無產政党議員に対する国民の期待」,『吉野作造選集』第 10 卷,岩波书店 1995 年,237 頁。

没有采取合适对策,在"米骚动"之下仓皇倒台。作为其后继内阁,原敬内阁未采取有效措施遏制物价暴涨。例如,大米是农民的主要经济来源,米价上涨对农民是有利的。政友会的重要选民群体是销售大米的地主阶层。为了保证选票,政友会努力保证大米的供需平衡,未能遏制米价的暴涨。被捧为"平民宰相"的原敬,却没有关心平民的利益。① 原敬内阁没有解决与民众日常生活息息相关的物价暴涨问题,令国民倍感失望。

在实现普通选举问题上,原敬内阁在1919年5月修订了《众议院议员选举法》,把选举资格从纳税额10日元降到3日元。同年,在第42次议会召开之前,民众举行了盛大的普选运动,要求实现没有财产资格限制的选举权。原敬认为普选要求中包含"打破阶级制度"的社会主义思想,反对普选。② 原敬强行解散议会,在小选区制度下进行了总选举。于是在1920年5月10日的总选举中,政友会大胜。众议院的464名席位中,政友会获得了281名,宪政会获得109名,国民党获得29名,中立获得45名,政友会的席位超过了众议院的半数,宪政会的议员数量则比解散前减少了。《大阪每日新闻》指出:"1920年5月10日是原敬内阁的失败。原敬内阁有各种失策,如解散议会这种不合法行为,错误的经济政策,对于物价暴涨的放任政策,对于西伯利亚出兵的犹豫不决,等等。……他们自称是政党内阁,但是其所作所为与寺内内阁代表的军阀政治相比没有任何进步和变化。他们虽然身在其位,却没有诚意和勇气采取适应新形势的政策,一心只想维持大臣的称号。"③ 反对普选法案、强行解散议会,原敬内阁的政治措施更使舆论和民众认为,政党内阁与军阀政治相比没有任何进步。

原敬内阁提出的法案中比较重要的有《帝国开垦法案》《高等教育法案》《选举修正案》三项。关于原敬内阁所提出的法案,《万朝报》指出:

---

① 「蔵相の僻見」,『時事新報』1919年9月19日。
② 『原敬日記』(1920年2月20日)第八卷,乾元社1953年,492頁。
③ 「国民生活と放資」,『大阪每日新聞』1920年7月3日。

"原敬内阁作为代替寺内内阁的政党内阁,在其成立初期民众曾寄予厚望。不知原敬内阁因此得意忘形还是另有原因,其向议会提出的各项方案都有浓厚的党派色彩,用心险恶,只给'自家田引水',完全只为扩张自身政党势力。我们必须批判原敬内阁缺乏为国家努力的诚意。国民欢迎政党内阁的理由是相信政党内阁与寺内内阁不同,能够代表民意。但是事实相反,原敬内阁同样唯利是图。"① 该报纸还认为,"政友会内阁不为国家考虑的行为令我们震惊,其唯利是图、大胆并且赤裸裸的行为更令人失望"②。这正是政党内阁无视民意,比官僚内阁更加露骨地谋求本党利益的结果。因此在第41次议会结束时,该报纸批判说:"整个会议期间,原敬内阁没有与国民进行任何沟通,这样的会议前所未闻。"③ 上述报纸批判原敬内阁的行政意图只为谋取本党利益,丝毫不代表民意。

原敬内阁的地方长官人事和官僚制度的改革措施也受到批判,被认为与官僚内阁没有区别。"政党内阁和官僚内阁的差异在于其政策是否公开,是否能够不拘泥于私情地执行政务。原敬在组阁之前因为经常能够排除个人私情才名声大噪,如果不能继续贯彻这种公平主义那么原敬内阁就不应该存在。"④ 并且该报纸还指出,政党政治没有能够避免金钱政治,党员不是因为主义、主张聚集在一起而是通过金钱维持其纽带,从这层面而言,政党内阁与官僚内阁毫无二致。例如,物价暴涨导致国民生活备受煎熬,政府却置之不理。⑤《大阪朝日新闻》也批判政友会从自身利益出发制定经济政策。"政党的最大缺点在于受制于党的私情,图谋本党利益,热衷于争夺政权。"⑥ 该报纸甚至指出政党如果不祛除图谋本党利益、热衷于夺取政

---

① 「原内閣の面目」,『万朝報』1920年1月1日。
② 同上。
③ 「経済界の前途」,『万朝報』1919年3月28日。
④ 「原内閣の人事と官僚制度改革」,『大阪朝日新聞』1919年6月23日。
⑤ 「生活問題と政府政党」,『大阪朝日新聞』1919年7月11日。
⑥ 「園公より原氏へ」,『大阪朝日新聞』1918年9月26日。

权这一缺点，会重新回到反动政治。

通过分析报纸对原敬内阁的批判可见，原敬内阁诞生后，无论是政治上，还是经济上，其施政措施和效果都与国民的期望相差甚远。民众对原敬的政治遗产毁誉参半，他没能利用手中的多数优势推动普选权的立法，直接导致了民众的愤怒。以至于曾极力倡导政党政治的《大阪朝日新闻》《万朝报》等主要报纸也认为政党内阁无视民意，与官僚内阁相差无几，政党政治与军阀政治相比没有任何进步和变化。

不仅限于新闻界和民众，连民主主义者对政党内阁的失望情绪也与日俱增。大山郁夫指出："我国今日的一大弊病是政党掌权后随即开始扩大本党势力。"① "今天，看到我国国民对于议会的幻想破灭，我深感悲哀……这并不是说现在的议会比过去恶化了，而是议会未能够顺应外部社会的进步。"② 大山郁夫认为民众运动的快速发展，进一步体现出议会的丑态百出和政党的背离，需要对议会进行根本性改造，但是"议会改造的最后手段即普通选举，被议会毫无理由地否定了。……如果民众对于议会彻底失望，其结果会如何？届时，民众能够找到今后的前进道路吗？如果能够找到，那条路会是什么呢？……否定议会的这种观点还没有发展为民众言论，但是议会政治受到怀疑是事实。……政党为了扩大本党势力而不择手段，若政党干部促使城市农村的良民加入本党，就如同欺骗群羊去做豺狼的诱饵一样。更何况为了欺骗而采取各种手段。在这一点上，我对今天之政党恨之入骨"。③ 可以看出，大山郁夫认为，由于议会丑态百出并且否决了普选这一和平的改造手段，再加上政党为了扩大本党势力而不择手段，导致议会政治受到怀疑。他担心民众对议会失望会选择其他道路。

可以看出，在1910—1920年特别是在"大正政变"时，新闻界及

---

① 大山郁夫：「政客の喧噪と国民の冷静」，『我等』1919年5月。
② 同上。
③ 同上。

公众舆论都是坚定地支持政党政治，主张实施政党内阁，但到20世纪20年代，由于"政党掌权后就开始扩大本党势力"，"议会的丑态百出"，新闻界及公众舆论开始怀疑议会政治，他们支持政党政治的热情已大为降低。

2. 对护宪三派内阁及之后的政党内阁的失望

1924年5月，宪政会、政友会、革新俱乐部组成的护宪三派在总选举中大获全胜，清浦内阁倒台，以宪政会总裁加藤高明为首相成立了护宪三派政党内阁。"加藤高明年轻时曾留学英国，亲自体验过议会民主政治，认为日本未来要寻求权力及稳定，必须走议会政治道路。"① 护宪三派内阁的出现使民众以及民主主义者又抱有了一丝希望。

最初，美浓部达吉和吉野作造认为护宪三派内阁能够给日本政治的将来带来一缕光明。"尽管受到各种阻挠和干涉，民众还是把护宪三派推上了政治舞台。"② 吉野作造期待护宪三派的政党势力今后不辜负民众的信赖，排除枢密院、贵族院和军阀等守旧势力的干涉，形成独立的政治力量。美浓部达吉在《欢迎加藤（高明）内阁》中指出："清浦内阁倒台，加藤内阁取而代之，如同长时间的梅雨终于结束，有拨云见日之快感。几年前寺内内阁倒台，原敬内阁成立时，我也是这种心情。"③ 引文中，美浓部达吉内心的喜悦之情跃然纸上。他甚至还说："唯愿该内阁能够在今后三四年之间，三派之间相互协调，实现政界的革新。如果该内阁再次失败的话，今后我国的政治肯定会相当长的时间内陷入暗黑时代。"④ 他提醒说："国民几乎都抱有'政治就是罪恶'的感觉。……假公济私、谋取私利、浪费公共

---

① ［美］安德鲁·戈登：《现代日本史：从德川时代到21世纪》，李朝津译，中信出版集团2017年版，第265页。
② 吉野作造：「新内閣に対する期待」，『吉野作造選集』第4卷，岩波书店1995年，84頁。
③ 美濃部達吉：「加藤（高明）内閣を迎ふ」，『改造』1924年7月。
④ 同上。

财物、滥用权力、回避责任、玩弄虚言，上述这些无论是政党政治家还是官僚政治家都是家常便饭地公然行之。"①

然而，民众及民主主义者的期待在一年之后就化为泡影。1925年，因为对税制改革有不同意见，政友会和宪政会的对立表面化，加藤高明取消了联立内阁，成立宪政会一党执政的第二次加藤内阁。之后，宪政会和政友会围绕政权不断地对立、抗争，甚至把枢密院也卷入其中。

民主主义者在提倡普选制度时，曾反复强调"选举制度能够实现得到民众支持的议会政治，促进政党政治的道德化"。②吉野作造提倡普通选举制的根据之一是有权者的增加促使竞选者无法利用金钱拉选票，只能把人格和言论作为获取政权的武器，从而一举消除政界的腐败。然而普选实现之后，吉野作造表示"难以理解，感到非常惭愧"，"今天我不得不承认需要改变我之前的主张，即实施普选之后，金钱会从选举中消失，人格和言论成为主导。……现有政党并没有站在国民立场上"。③吉野作造承认日本政党政治之现实与原来自己的主张大相径庭。

民主主义者已经意识到立宪政治的现状导致国民感情趋向于厌倦和憎恶，乃至否定，国民感情有可能会走向极端。吉野作造表达了他的担忧，"多数党依仗多数封杀少数，少数党则放弃言论，诉诸暴力扰乱议会秩序，妨碍议程，甚至在场内进行乱斗，把作为言论场所的帝国议会变为暴力场所，这是对宪法政治的破坏，是对议会政治的蹂躏，事态极端严重。……虽然议院内部的骚乱和暴力不始于此，但是这一次是历史上最为严重的。……对于这种议会，国民从开始就已经厌烦，进而由厌烦转为冷淡，

---

① 美浓部达吉：「加藤（高明）内閣を迎ふ」，『改造』1924年7月。
② 吉野作造：「新生党に対する吾人の態度」，『吉野作造選集』第4卷，岩波書店1995年，55頁。
③ 吉野作造：「選挙、金と政治」，『吉野作造選集』第4卷，岩波書店1995年，353頁。

进而憎恶议会政治，最后否认议会政治。……如果今日不改变现状，难以预测国民感情的发展趋势。"① 美浓部达吉在《暗黑政治的时代》中指出："看近来日本政治的局势，深感我们在政治上的暗黑时代到来。立宪政治的最大长处是排除政治上的秘密主义，在国民监督之下进行光明正大的政治行为。但是经普选后的第一议会召开的今天，政治的光明正大已经绝迹，有心人都痛感暗黑政治的到来。这究竟是何人的罪过呢。……国民对于内阁已经是满腹憎恶与轻蔑……在共产党事件爆发后，政府立即进行思想压迫。但是对于思想唯有用思想之力量来应对，绝不可以采用其他社会势力。思想在实际社会中存在，是因为现实中有促使思想出现的原因。"② 或许高畠素之的说法更直白地表达了当时许多人的感受："民主主义不过就是少数者的统治，通过投票这种把戏来实现独裁专制。现在这种虚伪日益被揭穿。民主主义不是政治原则。政治原则最终还是少数人的统治，就是目前流行的词汇独裁专制。只不过使自我意识强烈的近代人的视网膜出现错觉而已。投票是一种巧妙的心理欺骗魔术。"③ 民众对于日本立宪政治的感情从期望变为失望、厌倦，甚至憎恶和否定，在民众眼里，投票不过是一种欺骗魔术，民主是少数人实现独裁专制的把戏。日本的政党政治逐渐与贪腐联系在一起，也促使许多民众的思想倒向右翼极端民族主义。

美国政治社会学者李普塞特曾指出，民主制度的稳定不仅取决于经济的发展，还取决于它的合法性和有效性，有效性是指政绩。④ 客观地说，从原敬内阁到护宪三派内阁，政党政治无论是政治上，还是经济上，其施政政绩都与国民的期望相差甚远，各个阶层的不满情绪都日益积累。由于媒

---

① 吉野作造：「無產政党議員に対する国民の期待」，『吉野作造選集』第 10 卷，岩波書店 1995 年，237 頁。

② 美濃部達吉：「暗黑政治の時代」，『帝国大学新聞』1928 年 4 月 30 日。

③ 高畠素之：「デモクラシーの馬脚」，『中央公論』1927 年 7 月。

④ ［美］李普塞特著：《政治人——政治的社会基础》，张绍宗译，上海人民出版社 2011 年版，第 38 页。

体不断报道各种政治丑闻以及毫不掩饰的买票行为,政党政治的统治合法性遭受严重打击,使许多有理想的选民转而反对政党政治。在各个政党之间,政党表面上是与专制势力进行抗争,实际上却为了政权和统治体制的稳定化而明争暗斗,理应成为民主主义主导者的政党反而逐渐强化专制体制。这种内在动向无疑使民众丧失对于政党政治的信心,转而寻找能够实现其愿望的政治力量。

(二)关东大地震后政府的思想言论压制

对于民主主义思潮的兴起,保守的政治领导者从来就没有袖手旁观。历届内阁都把民主主义看作危险思想,摸索构建新的国家秩序。甚至连通过民主主义运动走上政治舞台的政党内阁也毫不例外。在1918年12月,元老山县有朋曾经召集当时的重要官僚,如平田东助、一木喜多郎、清浦圭吾、田健治郎、后藤新平等到自家宅邸,商讨如何应对"社会问题、国民思想的倾向、民本主义"。在1919年以后的原敬日记中也随处可见关于镇压民主主义思潮的内容。1923年关东大地震发生后,政府借机强化了对国民思想的统治。

1923年9月1日,以东京、横滨为中心发生了7.9级大地震,受灾情况严重,死亡9.1万人,失踪4.3万人,倒塌、半倒塌的房屋约17.5万余户,烧毁38万户,损失约60亿日元。内务省的官员、陆军以及警察都参与了散播朝鲜人不法行为的流言,内务省警报局局长电讯各地僚属,"朝鲜人利用东京附近的震灾,在各地放火,图谋不轨"①。有6000多朝鲜人惨遭军警和自卫团杀害。女性主义者伊藤野枝、无政府主义者大杉荣及其外甥三人同遭杀害。军警还包围了工会,杀害了工人领袖平泽计七以及其他9名劳工。大山郁夫当时也遭到逮捕,之后由于社会舆论的压力,得到释放。关

---

① 吴廷璆:《日本史》,南开大学出版社1994年版,第633页。

东大地震后财界的领导人物涩泽荣一和实业家增田义一等提出了"天谴论",认为"关东大地震是上天对我国民的惩罚和警钟",是对过于得意忘形的国民的惩罚。这种谣言伴随着社会的不安而在人们心中蔓延开来。为了强化对国民的思想统治,1923年11月16日政府发布了《关于国民精神振兴的诏书》,指出要断绝"浮华轻浮""轻佻诡激"的风潮,宣传"扑灭赤化""拥护国体""忠君爱国"的思想。12月27日,摄政宫裕仁亲王(后来的昭和天皇)在前往帝国议会开幕式途中,遭到无政府主义者青年的枪击,这就是"虎门事件"。"这一事件发生在震灾之后人心惶惶的时刻。大正12年在动荡不安中结束。"①

关东大地震后国民生活充满了混乱和不安,民主主义思潮受到冲击,国家借机培植"国体观念"。关东大地震是"忠君爱国"路线和民主主义的对抗过程的转折点,双方的对抗关系一直持续到昭和初期,军国主义思想彻底占据了统治地位。震灾后,政府向天皇请求下诏,向国民宣布复兴首都东京是至上命令。震灾复兴立即成为全民团结一致的象征,人们从震灾的打击中站立起来,投入震灾复兴、建立新国家的行动之中。②

1924年成立的清浦圭吾内阁以"思想国难"的名义,标榜"国民思想的善导"。1924年1月15日成立了中央强化团体联合会,目的是培养民众"忠君爱国"的国家观念和"自治公共心"。文部省、内务省等其他中央官厅和地方上的县厅成为教化的中枢机关,动员在乡军人会、宗教界人士开展运动。1924年5月成立了"国本社"。国本社由检察总长、法务大臣平沼骐一郎为会长,聚集了官界、陆海军、财界和学界的重要人物,目的是

---

① 木佐木勝:『木佐木日記』,中央公論新社1974年,60頁。
② [日]竹村民郎:《大正文化——帝国日本的乌托邦时代》,欧阳晓译,上海三联书店,第147页。

"巩固国本宣扬国体精华",并设立了地方支部,召集地方有力阶层。① 在地方,"忠君爱国"主义的思潮逐渐取代了自由主义的思潮和运动。比较有代表性的是长野县下伊那郡,这里在20世纪20年代前曾经广泛开展了青年团的自主化运动。当地有不少青年倾向于社会主义,组建了下伊那自由青年联盟。1924年3月,其社会主义团体核心组织的青年领导受到检举。之后,当地的保守人士组成了下伊那国民精神振兴会,得到县财政的资助,努力防止青年们的"思想恶化"。② 在政府推进"国民思想的善导"过程中,各种国家主义团体乘虚而入,通过地方行政的渠道不断渗透到民众中间。

政府对思想言论的管制既打击了社会主义思潮,也压缩了民主主义的思想空间。1924年2月吉野作造加入了朝日新闻社。入社不久,他在《大阪朝日新闻》上,从1924年3月28日到1924年4月3日连载了文章《枢府和内阁》,涉及枢密院和内阁的改革问题,该文章被检察当局认定为违背国家的舆论规定。虽然经过多方的帮助,吉野作造免遭起诉,但是他不得不退出朝日新闻社。《朝日新闻社》原本是民主主义的主要传播阵地,是民主主义者发挥舆论引领作用的重要媒介。从长谷川如是闲、大山郁夫再到吉野作造,都相继受到"笔祸事件"的牵连。吉野作造作为民主主义的重要代表人物,因为探讨枢密院和内阁的改革问题而被迫辞职,标志着民主主义的舆论空间日益缩小。震灾后,人们对国家与天皇的顺应性增强了,批判天皇制的左翼势力日渐消退,取而代之的是与军部勾结的右翼势力的抬头。③

---

① 榎本勝己:「国本社試論」,日本現代史研究会編『1920年代の日本の政治』,大月書店1982年。
② 県史刊行会:『長野県史』通史編8巻,長野県史刊行会1989年,50頁。
③ [日]竹村民郎:《大正文化——帝国日本的乌托邦时代》,欧阳晓译,上海三联书店,第147页。

(三)《治安维持法》的打击

1925 年 3 月，加藤高明内阁在第 50 次帝国议会上通过了《普通选举法》和《治安维持法》。虽然《治安维持法》并不是针对大正民主主义思潮制定的，而是为了打击"过激思想"即社会主义思想，但是该法的颁布和实施却加剧了民主主义思潮的衰退。

《治安维持法》的成立背景可以追溯到关东大地震。1923 年 9 月，关东大地震发生之后，政府发布了对于震灾地区实施的戒严令以及第 403 号敕令（即《治安维持令》）。对于《治安维持令》①，政友会无条件赞成，革新俱乐部反对，政党之间的意见并不统一。对于戒严令，大多数政党都表示支持。1923 年 12 月 27 日发生的"虎门事件"，进一步加剧了统治阶级的危机感。媒体的大肆宣传加深了国民心中对于无政府主义者、共产主义者的恐惧心理和厌烦情感。

此外，国际环境的变化也促进了《治安维持法》的诞生。第一次世界大战结束之后，世界范围内爆发了革命运动和民族解放运动。例如，俄国社会主义革命的成功，西欧革命运动的高涨，殖民地、从属国等的民族解放运动的激化，共产国际象征的世界规模的劳资对立等。各国相继制定了严厉的治安法来打击各种所谓"危险思想"。② 日本的统治阶级担忧朝鲜和中国的反日民族解放运动和日本国内的人民斗争相结合，更忧虑运动会在

---

① 主要是对于暴行、骚乱以及危害他人的生命、身体和财产的行为，散布消息紊乱安宁秩序的行为，散布扰乱人心为目的的谣言，处于 10 年以下的监禁或是 3000 日元以下的罚款。

② 当时制定的主要的治安法有：1919 年《无政府主义取缔法》（美国），《武器取缔法》（荷兰）；1921 年《公告安定秩序恢复法》（德国），《无政府主义者压制法》（巴西）；1922 年《德国共和国拥护法》（德国），《危险思想宣传取缔法和危险思想教示取缔法》（英国），通过修订刑法新加入了刑法革命运动镇压的规定（荷兰）；1923 年《公共安定秩序恢复命令》（德国）。

苏联和共产国际的支持和影响下进一步发展，受世界各国制定治安维持法行为的刺激，参考德国制定了严厉的治安对策。

1925年4月22日政府公布了《治安维持法》。其最根本内容在于其第一条："以改变国体或者否认私有财产制度为目的而组织结社或者知道这一情况而企图加入者，处以10年以下惩罚或监禁。"1925年《治安维护法》实施之后，学生活动及相关团体首先受到了较大打击，其次是"主张国体和政体变革的无政府主义，以及否认私有财产制度的共产主义"[①]，特别是马克思主义团体、日本共产党组织等。

明治时期，政府就已经开始打压学生运动。1900年实施的《治安警察法》赋予了警察当局取缔政治集会的权力，严禁学生参加政治结社。该法律的惩罚措施比较轻，即使是秘密结社最多只被判一年的刑罚。于是司法当局往往依据《新闻法》《出版法》和《警察处罚令》等取缔学生运动。这些法律的定罪过程需要较长的监视时间，仅仅适用于个人，不适用于团体。另外，内务省图书科负责报纸审阅，20世纪20年代出版界迅猛发展，相比之下，审阅制度本身效率低下。例如，所有左翼杂志和传单，往往是全部发行或发放之后才会正式被禁止发售。依据《新闻法》和《出版法》进行起诉，费时长，没有实际效果。内务省的官僚只好通过阅读学生们撰写的文献来监察学生运动与左翼的关系，采取低效的取缔办法。[②] 1925年5月，《治安维持法》实施之后，政府取缔学生运动的力度陡然加大。因为该法律认定"非合法组织"的标准不是依据实际行为，而是根据意识形态，而且最高刑罚是10年，这对于运动组织的领导者构成了莫大威胁。虽然宣称是取缔共产主义，但是在后来的执行过程中，当局的目标日益明显，即同时镇压民主主义思潮。

京都学联事件就是当局利用《治安维持法》打压学生运动，镇压各种

---

① 『東京朝日新聞』，1925年2月13日。
② 三田村武夫：『戦争と共産主義』，民主制度普及会1950年，85—97頁。

思潮的标志性事件。战前的左翼学生团体的代表，是1918年东京大学成立的"新人会"和1919年早稻田大学成立的"建设者同盟"。20世纪20年代，日本全国的大学和高中都成立了社会科学研究会（简称社研）。1922年11月成立了社研的全国性组织学生联合会。社研既进行社会科学的研究，也从事实践活动，如反对在学校开展的军事教育运动。1925年7月京都大学召开的学联第二次全国大会提出把马克思列宁主义作为纲领，研究和普及马克思主义。1926年1月15日，以京都大学学生为主的日本学生社会科学联合会的38名会员被逮捕。特高警察最终在京都大学的学联中并没有发现类似于日本共产党等的结社，只好采用了"协议罪"和"煽动罪"的罪名。

京都学联事件之后，冈田良平文部大臣借机禁止所有学生组织的社会科学研究，之后各帝国大学的社会科学研究会相继被迫解散。东大新人会于1929年11月7日宣布解散。冈田良平要求全面禁止高等学校和专门学校中的社会科学研究会的组织以及活动，同时禁止学生个人进行社会科学的研究。"第一，无论研究会以及读书会的名称、内容如何，一律禁止。第二，禁止个人进行社会思想的研究。第三，禁止阅读指定之外的书籍杂志。第四，一律禁止一切校外演讲，无论是否属于学术演讲。"①

"三·一五"事件是日本政府当局利用《治安维持法》大规模检举共产主义者、马克思主义者的发端。1928年3月15日，特别高等警察大规模逮捕了全国范围的日本共产党员。劳农党、全日本无产青年同盟、日本劳动工会、日本农民工会等相关组织均受到搜捕，约1600人被逮捕。但是实际调查发现，被捕人士大部分都没有加入共产党。与此同时，田中内阁强化了思想取缔。警保局在"三·一五事件"后扩充了特高警察队伍，追加了199万日元的预算。警保局的人员从21名增加到236名，1928年7月在所

---

① 1926年5月29日に岡田良平文相は全国高専学校長当て内訓。

有道府县都设置了特别高等课。① 司法省在"三·一五事件"之后,追加预算 32 万日元,并增加了思想监察员。②

总体而言,《治安维持法》的发布,促使 20 世纪初期在民主主义运动中合流的知识分子、学生运动、劳动阶级、新闻记者等各势力分道扬镳,特别是作为大正民主主义思潮的主要阵地的报纸逐渐失去了指导性。《治安维持法》实施后,首先打击的对象是学生运动和知识界。美浓部达吉批判说:"《治安维持法》是现代立宪政治下,世上少有的恶法。……《治安维持法》实际上是把目前拥有政治势力的阶级的信念作为绝对真理,而把反对的思想看作异端,并且用刑罚去打压这种思想。……对于信念和信念的斗争、主义和主义的斗争,不是用言论和教化的力量,而是采用法律和刑罚来消灭反对的信念,如同德川时期的反基督教规定。"③《治安维持法》的强行通过和实施,打压了自由主义、民主主义以及社会主义思想的生存空间,客观上为右翼法西斯主义的猖獗提供了可乘之机。相反,尽管政党内阁通过了《普通选举法》,但是日本的官僚阶层只是借助"民主"之名来维护政治稳定,并没有从防止"多数暴政"与少数专制这种角度出发,法制成为其打压左翼思想的工具。虽然政府宣称《治安维持法》主要针对无政府主义思想和共产主义思想,但是这一法律本身已经表明大正时期的政党政治以"民主"之名,行"暴政"之实。

(四)报纸杂志的言论转向

任何一种社会思潮都与媒介具有密不可分的关系,媒介往往起着推波助澜的作用。一旦媒介载体认为这种思潮不再重要,不再予以重视,那么

---

① 荻野富士夫:『特高警察体制史』,岩波書店 1997 年,173、185 頁。
② 荻野富士夫:『思想検事』,岩波書店 2000 年,34、35 頁。
③ 美濃部達吉:「治安維持法批判——大正十五年の学生検挙事件」,『帝国大学新聞』,1926 年 10 月。

这种思潮会很快消失。日本近代思想史上，任何一种社会思潮都经历了这种历程，大正民主思潮尤其明显。

1918 年"白虹贯日"笔祸事件之前，报纸在报道时注重言论的威力，极大地推动了政界的革新。20 世纪 20 年代广告费成为报纸经营收入的主要经济来源，言论威力的重要性降到第二位，报纸更多专注于报道的及时性和广告功能。特别是关东大地震后，报纸在论调上的转向更为明显。当时《时事新报》的编辑伊藤正德称之为报纸的"大众转向"，报纸日趋迎合"大众心理"，体察读者群体的情感，尽量顺应大众心理去立论，其结果就是"报纸社论容易受到读者声音的牵制"。这种大众意识的高涨和狂热是导致报纸论调变化的重要原因。报纸没有去稳定大众的狂热情绪，相反，报道的论调是进一步刺激读者的共同欲求和感觉，在这种刺激下大众心理更加兴奋，而报纸则进一步追随，形成一种循环，产生了相互促进彼此的狂热和兴奋情绪的现象。报纸和大众之间形成了一种心理的同盟关系。

对外方面，报纸上批判日本对朝鲜的殖民统治的观点也毫无踪迹，甚至连曾经支持民族自决主义的《大阪朝日新闻》也开始反复强调"不逞朝鲜人""不稳朝鲜人"，培养民众基于偏见的恐惧感。以关东大地震和"虎门事件"为契机，报纸舆论开始认同严厉的治安对策。这一时期，媒体反复报道中国主张收回旅顺、大连的民族运动和美国制定的《排日移民法》，受此刺激，日本民众的排外主义风潮日益蔓延，民主主义、和平主义的思潮逐渐退却。

在《治安维持法》实施之后，报纸更是成为受政府操纵的工具。监察当局往往在逮捕之前首先向报纸机关发出禁止刊登的命令。例如，"京都学联事件"中，1926 年 1 月 16 日 36 名会员被逮捕，但是 8 个月之后政府才取消报道禁令，在这期间国民都被蒙在鼓里。而当报道解禁之后，报界多采用耸人听闻、煽动性的报道方式进行片面报道。例如，特高警察在搜查京都大学社科研究会会员石田英一郎的住宅时，发现其中学时代的日记中写有批判皇族北海道巡行的感想。报纸就以此大做文章,把石田描绘成"不敬罪犯""卖国贼"。报纸本应以冷静目光来审视这一事件,但是却一味煽动社会情绪。木佐木胜(时任中央公论杂志社编辑)在日记中写道:"今年1月份发生的学生社会科学联合会的京都大学的38名学生被捕事件,时隔8个月才得以见诸报端。但是各家报纸都用特大号来报道,诸如'涉及全国的学生共产主义联盟的阴谋'等,学生运动被描绘成了一种企图改变国体的造反事件。京大学联事件的真相尚未查明,报纸在报道中却已经把他们定为罪犯。"① "三·一五事件"后,新闻界的表现如出一辙。1928年4月11日,"三·一五事件"的报道解禁当天,《东京朝日新闻》在晚报中整版报道了这一事件,标题是《(共产党的结社暴露,全国上千名党员被捕)企图根本变革国体实现劳动独裁政治》。"自命为社会木铎的报纸,经常歪曲社会事实,进行片面报道,无疑是受了政府当局的立场和意图的影响。"② 可见,在大正初期作为民主主义思潮的言论阵地,为其兴起和发展发挥过推动作用的报纸,随着政治局势、民众感情的变化也逐渐远离了民主和自由的精神。

20世纪30年代以后,报纸杂志的"大众化倾向"更为严重。"九·一八"事变之后,吉野作造批判了报纸的态度,指出本应该能够听到"自由地毫无顾虑地批判",但是却没有这种声音。"令人不可思议的是,各种报纸竟然都倾向于讴歌这次出兵……回顾以社会木铎自居的报纸的以往表现,现在的报纸竟然无条件赞美此次出兵,其变化之快令我难以置信。曾经被报纸指导、受其领导、听其指挥的我们,在这个问题上竟然被抛弃了。"③ 1935年美浓部达吉的学说受到右翼势力的暴力攻击,发生了"天皇机关说事件"。学术团体和以自由主义为信条的新闻记者理应最先出面支持美浓部

---

① 奥平康弘:『治安維持法小史』,筑摩書房1977年,100頁。
② 同上。
③ 吉野作造:「民族、階級、戦争」,『中央公論』1932年1月。

达吉，然而事件发生之后，除了极少数学术团体和新闻记者之外，大部分都保持了沉默，其他社会团体也没有公开举行支持美浓部达吉的活动。

内务省警保局的资料对报纸舆论转向的总结如下："前几年，在沸沸扬扬的自由主义思想的冲击之下，一般报纸作为自由主义思想的宠儿，极力赞美立宪制度之下的政党政治，提倡学问之自由，抨击滥用国家权力妨碍学术自由。然而面对这场所谓'机关说问题'，这些报纸或许是认识到了问题的严重性，或是屈服于时势，或是畏惧于看不见的影子；失去了以往的风采。"① 民主主义思潮的主要宣传阵地就是报纸和杂志，当报纸本身的定位发生转变的时候，民主主义便失去了一个重要的舆论平台。

（五）社会矛盾激化导致各种思潮兴起

20世纪20年代以后，日本的社会矛盾逐渐积累并且激化。社会矛盾的激化源于"一战景气"的戛然而止，后又遭遇了1923年的"关东大地震"和1927年的银行危机。长期的慢性经济衰退导致各阶层民众生活窘迫，原本被民众寄予厚望的民主主义却无法为解决现实问题提供良策。对民主主义的失望促使民众寻求新的思想指导，国家主义、军国主义、社会主义等思潮的影响力逐渐提高。

在整个20世纪20年代，日本颠簸而行，面临一个又一个的经济危机。第一次世界大战结束后，战争景气持续了一段时间，但到1920年4月经济繁荣便突然中止。股票价格急剧下降，棉纺织业、制丝业产量过剩。不少银行倒闭。在短短一年内，几个主要工业领域的生产值急剧下降，最低降到原来的60%，大公司因而大量裁员。② 1922—1923年，制造业产量出现复苏迹象。但是1923年9月1日发生的"关东大地震"又给东京及周边地

---

① 内务省警保局：『出版警察资料』第2号，1935年7月，10页。
② ［美］安德鲁·戈登：《现代日本史：从德川时代到21世纪》，李朝津译，中信出版集团2017年版，第225页。

区造成严重打击。在震灾以后的几年中，经济出现短暂复苏，大地震带来了"重建景气"，刺激了东京地区的就业及市场。1927 年又爆发了重大银行危机。由于日本金融体系长期以来不健全，多家银行因不良债权过多出现经营恶化的迹象，社会上流行银行倒闭的传言，引发客户挤兑风潮，结果导致一个月的时间内有 37 家银行处于停业或倒闭状态。① 因此，在 1929 年至 1930 年的世界经济危机来临之前，日本的经济已经长时间处于战后衰退状态。

政党内阁未能采取有效措施应对经济危机，解决各类社会矛盾。民间舆论与知识分子指责政界领袖只顾中饱私囊，丝毫不顾民众的生存。美浓部达吉指出："经济上，分配不公平，农村日益疲敝，不熟练劳动者生活悲惨。……社会上，有钱者日益跋扈，仅仅因为是有钱，无论天分多么低的人，也会在社会上占据高位，得荣爵、获勋位，甚至成为贵族院议员。政治上，刚刚消除藩阀政治之害，政党政治又开始产生新的流弊，政府大官、议会议员、政党的干部等参与的冤狱事件频出。"② 吉野作造在 20 世纪 20 年代中后期审视日本的社会状况时指出，所有主要政党都是私利当头，只知为与他们有密切利害关系的财阀服务，政党已经是一个道德败坏的团体，无法真正为民众服务。

以城市中产阶级、工人、农民、部落民为代表的各个阶层都对现实生活存在不满。城市中产阶级的生活非常拮据。1918 年一位小学老师写信给报社编辑，这位老师指出他一家五口，每月开销共 20.75 日元，而他每个月所得扣税后仅为 18 日元。"一个小学老师，他的生活就是连过年时也无法

---

① 王新生：《日本简史》（第三版），北京大学出版社 2016 年版，第 188 页。
② 美濃部達吉：「共産党事件に付いての感想」，『帝国大学新聞』1929 年 11 月 18、25 日。

为他的小孩买件和服或几块糯米糕,还有比他的生活更悲惨的吗?"① 类似这位老师的城市新中产阶级被称为"洋服贫民"。

令政府担忧的不安定及激进主义的潜在源头并非中产阶级,而是工厂工人,他们的组织越来越具有攻击力。1921年友爱会改称"日本劳动总同盟"后,明确提出阶级斗争的主张。20世纪20年代,其他工会相继成立,有些是支持革命性政治,有时甚至与刚成立的日本共产党建立联系,其他则只是要求提升工人地位,无意打破整个资本主义制度,劳动总同盟亦是其中一分子。在整个20世纪20年代,工人罢工是家常便饭。工人有任何集会,讲台旁一定会坐个警察,如果演讲者提及"革命""资本主义""毁灭"等字眼,就会遭到警告,第二次提及的话,演讲就会被中止,严重者可能会被逮捕。

农村的情况同样不容乐观。明治维新以来日本农村的总生产量一直增加,大部分人口的生活环境有所改善。但是到20世纪20年代,生产力不再增长。农村上层阶级的生活及生活方式开始与其他阶级不同,而且差距越来越大,结果中下层农民逐渐不满,其抗议行动比以前更激烈。例如,佃农斗争在1918年是256次,1922年是1578次,1926年是2751次。1926年全国有15万农民参加了佃农斗争,呼吁改善生活。② 1922年4月在贺川丰彦等人的积极推动下,农民联合组成"日本农民协会",要求减轻地租,确立耕种权。在其压力下,政府在1924年制定了《佃农争议调解法》,规定法院对地主佃农间的纠纷给予调解。

同样,期望借助民主主义提升自身地位的部落民发现其目标并未达成。1900年前后,年轻的男性部落民开始组成很多温和的自助会,他们主张部落民只要争取教育机会,努力工作,日本的社会主流应该会接受他们,然

---

① [日]竹村民郎:《大正文化——帝国日本的乌托邦时代》,欧阳晓译,上海三联书店2015年版,第43页。

② 武田晴人:『(日本の歴史19)帝国主義と民本主義』,集英社1992年,255頁。

而效果不大。1922年受到激进思想的影响，部落民成立"水平社"，他们大势声张自身权利，甚至使用暴力。

美国学者李普赛特曾指出，经济发展使民众的收入增加，受教育程度提高，从而促使低层阶级眼光较长远，政治观点更接近渐进主义。① 与之相反，国民收入低，不满情绪积淀，容易导致极端主义。从根本上而言，20世纪20年代初期开始各阶层民众逐渐发现民主主义无法帮助他们实现诉求。民众不满国内社会的不平等及贫穷，要通过更有力的活动来达到其目的。很多人转向激进主义思想以寻找明确的行动指南。以"改造"为口号的各种团体纷纷成立，并且影响力日益增大。

1920年以后逐渐兴起的主要思潮是社会主义和法西斯主义，法西斯主义以日本、天皇作为口号提倡基于"国体"改造国家。② 1920年以后，"大逆事件"之后陷入谷底的社会主义思潮逐渐复苏，开始重视发声、提倡改革。1922年7月日本共产党成立。社会主义者批判吉野作造基于国民立场的改造不过是改良，批判吉野作造等的民主主义是"反动的""逃避的""独善其身的""现状维持主义"。他们提出"阶级"的概念，主张实现社会的根本改革。

第一次世界大战以后，日本作为战胜国，知识人士中间充满了自由、和平、改造的氛围。但是，政治领导者阶层并未接受民主主义思想，他们中间盛行国家主义、军国主义、膨胀主义、领土主义。在政党领袖以及政治精英的眼中，左翼运动的威胁比北一辉更严重。不少统治精英，特别是军方及司法界，亦包括部分官僚，对所有激进思想都采取一种"势不两立"的态度。所以在《治安维持法》通过后，统治者肆意扩大打击对象。1926年的"京都学联事件"和1928年的"三·一五"事件中，众多学生遭到检

---

① ［美］李普塞特：《政治人——政治的社会基础》，张绍宗译，上海人民出版社2011年版，第38页。

② 成田龍一：『大正デモクラシー』，岩波書店2007年，104頁。

举和逮捕。20世纪30年代以后，日本共产党以及与其毫无关系的地方社会主义团体和个人运动均被以违反《治安维持法》或《治安警察法》的名义遭到拘禁，左翼思想逐渐陷入衰退。

1920年前后右派的国粹主义者的活动也逐渐兴起。国家主义团体以日本、天皇作为口号，提倡基于"国体"改造国家。北一辉在1919年写成《国家改造案原理大纲》，1923年出版改名为《日本改造法案大纲》。北一辉的政治主张是，对内以天皇为中心进行改革，反对政党政治，对外进行领土扩张。北一辉与大川周明共同创办"犹存社"，合力进行"国家改造运动"。各种民间法西斯团体也在他们的影响下纷纷成立，并将《日本改造法案大纲》奉为经典。

20世纪20年代末，各色各样的民族主义政治团体已经逐渐建立人脉关系，不但把国内外的民间民族主义连成一体，也与年轻而急于行动的军官互通声气。他们得到高级将领的默许，有时甚至公开支持这些民族主义团体，其中最有名的是前后任陆军大臣的宇垣一成（1868—1956）、荒木贞夫（1877—1966）、朝鲜总督斋藤实，他们的口号是大亚洲团结起来，共同抵抗西方，不过他们在内心则自诩日本为亚洲霸主。

国家主义、军国主义等思潮的兴起还与大正民主思想的局限性有密切关系。大正民主思想刚刚兴起时，与明治以来的民族主义、国家主义、天皇中心主义思想产生了紧张关系，受到上述思想的排斥和攻击。美浓部达吉、吉野作造、大山郁夫、长谷川如是闲等人重新解释了民主主义的内涵，反复强调民主主义不否认天皇国体，与忠君、爱国思想可以兼容，而实际上大正民主主义思想也确实一直没有脱离国家主义立场。民主主义与国家主义、天皇中心主义、军国主义之间的紧张感消失，逐渐受到各种政治立场学者的认同，为普通民众接受，并在各个领域引起了反响。但是由于民主主义与国家主义、军国主义、天皇中心主义融合在一起，导致其内涵不清晰，界限模糊，无法对20世纪20年代中期形成的右翼主义、法西斯主义产生抑制作用。20年代中期开始，法西斯主义逐渐得到部分团体的支持并付诸实践。相反，在1925年《普通选举法》通过并实施之后，民主主义的践行团体已经基本消失。政党政治的各种弊端暴露后，民众对于民主思潮的支持力度减弱。特别是在教育领域，天皇中心主义思想、皇国史观几乎没有得到任何改变。工人运动方面，更为激进的社会主义思潮、工团主义受到追捧。

总之，社会矛盾激化暴露了大正民主思想的局限性，民主思想对于民众的吸引力减弱。随着国家主义、天皇中心主义、社会主义等思潮的影响力逐渐扩大，民主思想丧失了其民众基础，逐渐衰退。

东京朝日新闻社的《大阪朝日新闻》和《东京朝日新闻》曾经是以吉野作造为首的大正民主主义者发声的主要阵地。20世纪20年代中期，吉野作造却因为提出改革枢密院的观点遭遇"笔祸事件"而被迫从东京朝日新闻社辞职。吉野作造所能起到的舆论引领作用大打折扣。由此也可以看出，在20年代中期日本社会已经逐渐失去了民主主义的思想空间，大正民主主义逐渐退潮。

◇第二节　大正民主主义的流向

当改良的民主主义思想及政党政治无法解决日益激烈的社会问题时，民主主义的部分倡导者及其追随者分别选择了不同的思想方向。大山郁夫和以新人会为代表的部分学生们转向了社会主义思想，并参加了各种社会运动或无产政党。有少部分人士初期主张民主主义，由于对政党政治失望，转而成为国家主义甚至是法西斯主义的支持者，如室伏高信。长谷川如是闲以大正民主主义为出发点，在1918年经历了"白虹贯日"笔祸事件之后，与国家主义展开了彻底的斗争，重视"社会"的作用，关注国际社会，日益成为坚定的自由主义者。美浓部达吉和吉野作造继续坚持民主主义的立场，主张改变日本立宪政治的各种不合理之处。吉野作造一度寄希望于无产政党，希望无产政党能够改变政党政治的弊病。

一 走向社会主义

民主主义者的代表人物大山郁夫虽然在初期不赞同民本主义的激进化倾向，不过，1921年以后大山郁夫开始反思大正民主主义的局限性，批判大正民主主义没有代表劳动者的利益，转向更为彻底的代表无产阶级的马克思主义。1923年年初，大山郁夫表明接受"马克思派的社会主义的唯物史观"（《社会思想的理想主义的弱点》）。与河上肇、山川均不同，大山郁夫接受马克思主义不是因为对马克思主义进行了系统研究，而是忠实地顺应了时代思潮的变迁。他在1926年成为无产政党的左派政党劳动农民党的执行委员长。

学生运动在20世纪20年代之前主要提倡民主主义和人道主义，在20年代初期以后逐渐转向了马克思主义。最早发生转变的是为追求民主主义而聚集在吉野作造门下的学生。在第一次世界大战结束后，这些年轻的知识人士逐渐转变为马克思主义，积极参加工会运动和合法的社会主义运动，有的甚至成为无产政党的指导者。一部分民主主义者转为支持马克思主义思想，既与时势的影响有关，也与马克思主义对当时日本民众充满吸引力有关。拥有远大理想的学生们虽然最初支持民主主义和人道主义，但是他们发现这种渐进的改良主义难以解决众多社会问题，于是在20世纪初期以后开始转向了社会主义思想。蜡山政道在1925年1月发表的论文中指出："吉野博士等其他先进人士倡导的民主主义曾经风靡当时的论坛和社会，我们迄今还记忆犹新。之后人们开始对社会主义思想感兴趣，民主主义书籍只能尘封于旧书店的一隅，或者偶尔出现在夜间的小书摊上。"①

新人会的机关刊物的标题变化显著体现了其出发点逐渐从协调变为斗争的过程。最初其机关刊物名为《民主》，发刊词上指出民主主义的最终目标是所有人实现自由，追求作为人的价值，改造社会的主力是青年人。后来《民主》更名为《先驱》（1920年2月），主张追求真理。之后又改为《同胞》（1920年10月），主张抛弃资本家和军阀的旧社会，创造新的"生产者的世界"，要立足于从"生产者的世界"飞向"解放的世界"。最后又改名为《NARODO》（1921年7月），主张："苦于资本家桎梏的无产阶级、成为男性专制的牺牲品的妇女以及文明底层的野蛮人，起来！为我等的神圣而战。"② 可以看出，受马克思主义阶级斗争思想的影响，协调已经被放弃，斗争成为其主要手段。

有的新人会成员毕业后立即投身社会运动，成为工会、农民组织或无产政党的干部。第二次世界大战前，日本的社会民主主义人士分为左、中、右三派，其中新人会成员多是中间派即日本劳农党派，代表人物是麻生久、栅桥小虎、菊川忠雄；左派即劳农派③中有新人会成员细迫兼光、黑田寿男；右派是社民派，有宫崎龙介、赤松克麿等新人会会员。也有新人会的成员加入了日本共产党的地下组织。

---

① 蜡山政道：「我国に於けるデモクラシーの諸制度」,『日本政治動向論』,高陽書院1933年，86頁。
② 成田龍一：『大正デモクラシー』,岩波新書2007年，110頁。
③ 第二次世界大战前日本的非日本共产党系的马克思主义团体。因为它依赖于1927年推出的杂志《劳农》，所以被称为劳农派。由与"日本资本主义论争"中的讲座派争论的经济学家、左翼无产阶级社会活动家组成。代表人物有：山川均、荒畑寒村、大内兵卫、土屋乔雄。

新人会等学生团体都往往与友爱会有密切联系,① 友爱会的创立者铃木文治与比他年长 6 岁的同乡吉野作造关系密切。在铃木文治的影响下,麻生久、棚桥小虎等新人会的成员在大学毕业后投身于农民运动、无产政党运动等社会运动中。这带来了"宏观上社会运动的知性化"。第一次世界大战后学生团体逐渐倾向于劳动运动或社会主义运动,并且参与了实际运动,甚至为大正后期成立的无产政党奠定了基础。

新人会成员在社会运动的各个领域中都扮演了重要角色。"三·一五事件"之后,依据《治安维持法》检举的相关事件中往往总有新人会成员,新人会成员中有近四分之一的人被以违反《治安维持法》的罪名检举过。新人会成员参与无产阶级运动的方式主要是提供职业援助或资金,或者在选举环节进行援助,例如为因参加社会运动遭到检举的人进行辩护等。就职于大学的新人会员往往对社会运动持有共鸣,致力于在学界传播马克思主义。

二 转向法西斯主义

1925 年之后,民众对于普选制度能带来社会变革的期待落空,对于政党政治的无力感导致民主主义者之间也出现了主张独裁专制的右倾倾向。吉野作造也深有感触地说道:"确实,与以往相比,今天的议会制度失去了

---

① 1919 年 2 月 24 日,新人会龟户分会成立,这是新人会与劳动者相结合的团体。新人会龟户分会不久发展为工会组织,在 1919 年 5 月该新人龟户分会要求为永峰赛璐珞工厂的 330 多名职工增加 30% 的工资、临时补贴等,带领劳动者取得了胜利。为此,新人会本部成员非常兴奋,并把这次结果刊登在了其机关报《民主主义》上。参加新人会的成员野坂参三、棚桥小虎、麻生久、山名义鹤等加入了友爱会。棚桥小虎和麻生久参与策划了将友爱会的路线从劳资协调主义转变为斗争主义。"新人会出身的会员对于友爱会产生了不小的影响"。麻生久在 1917 年毕业以后成为东京朝日报社的记者,棚桥小虎也于同年毕业后成为法官。棚桥在抢米暴动之后加入了友爱会,成为友爱会东京办事处的主任。后来麻生久在 1919 年 6 月也辞去东京朝日的工作加入了友爱会。

民众的信赖。特别是大战之后迫切需要各种改革，议会的无能日益凸显。民众难以忍受这种无能议会，转而形成期望独裁制度的社会心理。（类似意大利、西班牙等国家）独裁制是对议会制度的一种反叛而出现的。"① 有的民主主义者包括新人会成员成为国家主义甚至法西斯主义的支持者。典型代表是室伏高信，他在大正民主主义的初期阶段积极倡导宪政，支持吉野作造的民本主义，后来转向社会主义，在1930年则转向了国家主义。与之类似的还有新人会的水池亮和吉河光贞，二人都曾经是新人会的重要成员，积极提倡民主主义。后来前者进入内务省，并在战时担任警保局长，后者则进入司法省成为特高检察官，打压社会主义思想、自由主义思想。② 总体而言，转向法西斯主义的民主主义者并不多。

三 坚持民主主义

美浓部达吉、吉野作造仍然坚持民主主义的立场。美浓部达吉认为："共产党运动的最根本原因是国内存在政治上、经济上以及社会上的缺陷，只有改善上述问题，才是杜绝这一运动勃兴的唯一政策。"③ 他笔耕不辍，坚持民主主义立场，主张改革"经济组织、社会组织、政治组织的不健全"之处，针对政治制度上存在的各种问题发表了众多文章，如《警察制度革新的必要性及对策》④《选举改正论》⑤《议会的议程妨碍》⑥ 等。

---

① 吉野作造：『議会制か独裁制か』（社会民衆党のパンフレット），社会民衆党本部1927年。

② H. スミス：『新人会の研究：日本学生運動の源流』，松尾尊兊、森史子訳，東京大学出版会1978年。

③ 美濃部達吉：「共産党事件に付いての感想」，『帝国大学新聞』1929年11月18日、25日。

④ 美濃部達吉：「警察制度革新の必要とその方策」，『警察研究』1927年1月。

⑤ 美濃部達吉：「選挙革正論」，『国家学会雑誌』1929年6月。

⑥ 美濃部達吉：「議会における議事進行妨害」，『法学協会雑誌』1929年6月。

吉野作造一方面坚持民主主义的政治改革方向，另一方面为了打破政党政治的僵局，寄希望于代表无产阶级的新政党的诞生。他指出："无产政党拥护和伸张无产阶级的利益，是传达其意志和要求的政治机关。无产政党通过普选制使新的有权者不再受历来的政治弊病的恶劣影响，为今后政治的发展做出贡献。"① 1925 年 8 月日本农民工会的第一次无产政党组织准备协议会召开，开会伊始，由于左右两派的对立陷入了混乱状态。1925 年 12 月成立的农民劳动党则遭遇了成立当天就被禁止的命运。无产政党面临内外两方面的严峻局面。关于无产政党，吉野作造坚持自由主义、阶级主义的政党观。无产政党在 1926 年前后逐渐形成，并分为三派，右派是社会民众党，委员长是安部矶雄；中间派日本劳动党，书记是三轮寿社；左派政党是劳动农民党，委员长是大山郁夫。如果要与政友会、宪政会等现有强势政党对决，至少需要所有的无产阶级政党合并。吉野作造"希望无产政党成为全国性的统一的唯一性质的政党"。② 现实中，左右两派的对立导致四个无产阶级政党各自独立、势单力薄的局面。

美浓部达吉和吉野作造既是学者也是当时具有重要影响的公共知识分子，都广泛参与了公共讨论，在报刊上发表过重要的政论文章，并且参与了许多政治活动，推动了大正民主思潮的兴起。在大正民主思潮衰退时期，二人仍然坚持通过民主改革的方式解决日本的各种社会问题。不过遗憾的是，二人的追随者已经逐渐远去。在当时的日本政坛中，已经找不到民主主义的践行团体。

---

① 吉野作造:「我が国无产政党の辿るべき途」,『中央公論』1927 年 1 月。
② 吉野作造:「我が国无产政党の辿るべき途」,『中央公論』1927 年 1 月。

终　章

大正民主主义思想的特征

作为指导20世纪20年代日本政治制度民主转型的思想，大正民主主义把西方的政治理念加以改变嫁接在日本的传统社会上，在社会底层没有发生本质性变化的时候，最后形成的民主只能是一种有缺陷的、并不成熟的民主。这种民主是形式上的近代民主制和本质上的军国主义思想意识的矛盾体，形式上是普选制和责任内阁制，本质上却是封建性的。不过从思想史而言，激进民主与宪政民主只不过是理论上的两种极端形态。在这中间，存在着种种不同的政治思想样式，体现了思想史的丰富多彩。① 换个角度说，我们也可以把这种矛盾体称为民主在非西方国家的一种表现形态。历史地看，大正民主主义是民主发展史上的一种阶段性产物，是东西方政治思想交汇的产物。我们对其本质特征进行如下总结与概括。

第一，大正民主主义欠缺西方近代民主理论的思想内核，不是把民主看作一种价值，而只把民主当作一种制度手段，是一种实用主义、功利主义的政治思想样式。

西方近代民主理论又称为古典民主理论，发端于古希腊城邦时期，形成于17、18世纪西方资产阶级革命时期，并在19世纪的欧美得到了新的发展，涌现出了一大批在人类思想史上具有重大影响的民主理论家，如亚里

---

① 佟德志：《民主的否定之否定——近代西方政治思想的历史与逻辑》，天津人民出版社2015年版，第6页。

士多德、斯宾诺莎、洛克、孟德斯鸠、卢梭、潘恩、杰弗逊、托克维尔、密尔等。西方近代民主理论包括了人民主权、天赋人权、平等、自由、法治、分权等重要的思想观点。

大正民主主义者大多否定人民主权和社会契约论，反复强调激进的民主主义内涵不适合日本国体，应该采用"稳健的民主内涵"。美浓部达吉认为社会契约论和主权在民是极其危险的思想，并且肯定人类在天性、能力见识和政治上的不平等。吉野作造和大山郁夫也都认为主权在民是危险思想，反复强调其所提倡的民主主义不涉及主权所在，只关心主权行使的目的，重视政权的运营方法。为了凸显与西方近代民主理论内涵的差异，吉野作造特意用"民本主义"一词来定义其民主主义。大山郁夫认为契约论是错误的，强调国家权力具有绝对性，指出近代民主主义的前提条件是国家统一。

可以看出，大正民主主义的自由主义权力观念淡薄，基础虽然是政治的自由，但是不包含市民的自由，缺少对权力本质的猜疑、警戒、不信任等思想因素。民主主义者回避探讨甚至否定西方近代民主理论的部分思想内核，只强调民主的功效，着眼于如何利用民主的制度论来推动日本的政治改革，是一种实用主义、功利主义的政治思想样式。

第二，大正民主主义自始至终贯穿着国家主义的因素。民主主义者提倡民主主义的动机和目的，他们所赋予的民主的内涵，他们的国际政治观和对外政策论，始终未能脱离国家主义的立场。

民主主义者从国家主义的立场出发，把近代西方民主主义进行了功利性、实用性的解读。大正民主主义承认"万世一系"的天皇国体，以整体主义国家观为基础。整体主义国家观重视民族、普遍的精神存在、国家的独立自主。民主主义者着眼于历史发展趋势和国民个人意识的觉醒，强调民主主义的政治理念有助于国家目的的实现。吉野作造认为民主主义有助于加强国家组织的有效构成和运行，能够稳固国家根基。大山郁夫站在国家主义的立场上，指出普及、提高国民文化是为了在国民之间培养共同的利害观念，把民主看作维护国家利益的功利性手段。

美浓部达吉认为民主主义与帝国主义可以兼容，民主主义依靠全体国民的努力来实现国家目的，使全体国民力量聚焦于国家目的，最能体现国家主义的精神。吉野作造在1918年明确指出了兼顾军国主义与民本主义，必须在和平主义的理想之下推行军国主义，殖民地经营必不可少。吉野作造从历史主义和发展变化的角度出发，强调获取对华利益、满蒙利益时要重视手段的有效、合理和实际可行性，他主张用协调外交的手段进行殖民地侵略。同样，大山郁夫认为国家主权和国民自由应相互协调，近代民主主义就是协调国家主义和自由主义的手段。他明确提出："应该追求'对外帝国主义'和'对内民本主义'的统一，如果帝国主义和民本主义发生对立，帝国主义就必须是民本主义的帝国主义。财政预算的依据是发扬国威和休养民力，同时还要考虑提高行政效率和促进文化发展，明确界定主权和自由的界限。"①

总体而言，明治时期，国家强调主权而要求人民绝对服从，大正民主主义的国家主义是为了国家生存的需要给予人民某些范围的自由，"使国家组织强大的同时促使个人的健全发展"。

第三，大正民主主义不存在一个完整一致的思想体系，不是单一理论学派的线性拓展，既包含人道主义、自由主义、立宪主义，又杂糅了天皇中心主义、善政主义、国家主义、军国主义等各种思想，变成了一个庞杂的"思想集合"。追求自由民主体制的人都相信，忠君、热爱帝国及大众参与政治，三者不会相互冲突，而是互补的。但只有从历史回顾，用日后经验去衡量，才了解到它们的目的中潜伏着自相矛盾的因素。②

---

① 大山郁夫：「憲政治下の政党と国民」，『新日本』1915年10月。
② [美]安德鲁·戈登：《现代日本史：从德川时代到21世纪》，李朝津译，中信出版集团2017年版，第261页。

在1910年至1925年前后，民众热衷于谈论民主主义，民主主义从一个政治学科的专门词汇，变成了社会上的流行语。各种职业的人士都参与探讨民主，如政治学者、教育学者、新闻记者、宗教人士、学生甚至军人；甚至不同思想立场的人都在讨论民主的利弊，如国家主义者、自由主义者、无政府主义者等。但是民主主义的内涵却是模糊的，外延是不清晰的。在普通民众的讨论中，佛祖释迦成为民主主义的提倡者，民主主义是日本自古就存在的精神和形式。例如友田宜刚在面向农民的普及读物中指出："民主主义似乎被认为是世界大战之后的外来思想，其实不然。我国自神代开始，上下三千年、120多代天皇都采用了以臣民为本位的仁政。我国实行的仁政具有独特的精神和形式，是一种纯净无垢的民主主义。远非今天外来之民主主义所能比肩。"① 很明显这曲解了民主主义的内涵，是借民主主义之名来宣扬天皇中心主义之实。

总体而言，尽管吉野作造对民主主义、民本主义的内涵做了专业性的界定，但是这种界定过于学究化，导致普通民众仍然对民主处于一知半解的状态。不仅是普通大众，连专业人士也往往无意或有意地曲解民主的真正内涵。以新人会发行的机关杂志《民主》为例，《民主》中刊登的思想内容繁杂抽象，并不仅仅围绕民主主义，还包括政治的民主主义、布尔什维克主义、还有社会民主主义、工会主义、IWW（世界产业工会组织同盟）自治社会主义、无政府主义、国家社会主义、费边社会主义等。新人会的成员处在各种思潮的冲击中，他们通过"民主主义"这一词汇表达了多种多样的思想。当然新人会的成员也不能够完全把握这些新思想与民主主义思想之间的差异，而是处于一种混沌的状态之下。茅原华山、井上哲次郎、上杉慎吉把民本主义看作是日本治国的固有精神。天皇中心主义者上杉慎吉甚至认为采用普通选举这一民主形式可以彻底打击非国家主义者。美浓

---

① 友田宜剛：『農村公民読本』，東京宝文館藏版1924年，22頁。

部达吉认为民主主义是国家主义的表现，民主主义与军国主义也并不矛盾。无论是民主主义的提倡者还是支持者都认为民主与忠君、爱国是一致的，民主是日本传统思想的继承，民主与国家主义、军国主义不矛盾。显然，这种内涵模糊、外延不清晰、各种思想混杂的民主主义，对于法西斯主义、军国主义的兴起难以起到抑制作用，甚至一部分民主主义的支持者转向了法西斯主义。

第四，民主主义者多以现实问题为导向，力图用民主方法来解决各种具体的社会问题，因此关于民主的探讨往往限于深度描述，而弱于理论构建。缺乏核心理念原则作为支撑的民主，被看作能解决各类社会问题、缓解各种社会矛盾的工具，被增添了民主本身并不具有的社会价值和社会功能，民主的功效被无限放大，变成了一个"万能"的工具。但是，很多讨论只是停留在纸面，既没有得到官僚阶层的认可，也没有具体的社会团体去推进，更无法付诸实践。

毫无疑问，大正初期，民主在日本尚无影踪、国民翘首热望。民主主义者们反复向民众倡导"民主何以必要""民主具体之形态"。他们认为在政治上，需要实现政党内阁、加强议会权限、扩大选举权，这些具体的民主化改革有助于增进民众的意识，稳固国家基础，提高日本的国际地位，解决各类社会问题，防范政治腐败等。美浓部达吉等人也看到了当时日本双重政治、双重外交的隐患，认为解决这一隐患需要废弃军部大臣武官任用制、帷幄上奏权以及军令权。但是在实际的民主实践中，民主主义者所期盼的上述功效并未显现。大正民主主义进一步发展之后，民主主义从政治拓展到社会生活的方方面面，要求政治、法律、经济和教育等一切活动都必须是公正、平等的。农业学者要求农业上的民主，教育学者要求教育上的民主，还出现了产业上的民主主义、社会上的民主主义等呼声，然而这类民主主义呼声并未得到官僚阶层的认可，无法落实到具体的社会实践中。

作为民主运动的受益者的政党内阁没有建立起稳固的制度基础，在20世纪20年代开始的长期的经济低迷状态中颠簸前行，既未解决最基本的经济问题，又陷于各种政治丑闻，在外交上无法压制军部一意孤行，最终被军部政治所取代。大正民主主义运动的失败一方面源于民主主义的提倡者们对民主功效的过分夸大和对民主弊端的忽视，另一方面也反映出这种有限的民主变革无法从根本上改变自明治时期以来形成的政治架构。

第五，大正民主主义思想真正产生作用的范围局限于知识分子等少数精英阶层，民主思想并未在普通农民和劳动者中间得到启蒙和普及。普通民众的主流思想仍然是忠君爱国的意识。

以民主思想的重要代表团体"黎明会"为例。为了传播民主思想，以吉野作造和福田德三为中心的众多知识人士于1918年12月23日成立了思想团体"黎明会"。黎明会的主要人员包括学者、律师、思想家、评论家、新闻记者，初期成员是22名，1920年解散的时候是42名。① 黎明会的主要活动是公开演讲和到各地巡回演讲，并且从1919年6月开始发行综合杂志《黎明会演讲集》。《黎明会演讲集》第一辑最后的《杂记》写道："黎明会组织得到报道之后，反响极大，来自全国各地的人们都纷纷要求设立支部、入会或加盟。但是，黎明会决定根据目前的状况，维持少数并且坚实的会员组织，会员每个人都作为运动者而努力。……黎明会的会员都是用笔说话，坚持用思想向思想作战的信念，其言论始终是爱国，向造成国家危险的所有危险思想挑战，直至胜利。"② 不能否认的是，正如长谷川如是闲指出的那样，"黎明会是教授民主主义"，由于其严格的入会制度和活动方针，黎明会的影响范围主要集中在东京地区的知识阶层。

---

① 具体有左右田喜一郎、木村久一、大岛正德、龙田哲太郎、中目尚义、福田德三、今井嘉幸、森口辰男、新渡户稻造、穗积重远、大庭景秋、大山郁夫、高桥诚一郎、内藤民治、五来欣造、朝永三十郎、阿部秀助、三宅雄二郎、麻生久等。

② 「雑記」,『黎明会講演集』第1卷第2号, 1919年6月。

大正民主运动虽然吸引了激进的城市知识分子和部分劳动者、农民，其影响力依然有限。

"为了打破时代闭塞的状况而投身社会运动的知识分子，大部分是地主、富裕家庭的子女。他们的想法与劳动者复杂扭曲的意识之间存在极大的分歧。占日本总人口82%（1920年人口调查时）的郡辖区人民所拥有的是把国家放在优先地位的想法，也就是国家主义思想和皇室中心主义的历史观。"[①] 1921年三菱内燃机神户工厂、三菱神户造船所、川崎造船所的劳动者组织了日本第二次世界大战之前最大的罢工运动，参加者达到2.3万人。劳动者们要求增加薪资和确保谈判权。游行集会时，劳动者们唱起"君之代"，高呼"天皇陛下万岁"，甚至换上军服，以表示其忠君爱国之意。"劳动者一方面与企业，与代表国家权力的陆海军、宪兵、警察进行正面斗争，另一方面寻求与国家、天皇一体感的心理，即国家＝天皇，虽然身处民主的思潮之下，仍然深受国家主义的思想影响。"[②]

民主就是精英和平民之间的一种互动形式，精英和平民的质量都非常重要。[③] 但是从上述劳动者和普通民众的思想意识可以看出，更多处于社会底层的民众并不知道民主为何物，民主的理念和意识并未在普通民众中间打下坚实的思想基础。

第六，民主的弊端被忽视。西方传统民主主义理论家对民主的弊端进行过充分的探讨。例如托克维尔在《论美国的民主》中，依据美国民主的现实，面对着多数的统治的盛行，提出了多数的专制或多数的暴政的论断。他认为防止多数的专制，才能使多数的统治的民主更加完善，成为一种自由的民主，而不是极权的民主。19世纪英国最重要的自由主义思想家密尔

---

① ［日］竹村民郎：《大正文化——帝国日本的乌托邦时代》，欧阳晓译，上海三联书店，第141页。

② 同上。

③ 郑永年：《亚洲新秩序》，广东人民出版社2018年版，第9页。

在《代议制政府》中论证了民主制的优点后,提出了"理想上最好的政府形式是代议制政府",并且深入地分析了代议制民主的各种弊病和风险。他认为"虚假的民主制"是仅仅代表多数的民主制,①民主制是声言以平等作为它的基础的,"少数人应带有适当的代表,这是民主制的一个不可缺少的部分"。"多数的暴政"即议会中占多数的某个阶级实行阶级立法的危险。法国思想家居塔勒夫·勒庞(Gustave Le Bon)指出,民主的暴政所导致的无政府状态、独裁、扩张以及最终独立的丧失,不只是在古希腊才会发生;个人的暴政常常产生于集体的暴政。②

大正民主主义的重点在于建立立宪政治体制,民主的优点被反复提及,民主的弊端却没有得到充分讨论。在战前的日本,尚未建立规制精英和社会互动的法制基础。尽管表面上也存在着类似西方的民主制度,例如多党制、三权分立、自由媒体等,但是这些都仅仅停留在纸面。政党政治形成之后,政权成为多数派对少数派的无情压制,民主变成了"多数暴政"。因此在1925年加藤高明内阁利用议会通过了打击共产主义思想和无政府主义思想的《治安维持法》时,民主主义者才批判这是多数利用政权打击少数的"民主暴政"。再加上在当时的政治状况下,欠缺规制精英和社会互动的法制基础,导致类似《治安维持法》一类的"恶法"频出。

任何社会思潮的理论的推动者,在引导社会思潮时,都发挥着举足轻重的作用。受西方政治学的影响,大正时期的知识人士对于个体的理解和重视程度超越了明治的知识分子。在1910—1930年,为了解决一系列社会问题,以日本的知识分子为主体的部分社会精英,力图从西方思想中寻求解决方法,各种思想理论传入日本。③"个人主义、唯物主义、社会主义、共产主义、无政府主义、虚无主义、工团主义、人道主义、国家社会主义、

---

① [英]密尔:《代议制政府》,汪瑄译,商务印书馆1982年版,第96页。
② [法]居斯塔夫·勒庞:《乌合之众》,胡小跃译,江西人民出版社2018年版。
③ 崔世广:《历史发展周期论与21世纪的日本》,《当代亚太》2000年第6期。

其中民主主义是最显著的社会思潮。"① 美浓部达吉、吉野作造、大山郁夫、长谷川如是闲为代表的知识分子选取了最为温和的民主主义理论并根据日本的国家体制加以改造，形成了一种特殊的政治思想样式。

根据文化传播学的原理，在文化传播与转移的过程中，理论的原生形态与经历本土化之后的后发形态之间会产生一定的冲突与张力。② 大正时期的民主主义者没有采用理性主义的、乌托邦的和理想主义的民主概念，而是采用了功利主义的、实用的、制度的和程序的民主概念；③ 没有用规范理论对民主进行笼统的探讨，而是按照日本的宪法制度进行了具体的阐释。大正民主主义思想无疑是日本的近代知识阶层把西方的民主理论与日本政治体制相结合的产物，体现了其政治智慧，也确实产生了政党政治，促进了日本的政治体制的进步。

藩阀元老、军部和政党是近代日本的三种政治势力。④ 大正民主主义无疑强化了政党的力量，提高了其政治地位，促使政党逐渐摆脱了藩阀元老的控制并最终掌握政治主导权。尽管大正民主主义包含了对军部的批判，

---

① 内务省警保局：『我国に於けるデモクラシーの思潮』，1918 年，10 頁。

② 尚庆飞：《短暂的启蒙与深刻的印痕——近代中国无政府主义思潮与毛泽东的心路历程》，《现代哲学》2008 年第 2 期。

③ 在第二次世界大战结束后，西方政治思想界兴起了一场持续很久的辩论，这场辩论发生在决心用来源和目的来界定民主的古典派和坚持用熊彼特模式中程序民主概念的那些人数越来越多的理论价值间。到了 20 世纪 70 年代，这场辩论结束了，熊彼特赢了。理论家们越来越注重在两种民主概念之间做出区分，一种是理性主义的、乌托邦的和理想主义的民主概念，另一种是经验的、描述的、制度的和程序的民主概念，而且他们得出的结论是只有后一种概念才能够提供分析上的准确性和经验上的参照物，从而使之成为有用的概念。用规范理论来对民主进行笼统的探讨急剧衰退。而且被另一种研究方向所取代，这种研究方向旨在理解民主制度的本质、制度的作用方式和它们得以兴起或衰退的原因。其中最主要的努力是使民主成为一个常识之词，而不是"溢美"之词。参见 [美] 塞缪尔·亨廷顿《第三波——二十世纪末的民主化浪潮》，刘军宁译，上海三联书店 1998 年版，第 5 页。

④ 崔世广：《明治维新与近代日本》，《日本学刊》2018 年第 3 期。

对军政二重政治的担忧，但是由于内外的社会历史原因，大正民主主义思想终究无法战胜国家主义思想、天皇中心主义思想，也未能从根本上改变日本近代明治维新以来形成的政治力学结构，[①] 从而逐渐走向衰退。军队与政府的双重政治、双重外交依然存在。政治恐怖主义潜伏于社会底层中，不时爆发出来。政治恐怖行为削弱了议会体制的合法性，对日后的政党领袖造成了寒蝉效应。

大正民主主义思想及民主化运动也促使社会各阶层意识到，改良主义思想无法解决各种社会矛盾，民主存在各种弊端。民主从原来的"溢美"之词，成为受质疑的对象。各类思想兴起，最有影响力的思想是左翼社会主义思想和右翼法西斯主义思想，前者受到统治阶层的各种打压，势力日益衰弱，而后者则以天皇、国体为口号，力量日益壮大，数十个政治团体纷纷响应，最终促使日本在军国主义的道路上越走越远。

[①] 关于日本近代的政治力学结构，参见崔世广《明治维新与近代日本》，《日本学刊》2018 年第 3 期。

参考文献

（一）中文著作

［法］费尔南·布罗代尔：《论历史》，北京大学出版社 2008 年版。

［法］米歇尔·福柯：《规训与惩罚》，刘北成、杨远婴译，生活·读书·新知三联书店 1999 年版。

［美］爱德华·萨义德：《东方主义》，刘北成译，中央编译出版社 2000 年版。

［美］安德鲁·戈登：《日本的起起落落：从德川幕府到现代》，李朝津译，广西师范大学出版社 2008 年版。

［美］贝拉：《德川宗教：现代日本文化的渊源》，王晓山、戴茸译，生活·读书·新知三联书店 1998 年版。

［美］本尼迪克特·安德森：《想象的共同体：民族主义的起源与流布》，吴睿人译，人民出版社 2003 年版。

［美］杜赞奇：《文化、权力与国家》，王福明译，江苏人民出版社 2008 年版。

［美］孔飞力：《叫魂》，陈兼、刘昶译，生活·读书·新知三联书店、上海三联书店 1999 年版。

［美］罗伯特·A. 达尔：《民主及其批评者》（上），曹海军、佟德志译，吉林人民出版社 2011 年版。

［美］塞缪尔·亨廷顿：《第三波：20世纪后期民主化浪潮》，刘军宁译，上海三联书店1998年版。

［日］安藤彦太郎：《中国语与近代日本》，卞立强译，北京大学出版社1991年版。

［日］坂野润治：《近代日本的国家构想》，崔世广、王俊英译，社会科学文献出版社2014年版。

［日］川岛真：《中国近代外交的形成》，北京大学出版社2012年版。

［日］福泽谕吉：《文明论概略》，北京编译社译，商务印书馆2009年版。

［日］近代日本思想史研究会：《近代日本思想史》（第二卷），李民等译，商务印书馆1991年版。

［日］井上清：《日本帝国主义的形成》，宿久高等译，人民出版社1984年版。

［日］铃木贞美：《日本的文化民族主义》，魏大海译，武汉大学出版社2008年版。

［日］南博：《日本人论：从明治维新到现代》，邱琡雯译，广西师范大学出版社2007年版。

［日］石田一良：《日本文化：历史的展开与特征》，许极燉译，上海外语教育出版社1989年版。

［日］石田一良：《文化史学：理论与方法》，王勇译，浙江人民出版社1989年版。

［日］丸山真男：《日本的思想》，区建英、刘岳兵译，生活·读书·新知三联书店2009年版。

［日］丸山真男：《日本近代思想家福泽谕吉》，区建英译，世界知识出版社1997年版。

［日］丸山真男：《日本政治思想史研究》，王中江译，生活·读书·新知三联书店2001年版。

［日］野村浩一：《近代日本的中国认识：走向亚洲的航踪》，张学锋译，中央编译出版社 1998 年版。

［日］远山茂树：《日本近现代史》第一册，邹有恒译，商务印书馆 1983 年版。

［日］远山茂树、佐藤进一编：《日本史研究入门》，吕永清译，生活·读书·新知三联书店 1959 年版。

［日］中塚明：《还历史的本来面目——日清战争是怎样发生的》，于时化译，天津古籍出版社 2005 年版。

［日］子安宣邦：《东亚论：日本现代思想批判》，赵京华编译，吉林人民出版社 2010 年版。

［日］佐佐木毅、金泰昌主编：《公与私的思想史》，刘文柱译，人民出版社 2009 年版。

［日］佐佐木毅、金泰昌主编：《日本的公与私》，刘雨珍、韩立红、种健译，人民出版社 2009 年版。

［英］安东尼·吉登斯：《民族—国家与暴力》，胡宗泽、赵力涛译，生活·读书·新知三联书店 1998 年版。

［英］科林伍德：《历史的观念》，何兆武、张文杰译，商务印书馆 2009 年版。

《世界历史》编辑部：《明治维新的再探讨》，中国社会科学出版社 1981 年版。

卞崇道：《日本哲学与现代化》，沈阳出版社 2003 年版。

陈炳辉：《西方民主理论：古典与现代》，中国社会科学出版社 2016 年版。

陈秀武：《近代日本国家意识的形成》，商务印书馆 2008 年版。

陈秀武：《日本大正时期政治思潮与知识分子研究》，中国社会科学出版社 2004 年版。

崔世广：《近代启蒙思想与近代化——中日近代启蒙思想的比较》，北京航空航天大学出版社1989年版。

崔世广主编：《日本现代化过程中的文化变革与文化建设研究》，河北人民出版社2009年版。

邓卓明主编：《社会思潮专题研究》，中国社会科学出版社2012年版。

郭连友主编：《近世中日思想交流论集》，世界知识出版社2003年版。

李卓：《日本近现代社会史》，世界知识出版社2010年版。

刘岳兵：《日本近现代思想史》，世界知识出版社2009年版。

钱婉约：《从汉学到中国学——近代日本的中国研究》，中华书局2007年版。

史桂芳：《近代日本人的中国观与中日关系》，社会科学文献出版社2009年版。

孙歌：《亚洲意味着什么：文化间的"日本"》，巨流图书公司2001年版。

唐永亮：《中江兆民的国际政治思想》，社会科学文献出版社2010年版。

吴光辉：《日本的中国形象》，人民出版社2010年版。

向卿：《日本近代民族主义》，社会科学文献出版社2007年版。

谢明珊：《津田左右吉认识中国的起点》，台湾大学政治学系中国大陆暨两岸关系教学与研究中心2008年版。

邢永凤：《前近代日本人的对外认识》，中国社会科学出版社2007年版。

严绍璗：《日本中国学史》，江西人民出版社1993年版。

源了圆：《日本文化与日本人性格的形成》，郭连友译，北京出版社1992年版。

郑彭年：《日本西方文化摄取史》，杭州大学出版社1996年版。

中国社会科学院近代史研究所编：《国外中国近代史研究》（第七辑），中国社会科学出版社1985年版。

（二）学术论文

［日］冲田修一：《有熊谷守一在的地方》，孙道凤译，《世界电影》2019年

第 3 期。

[日] 森直人：《石井裕也与池松壮亮再谈"夜空"》，孙道凤译，《世界电影》2018 年第 5 期。

[日] 上野昂志：《恋爱的时光》，孙道凤译，《世界电影》2019 年第 1 期。

[日] 增当龙也：《绝对不要错过本片——石黑恭平与上田慎一郎对谈》，孙道凤译，《世界电影》2019 年第 2 期。

[日] 塚田泉：《正视家人之间的关系》，孙道凤译，《世界电影》2020 年第 4 期。

[日] 筑后则：《明治初期日本关于近代文明的三大争论》，《日本研究》2007 年第 2 期。

安善花：《论近代日本的国际秩序观及其实践》，《东北亚论坛》2009 年第 3 期。

陈秀武：《论近代日本国家意识的形成》，《东北师大学报》（哲学社会科学版）2005 年第 4 期。

陈秀武：《欧化与日本明治时代的知识分子》，《东北师大学报》（哲学社会科学版）2001 年第 2 期。

崔世广：《近代化过程中日本文化的周期性演变》，《近代化过程中东亚三国的相互认识》，天津人民出版社 2009 年版。

崔世广：《历史发展周期论与 21 世纪的日本》，《当代亚太》2000 年第 6 期。

崔世广：《明治维新与近代日本》，《日本学刊》2018 年第 3 期。

崔世广：《日本文化研究方法论》，《日本学刊》1998 年第 3 期。

崔世广：《日本现代化过程中文化建设的主要力量及其作用机制》，《日本学刊》2008 年第 6 期。

干保柱、孙道凤：《陈启修译〈资本论〉译介考释》，《马克思主义与现实》2019 年第 1 期。

高洪：《30 年来中国的中日关系研究综述》，《日本学刊》2011 年第 3 期。

龚颖：《〈自由之理〉与〈自由之权利〉——密尔〈论自由〉两种日文译本的比较研究》，《哲学动态》2010 年第 6 期。

龚颖：《哲学与政治之间：近二十年京都学派研究概述》，《世界哲学》2013 年 3 期。

郭冬梅：《日本大正民主时期新内务官僚的地方自治论》，《日本学刊》2017 年第 1 期。

韩东育：《日本对外战争的隐秘逻辑（1592—1945）》，《中国社会科学》2013 年第 4 期。

韩东育：《丸山真男"原型论"考辨》，韩东育译，《历史研究》2015 年第 1 期。

李薇：《处于转型期的日本与中国对日政策》，《当代亚太》2009 年第 1 期。

李小白：《明治维新时期日本人西洋意识的诸类型》，《东北师大学报》（哲学社会科学版）2006 年第 5 期。

刘峰：《近代日本民族主义的双重性格与"亚洲主义"——以大正时期为中心的考察》，《上海师范大学学报》（哲学社会科学版）2019 年第 5 期。

刘岳兵：《近代日本中国认识的原型及其变化机制》，《历史研究》2010 年第 6 期。

刘岳兵、王萌：《村冈典嗣的"日本精神"论与近代日本思想史学》，《历史教学》2018 年第 9 期。

吕耀东：《日本"总体保守化"及其相关概念解析》，《日本学刊》2004 年第 4 期。

吕耀东：《试析日本民族保守主义及其特性》，《日本学刊》2006 年第 5 期。

戚其章：《日本大亚细亚主义探析——兼与盛邦和先生商榷》，《历史研究》2004 年第 3 期。

钱婉约：《当代日本汉学的研究启示》，《中国图书评论》2008 年第 4 期。

钱昕怡：《战后日本历史学中的"大正民主"研究》，《日本研究》2015 年第 3 期。

史桂芳：《近代日本的亚洲观及其对中国的侵略》，《长白学刊》2002 年第 5 期。

宋志勇：《明治维新与日本近代外交体制的形成》，《日本问题研究》2018 年第 4 期。

孙承：《岩仓使团与日本近代化》，《历史研究》1983 年第 6 期。

孙道凤：《大正民主主义的代表人物及其思想基础》，《日本社会与文化研究》，中国林业出版社 2014 年版。

孙道凤：《革命与象征——日文文献中毛泽东诗词的译介》，《名作欣赏》2019 年第 18 期。

孙道凤：《论冈仓天心的亚洲主义》，《日本社会考察》，中国林业出版社 2016 年版。

孙道凤：《论日本历史上的治安维持法与大正民主主义思潮》，《前沿》2013 年第 24 期。

孙道凤：《毛泽东著作在日本的传播和启示》，《山东青年》2019 年第 5 期。

唐永亮：《日本的"近代"与"近代的超克"之辩——以丸山真男的近代观为中心》，《世界历史》2017 年 2 期。

王美平：《日本政府对一次北伐的观察与反应》，《历史教学》2019 年 2 期。

王晓范：《加藤弘之与明治日本的国家主义》，《浙江社会科学》2017 年第 6 期。

王中忱：《遍体鳞伤的经验与血肉丰满的思想——重读作为马克思主义作家的中野重治》，《世界文学》2017 年第 1 期。

吴光辉：《"中国形象"的话语建构与想象空间——以近代日本人的中国考察为中心》，《东北亚外语研究》2016 年第 4 期。

邢雪艳：《从欧化主义到国家主义：日本明治时代的教育理念及其实践》，《日本问题研究》2017 年第 5 期。

杨栋梁、王美平：《近代社会转型期日本对华观的变迁》，《日本研究》2008年第3期。

杨栋梁、王美平：《日本早期亚洲主义思潮辨析——兼与盛邦和、戚其章先生商榷》，《日本学刊》2009年第3期。

杨光：《甲午战争前日本近代东亚国际体系观的演变》，《济南大学学报》2001年第1期。

杨念群：《现代中国思想的兴起》，《开放时代》2008年第1期。

杨宁一：《明治时期日本人的自我认识》，《历史研究》2000年第3期。

苑崇利：《对石桥湛山"功利"外交思想的考察》，《日本学刊》2008年第4期。

臧运祜：《考察日本近代政治史的新视角》，《中国社会科学报》2018年2月1日。

张东：《大正民主新论》，《社会科学战线》2016年第2期。

张昆将：《关于东亚的思考"方法"：以竹内好、沟口雄三与子安宣邦为中心》，《台湾东亚文明研究学刊》2004年第1卷第2期。

赵德宇：《历史解读：日本大正时代的人文思潮》，《日本研究》2011年第3期。

［日］佐久间正：《论石田梅岩的思想》，孙道凤译，《世界哲学》2012年第2期。

（三）日文著作集

北沢新次郎、末川博、平野義太郎監修：『大山郁夫伝』，中央公論社1956年。

長谷川如是閑：『長谷川如是閑集』全8卷，岩波書店1989—1990年。

大山郁夫：『大山郁夫選集』全7卷，岩波書店1987—1988年。

吉野作造：『吉野作造選集』全15卷，岩波書店1995—1997年。

美濃部達吉著,高見勝利編:『美濃部達吉著作集』,慈学出版社 2007 年。

(四) 日文著作

安川寿之輔:『福沢諭吉のアジア認識』,高文研 2000 年。

朝尾直弘ほか編集:『岩波講座日本歴史第 18 巻』,岩波書店 1995 年。

東アジア近代史学会編:『日清戦争と東アジア世界の変容』,ゆまに書房 1997 年。

飯田泰三:『批判精神の航跡——近代日本精神史の一稜線』,筑摩書房 1997 年。

岡本幸治編著:『近代日本のアジア観』,ミネルヴァ書房 1998 年。

高橋哲夫:『福島自由民権運動史——その調査と研究』,理論社 1954 年。

谷川徹三、福田定良:『日本人にとっての東洋と西洋』,法政大学出版局 1981 年。

檜山幸夫:『近代日本の形成と日清戦争——戦争の社会史』,雄山閣 2001 年。

加藤弘之:『国体新論』,稲田佐兵衛 1875 年。

加藤弘之:『真政大意:2 巻』,山城屋佐兵衛 1870 年。

加藤秀俊・亀井俊介編:『日本とアメリカ—相手国のイメージ研究—』,日本学術振興会 1991 年。

加藤祐三編著:『近代日本とアジア——国際交流再考』,筑摩書房 1997 年。

家永三郎:『美濃部達吉の思想史研究』,岩波書店 1964 年。

鈴木貞美:『大正生命主義と現代』,河出書房新社 1995 年。

鹿野政直:『大正デモクラシーの底流——"土俗"的精神への回帰』,日本放送出版協会 1973 年。

鹿野政直:『明治の思想』,筑摩書房 1964 年。

鹿野政直編集：『大正デモクラシー』，中央公論社1971年。

袙巴土・斯辺瑣（ハーバート・スペンサー）：『社会平権論』，松島剛訳，報告社1884年。

朴忠錫・渡辺浩編：『国家理念と対外認識』，慶応大学出版会2001年。

橋川文三、鹿野政直、平岡敏夫編集：『近代日本思想史の基礎知識—維新前夜から敗戦まで—』，有斐閣1974年。

萩野冨士夫編：『特高警察関係資料集成』第19巻，不二出版1993年。

三谷太一郎：『大正デモクラシー論：吉野作造の時代とその後』，中央公論社1974年。

三谷太一郎：『大正デモクラシー論：吉野作造の時代（新版）』，東京大学出版会1995年。

森公章：『古代日本の対外認識と通交』，吉川弘文館1998年。

山室信一：『思想課題としてのアジア：基軸・連鎖・投企』，岩波書店2001年。

山室信一編集：『空間形成と世界認識（岩波講座「帝国」日本の学知；第8巻）』，岩波書店2006年。

松本三之介：『明治思想における伝統と近代』，東京大学出版会1996年。

松本三之介編：『明治文学全集37 政教社文学集』，筑摩書房1980年。

松尾尊兊：『大正デモクラシー』，岩波現代文庫2001年。

松沢弘陽：『近代日本の形成と西洋経験』，岩波書店1993年。

太田哲男：『大正デモクラシーの思想水脈』，同時代社1987年。

田中彰：『「脱亜」の明治維新：岩倉使節団を追う旅から』，日本放送出版協会1983年。

丸山眞男：『日本政治思想史1949（丸山眞男講義録；第2冊）』，東京大学出版会1999年。

尾崎秀実：「現代支那論」，『尾崎秀実著作集 第2巻』，勁草書房1977年。

西田浩：『近代日本と自由主義』，岩波書店 1993 年。

西田毅編著：『概説日本政治思想史』，ミネルヴァ書房 2009 年。

小野秀雄：『日本新聞發達史』，大阪毎日新聞社及東京日日新聞社 1922 年。

信夫清三郎：『大正デモクラシー史』，日本評論新社 1954 年。

伊藤之雄：『大正デモクラシーと政党政治』，山川出版社 1987 年。

植木枝盛：「民権自由論」，『明治文化全集・自由民権篇』，日本評論社 1968 年。

植手通有：『日本近代思想の形成』，岩波書店 1974 年。

（五）日文论文

黒田康弘：「大正民主大正民主主义から昭和ファシズムへ——民主主義は民衆にどこまで浸透したか」，『史苑』，2005 年 3 月。

池田元：『長谷川如是閑「国家思想」の研究——「自然」と理性批判』，東京雄山閣 1981 年。

島村抱月：「自然主義の価値如何」，『早稲田文学』第 30 号，1908 年。

徳富蘇峰：「国民試練の時」，『蘇峰文選』，民友社 1915 年。

郭連友：「五・四運動」、鳥海清編『近代日本の転機（明治・大正編）』，吉川弘文館 2007 年。

金子筑水：「明治时代の哲学及び倫理」，『解放』明治文化の研究号，1921 年 10 月。

井上哲次郎：「国民思想の矛盾」，『東亜之光』1913 年。

鈴木楯夫：「農村の大問題」，『社会新聞』52 号，1909 年。

美濃部達吉：「退官雑筆」，『改造』1934 年 4 月。

米原謙：「日本ナショナリズムにおける"アメリカの影"」，『日本思想史学』第 41 号，2009 年。

銭昕怡：「1920年代における長谷川如是閑の中国革命論」，『同志社法学』第56巻7号，2005年3月。

邵建国：「済南事件の再検討」，日本『九州史学』第93号，1988年9月。

邵建国：「済南事件交渉と蒋介石」，日本国際政治学会編『国際政治』第104号，1993年1月

邵建国：「満蒙鉄道交渉と东三省政権」，日本『九州史学』第103号，1992年1月。

丸山眞男：「思想史の考え方について」，武田清子編『思想史の方法と対象』，創文社1961年。

野原四郎：「民本主義者の孫文像」，由井正臣編『大正デモクラシー』（論集日本歴史），有精堂1977年。

有馬学：『「国際化」の中の帝国日本』，中央公論新社1999年。

正田健一郎：「大正民主主義の諸相」，『早稲田政治経済学雑誌』4号，1994年4月。

織田健志：「国家の現実性と懐疑の精神——長谷川の如是閑〈現代国家批判〉の思想世界—」，『社会科学』第44巻第4号，同志社大学人文科学研究所2015年。

住谷悦治：「大正デモクラシーと山川均——大山郁夫、吉野作造批判を中心として」，『キリスト教社会問題研究』1958年12月。

后　记

这本书稿是作者对博士学位论文进行修改、完善而成的。在书稿即将付梓之际，谨向多年来给予我诸多帮助的老师们表达深深的谢意。

首先要感谢我的博士导师崔世广教授。2011年，我有幸进入中国社会科学院研究生院，跟随日本研究所崔世广教授攻读博士学位。崔老师长年致力于日本思想史方面的研究，在该研究领域有着丰厚的学术积累，根据国内研究现状为我制订了细致的研究计划。崔老师不仅治学态度严谨，还对学生循循善诱，使我受到了严格的学术训练，在学术研究方面受益良多。正是得益于崔老师的指导，我才顺利完成了博士学位论文如期毕业。

博士毕业后，由于各种琐事牵扯精力，我在研究上日益怠惰。又是崔老师及时督促我专心写作，并有针对性地指出了书稿中存在的问题，对本书稿的修改和完善起到了不可替代的作用。我忘不了博士求学期间老师的严格培养，更感恩于走上工作岗位之后老师的恳切指导。师恩如山，今后唯有以更好的研究成果，才能回报老师十多年来的教诲。

衷心感谢中国社会科学院日本研究所的李薇教授、高洪教授、吕耀东教授、张建立教授、胡澎教授、唐永亮教授、林肖老师等给予的帮助和指导。感谢北京日本学研究中心郭连友教授、中国社会科学院哲学研究所龚颖教授、北京外国语大学邵建国教授、中国政法大学孙承教授、外交学院苑崇利教授、中国人民大学钱昕怡教授的赐教。另外，还要感谢东京大学的川岛真教授、日本御茶水女子大学的岸本美绪教授、日本京都府立综合资料馆的井口和起教授、日本神奈川大学的朱琳教授的帮助和指点。

西方历史哲学家柯林伍德曾指出,"一切历史都是思想史"。英国政治学者阿兰·瑞安也说:"政治思想很少会灰飞烟灭,完全无可挽救。有些过去的科学理论不再是科学,成为了科学史中的掌故,而政治思想即使遭受同样的命运,也还是能够在后世发挥一定的作用。"日本近代思想中贯穿着民族主义、国家主义的主线,但大正民主主义也在其中占有重要位置。希望拙著对大正民主主义思想的探讨,能够为进一步理解和把握日本近代思想提供一点借鉴。

在日本近代思想的研究领域,中外学界可谓方家云集。拙著能够忝列日本近代思想研究丛书系列而得以出版,既感到十分荣幸,心里也不免惴惴不安,衷心期待各位读者的批评与指正。

作 者

2019 年 12 月